GOLDMANN
ARKANA

Buch

»Ich bin eine Fast-Food-Hellseherin«, sagt Sylvia Browne scherzhaft über sich. »Bei mir geht es zu wie im Schnellimbiss. Sie kommen herein und bekommen das, was Sie brauchen, damit alles wieder in Ordnung ist, und dann gehen Sie wieder nach Hause.«

Schnell und treffsicher ist Sylvia Browne zweifelsohne, wenn sie als Diva des Showbusiness vor großem Publikum steht. Dann gibt sie Menschen, die sie noch nie gesehen hat, aus dem Augenblick heraus Ratschläge, nach denen diese schon lange suchten, und erzählt wildfremden Menschen intime Begebenheiten, als würde sie sie schon ein Leben lang kennen.

Dieses Buch erzählt Sylvia Brownes Geschichte, von ihrer Kindheit, in der sich die Hellsichtigkeit erstmals meldete, bis zu ihrem Alltag als Fernsehstar und berühmtes Medium. Ihre Geistführerin Francine und ihre Fähigkeit, Zukünftiges vorherzusehen, ersparen ihr selbst keineswegs leidvolle Erfahrungen. Dass sie das Glück der Liebenden ebenso wie die Leiden der Enttäuschten, Verlassenen und Gedemütigten so gut kennt, hat ihren Entschluss gefördert, die »Gabe« zum Wohle ihrer Mitmenschen einzusetzen und ihnen mit Ratschlägen von einer höheren Ebene zu helfen.

Auf jeder Seite dieser Biographie wird Sylvia Brownes beeindruckende Ausstrahlung spürbar: ihre Warmherzigkeit, ihre selbstverständliche, uneitle Hilfsbereitschaft und ihre große Liebe für alle Geschöpfe der diesseitigen und der jenseitigen Welt.

Autorin

Sylvia Browne wurde 1936 in Kansas City, Missouri, geboren. Der sterbende Bruder ihrer Mutter sagte vorher, dass sie »die Gabe« haben würde. Ihre Großmutter führte sie in die mediale Arbeit ein. Mittlerweile arbeitet Sylvia Browne seit nahezu 60 Jahren als Hellsichtige. Ihre einzigartige Begabung, mit der jenseitigen Welt zu kommunizieren, macht Sylvia Brownes Berichte so wertvoll.

Von Sylvia Browne sind bei Goldmann bereits erschienen:

Die Geisterwelt ist nicht verschlossen (21567)
Jenseits-Leben (21603)
Das Buch der Träume (21663)
Engel an deiner Seite (21693)
Von Geistern, Spuk, Gespenstern und dem Wiedersehen im Jenseits (21701)

Sylvia Browne

Hellsichtig

Die abenteuerliche und faszinierende Geschichte des erfolgreichen Mediums

Aus dem Englischen von
Burkhard Hickisch

GOLDMANN
ARKANA

Die amerikanische Originalausgabe erschien
ursprünglich unter dem Titel »My Guide, Myself«.
Die amerikanische Ausgabe, der diese Übersetzung zugrunde liegt,
erschien 1998 bei Hay House, Inc., Carlsbad, California.

1. Auflage
Deutsche Erstausgabe Juni 2006

Umschlaggestaltung: Design Team München
Umschlagfoto: E. Chris Wisner, soft
WL · Herstellung: CZ
Satz: Uhl + Massopust, Aalen
Druck: GGP Media GmbH, Pößneck
Redaktion: Daniela Weise
Printed in Germany
ISBN-10: 3-442-21755-5
ISBN-13: 978-3-442-21755-7

www.goldmann-verlag.de

Dieses Buch ist meiner Großmutter Ada Coil gewidmet, die der Wind in meinen Segeln war. Vielen Dank auch an meine Söhne Paul und Chris für ihre Liebe und Unterstützung.

Sylvia Browne

Dieses Buch verdankt seine Existenz meinem lieben Freund und Mentor John Wilson, dessen kreative Arbeit als Lektor erneut von unschätzbarem Wert war.

Antoinette May

Inhalt

Vorwort

Ich habe dieses Buch aus den unterschiedlichsten Beweggründen geschrieben, aber zwei Anliegen sind mir besonders wichtig. Auf der einen Seite möchte ich dazu beitragen, dass die Menschen wirklich verstehen, was es mit einem »Medium« auf sich hat. Hellsichtigkeit kommt in meiner Familie öfter vor und betrifft auch meine Großmutter Ada Coil, einen Onkel und meinen jüngsten Sohn Christopher Dufresne. Der genetische Aspekt spielt dabei sicherlich eine große Rolle, aber er ist nicht allein ausschlaggebend dafür, übersinnliche Dinge wahrnehmen zu können. In Wirklichkeit hat Hellsichtigkeit etwas mit unseren Prüfungen im Leben zu tun, mit unserer Aufgabe auf der Erde, denn die Seele will sich weiterentwickeln, um zu einem Ausdruck des Göttlichen zu werden.

Auf der anderen Seite ist dies die Geschichte einer Frau. Und zwar einer Frau, die vielleicht zu naiv, zu verständnisvoll und zu selbstlos ist. (Aber ist dies ein Verbrechen?) Dennoch ist diese Frau nicht auf den Kopf gefallen, ja sie ist fast schon eine Gelehrte, zumindest was die persönlichen Umstände anderer Menschen sowie deren innere Wahrheit und Spiritualität betrifft. Ich möchte auch zeigen, dass eine religiöse oder spirituelle Person nicht heilig zu sein braucht, sondern im Gegenteil auch sehr menschlich sein kann. Wie jeder andere Mensch auch kann sie verletzt und betrogen werden und die gleichen Ängste und Phobien haben.

Ein Medium ist in Wirklichkeit einfach nur ein Mensch, der eine bestimmte Gabe besitzt, von der er persönlich noch nicht einmal etwas hat. Je älter ich werde, desto mehr erkenne ich, dass diese Gabe mir in keinerlei Weise persönlich zugute kommt. Sie ist etwas, das ich an andere weitergeben muss. Wenn hellsichtige Menschen aus ihrer Gabe für sich selbst Nutzen ziehen könnten, würden sie einfach den großen Lotteriegewinn landen und niemals das tun, wofür sie eigentlich da sind – nämlich anderen zu helfen.

Mein Leben liest sich wie ein Kampf ums Überleben und unterscheidet sich darin nicht von dem der meisten anderen Menschen. Ich war unglücklich verliebt, habe Herausforderungen bestanden, wurde von Freunden betrogen und von Menschen verletzt. Ich denke, meine Geschichte unterscheidet sich nicht von der Geschichte anderer Menschen, es ist einfach die Geschichte einer ganz normalen Frau. Ich hoffe, es ist auch eine Geschichte von Mut und Stärke, weil ich oft mutig und stark sein musste. Aber manchmal spürte ich tief im Herzen auch eine große Angst. Ich fühlte mich allein und hilflos wie ein Kind.

Vor allem jedoch handelt meine Geschichte vom Glauben, vom Glauben einer Frau an ihren Gott und ihre Göttin. Ich bin hierher gekommen, um erneut den Gnostischen Weg zu verkünden. Dieser Weg ist die älteste Suche des Menschen nach Wahrheit und Spiritualität. Wie sich Novus Spiritus (meine spirituelle Kirche) weiterentwickeln wird, weiß nur Gott allein. Was mich anbetrifft, so werde ich Menschen immer helfen, wenn Gott mir die Möglichkeit dazu gibt – auch wenn ich dazu auf einen Ziegenkarren steigen müsste. Ich werde meinen Vertrag mit Gott niemals brechen.

Dieses Buch ist mit viel Humor geschrieben. Die Freundschaft zwischen mir und Antoinette besteht schon mehr als 20 Jahre, und uns verbindet eine große Zuneigung und eine große gegenseitige Wertschätzung. Du wirst sehen, dass viele Dinge völlig unvorhergesehen passiert sind – nicht nur aus deiner, sondern auch aus meiner Sicht. Begleite mich also auf einer Odyssee und fühle über das geschriebene Wort hinaus in das Herz einer Frau, die möglicherweise zu naiv und zu verständnisvoll und mitfühlend ist, die aber ganz bestimmt eine Menge Mumm hat.

Wenn du dich einsam und verlassen fühlst, kannst du dich hin und wieder an dieses Mädchen aus Missouri erinnern. Ich habe nicht immer alles erreicht, aber ich habe bestimmt immer mein Bestes gegeben. Ich glaube, Gott möchte einfach nur, dass wir das geben, was wir zu geben haben. Dieses Buch handelt also von Freundschaft, von Loyalität, von schmerzvollen Erfahrungen und alltäglichen Herausforderungen. Es ist eine ganz normale Geschichte, die eigentlich jeder erzählen könnte. Würde ich irgendetwas an ihr verändern, wenn ich es könnte? So sehr ich auch darüber nachdenke, ich glaube nicht. Irgendjemand meinte einmal, ich bewirkte in meinen Mitmenschen eine »karmische Läuterung«. Ich glaube, diese

Aussage trifft es ganz gut. Wir alle lernen durch Erfahrung und müssen sehen, wie sich unser Leben entwickelt. Ich hoffe, dass dich meine Lebensgeschichte inspiriert und du schneller aus deinen Fehlern lernst, als ich es getan habe.

Gott liebt dich, genau wie ich.

Sylvia Browne

Einleitung

Das erste Mal traf ich Sylvia Browne – und ihre Geistführerin Francine – bei einer Séance in meinem Wohnzimmer. In den 1970er Jahren traf sich bei mir wöchentlich eine kleine Arbeitsgruppe zur Erforschung übersinnlicher Phänomene. Sie war ein Ableger eines Parapsychologie-Kurses, den ich am nahe gelegenen Community College gab.

Wir alle – Psychologen, Rechtsanwälte, Immobilienmakler, Schriftsteller, Lektoren, Erzieher und Verkäufer – waren von den Möglichkeiten dieser »neuen« Wissenschaft fasziniert und wollten unbedingt mehr über die Welt des Paranormalen erfahren, um uns selbst besser zu verstehen.

Wir experimentierten mit unzähligen Tests zur übersinnlichen Wahrnehmung und den unterschiedlichsten Meditationstechniken. Wir ließen uns in vergangene Leben zurückführen und unsere Auren mit Kirlian-Kameras fotografieren. Wir sahen, wie Löffel gebogen wurden und spontane Heilungen auftraten und lernten, mit Pflanzen zu kommunizieren. Einiges von dem, was wir sahen, war beeindruckend, anderes hingegen schlichtweg Humbug.

Im Herbst des Jahres 1975 erhielt ich kurz nach der

Veröffentlichung eines Artikels, den ich für das Magazin *Psychic* geschrieben hatte, einen Telefonanruf. »Die Medien, über die Sie in Ihrem Artikel schreiben, sind interessant«, sagte eine mir unbekannte Frau am anderen Ende der Leitung, »aber ich kenne eine Person, die noch über ganz andere Fähigkeiten verfügt. Wenn Sie sich mit ihr treffen und sehen, wozu sie in der Lage ist, wollen Sie bestimmt auch über *sie* schreiben.«

Vielleicht war die Anruferin selbst übersinnlich veranlagt.

Unsere Gruppe fieberte der geplanten Séance förmlich entgegen, denn nur wenige hatten bisher einer solchen Gelegenheit beigewohnt. Niemand von uns hatte bislang von Sylvia gehört, und so wussten wir nicht, was uns erwartete. Da wir uns wohl eher eine Frau mit weitem Umhang und Turban vorgestellt hatten, waren wir überrascht, dass uns eine lebendige Frau gegenübertrat, die mit beiden Beinen fest auf dem Erdboden stand.

Sie hatte ihren damaligen Ehemann Dal mitgebracht, und dieser erklärte, dass Sylvia ihren Körper verlassen würde, damit Francine, ihre Geistführerin, in ihren Körper eintreten könne. »Nicht Sylvia, sondern Francine wird also Ihre Fragen beantworten.«

»Ich habe so viel Zeit außerhalb meines Körpers verbracht und ihn Francine zur Kommunikation zur Verfügung gestellt, dass ich irgendwann hoffte, der Alterungsprozess würde sich dadurch verlangsamen«, meinte Sylvia.

»Und? Hat er sich verlangsamt?«, wollten alle wissen.

»Nein, leider nicht.«

Sylvia legte sich auf das Sofa und schob ein Kissen unter ihren Kopf. »Es ist notwendig, dass absolute Stille herrscht, wenn Sylvia ihren Körper verlässt. Hinterher können Sie wieder so laut sein, wie Sie wollen«, erklärte uns Dal.

Wir saßen schweigend da und warteten gespannt auf das, was wohl geschehen würde. Zuerst passierte gar nichts. Ich betrachtete die Frau auf dem Sofa. Sie lag absolut bewegungslos da. Als ich sie anschaute, schien es, als ob Sylvias Umrisse sich fast unbemerkt zu verändern begannen. Ihr Gesicht schien breiter und flacher zu werden. Die großen dunklen Augen stachen nicht mehr so hervor, und die Augenlider schienen zu verschwinden.

»Francine ist nun anwesend, sie befindet sich in Sylvias Körper«, verkündete Dal. »Sie können ihr jetzt jede beliebige Frage stellen.«

Als die anderen zögerten, ergriff ich das Wort. Da ich gerade ein Buch fertig gestellt hatte, interessierte es mich, was mein nächstes Projekt sein würde.

»Sie werden ein weiteres Buch schreiben«, erzählte mir Francine in ihrer – wie ich später herausfinden sollte – klaren, fast ein wenig gestelzten Art. »Sie werden schon sehr bald mit dem Schreiben anfangen. Sie werden den hinteren Teil eines Buchs, das Sie bereits geschrieben haben, nehmen und ihn mit etwas Neuem verbinden. Womit das eine Buch aufgehört hat, damit wird das neue Buch anfangen. Was Sie bislang nicht benutzt haben, wird Teil des neuen Buchs werden.« (Und genau so geschah es.)

Damit war der Damm gebrochen, und plötzlich sprudelte es vor Fragen. Jeder wollte etwas wissen, sei es über

Gesundheit, Geld, berufliche Entscheidungen oder Beziehungen. Besonders das Thema Beziehungen interessierte alle.

»Werde ich mich *jemals* mit meiner Mutter verstehen?«, fragte eine Frau mittleren Alters.

»Nein«, antwortete Francine, »das Verhältnis zu Ihrer Mutter wird immer schwierig bleiben. Sie ist immer sehr kritisch und sagt heute dies und morgen jenes. Nichts von dem, was Sie tun, kann Ihre Mutter zufrieden stellen.«

»Aber Sie sprechen gerade von *meiner* Mutter«, rief eine andere Frau aus.

»Nein, es ist meine Mutter, von der sie spricht«, sagte daraufhin eine andere.

»Klingt mehr nach meiner Mutter«, meinte schließlich noch eine weitere Stimme.

Plötzlich fingen alle an zu lachen, weil klar war, dass alle diese Situation kannten. Nur die Frau auf dem Sofa schwieg und bewegte sich nicht. Francine lachte nicht, ebenso wenig wie Sylvia.

Als das Lachen sich schließlich gelegt hatte, fuhr die Geistführerin fort. »Am besten, Sie akzeptieren Ihre Mutter so, wie sie ist. Nur so können Sie sich persönlich weiterentwickeln.«

Später, als die Séance vorbei war und Sylvia sich wieder in ihrem Körper befand, erzählte ich ihr, was geschehen war. »Ich habe von alldem nichts mitbekommen«, beschwerte sie sich. »Es war bestimmt sehr lustig – und soll ich Ihnen was sagen? In Wirklichkeit trifft die Beschreibung auf *meine* Mutter zu!«

Dieser Abend war der Anfang einer dauerhaften Freundschaft. Sylvias einzigartige Kombination aus Humor, Stärke, Mut und Einsicht hat mein Leben in vielerlei Hinsicht bereichert – genauso wie Francines Weisheit. Ich verbrachte mit Sylvia viele lange Nächte in Häusern, in denen es spukte. Ich sah, wie sie Tote aufforderte, ins Licht zu gehen, und beobachtete ihre Arbeit mit Ärzten und der Polizei. Darüber hinaus hat mich meine eigene Forschungsarbeit in Kontakt mit vielen anderen begabten Hellsichtigen gebracht.

Keinem anderen Medium vertraue ich sosehr wie Sylvia Browne. Die Geschichte ihres Triumphes über Anfeindungen ist wahrhaft inspirierend. Die Weisheit, die sie von Francine empfängt, bringt Sinn und Ordnung in das scheinbar zufällige Chaos des Lebens. Francine lehrt einen Weg des Mitgefühls und letztlich der Transzendierung. Jeder kann diesem Weg folgen und von ihm profitieren.

Antoinette May

(Antoinette ist Autorin und Journalistin, die sich viel mit übersinnlichen Themen befasst.)

1

Worüber die Menschen reden

Der voll besetzte Saal ist voller Anspannung. Dies ist nicht irgendeine Fernsehsendung. Die Leute sind auf mehr aus als auf bloße Unterhaltung. Sie wollen wirkliche Antworten.

Die Begeisterung ist greifbar, als die Scheinwerfer angehen und die Titelmusik einsetzt. Das Studiopublikum stampft und jubelt unaufgefordert, als der Moderator der Sendung, Ross McGowan, überschwänglich verkündet: »Heute haben wir eine international anerkannte Hellseherin zu Gast, unsere allseits verehrte Sylvia Browne.«

Die Bühne dreht sich und gibt den Blick frei auf eine majestätisch wirkende Frau mit warmen braunen Augen, die ihr gesamtes Gesicht einzunehmen scheinen. Das Publikum bricht in spontanen Applaus aus. Sylvia Browne ist ein gern gesehener Fernsehgast, und die Einschaltquoten schnellen in die Höhe, wenn sie in einer Sendung auftritt.

Ann Fraser, die attraktive blonde Ko-Moderatorin, geht ein paar Schritte nach vorn. Sie schaut in das begeisterte Publikum und fragt: »Gibt es hier jemanden, der nicht an übersinnliche Kräfte glaubt?«

Ein großer, dunkelhaariger Mann hebt herausfordernd seine Hand. »Sie werden etwas mit einem Molkereibetrieb zu tun haben«, erzählt Sylvia ihm. »Sie haben zwei Söhne, ziehen aber noch zwei andere Jungen groß.« Als sie, wie gewohnt, den erstaunten Gesichtsausdruck ihres Gegenübers sieht, fügt sie mit einem Lächeln hinzu: »Sie sollten das Getriebe Ihres Wagens überprüfen lassen und wegen Ihrem linken Knie den Arzt aufsuchen.«

Der Mann starrt sie an, sichtlich überrascht und verwirrt.

»Trifft irgendeine dieser Aussagen auf Sie zu?«, fragt Ann Fraser.

»Ich wünschte, ich hätte meine Hand nicht gehoben. Das ist ja gespenstisch«, antwortet der Mann.

»Was meinen Sie mit ›gespenstisch‹?«, hakt Ann nach.

Der Mann spricht so leise, dass er aufgefordert werden muss, lauter zu sprechen. »Seit gestern Abend weiß ich, dass ich einen Molkereibetrieb erben werde. Ich habe mein Auto in die Werkstatt gebracht, und dort wurde ein Getriebeschaden festgestellt. Mein Knie macht mir gegenwärtig große Probleme, eine alte Verletzung aus einem Footballspiel bricht wieder durch. Ich habe zwei Söhne und diese beiden anderen Jungen – nun, darüber möchte ich lieber nicht sprechen.«

Sowohl die Zuschauer vor den Fernsehschirmen als auch die Studiogäste sind fasziniert. Die Menschen winken wild mit den Armen, um eine Frage stellen zu dürfen – sei es über ihr kompliziertes Liebesleben, ihre finanzielle Situation, ihre neurotischen Familien oder über eine seltene Krankheit. Sylvia spielt die Bedrängte und verdreht ihre Augen. Ihre mütterliche Präsenz ist überwältigend, und sie antwortet direkt und ohne Umschweife. Selbst Skeptiker fühlen sich von ihrer warmen und mitfühlenden Ausstrahlung angezogen.

Eine ältere, grauhaarige Frau erhebt sich und meint: »Ihre Aussagen sind mir manchmal zu allgemein. Sie erzählen zum Beispiel jemandem, dass er bald umziehen wird. Kann das nicht auf jeden zutreffen?«

»Schon möglich«, räumt Sylvia ein. »Aber angenommen, ich würde Ihnen sagen: ›Sie sind im letzten Monat in ein weißes, mit Stuck verziertes Haus mit blauer Verkleidung gezogen.‹ Ist das zu allgemein? Ich denke nicht. Eine allgemeine Aussage wäre eher: ›Sie ziehen aus der Dunkelheit ins Licht.‹«

Der Frau klappt die Kinnlade nach unten. »Sie – Sie haben Recht«, stottert sie. »Ich bin umgezogen. Ihre Beschreibung passt genau auf mein Haus.«

»Es war gut, dass Sie umgezogen sind«, versichert ihr Sylvia. »Sie werden in dem neuen Haus glücklich werden.«

»Eins muss man sagen«, räumt die Frau ein, »was Sie machen, ist wirklich gute Unterhaltung.«

»Das finde ich auch«, stimmt ihr Sylvia zu. »Das, was ich tue, hat sicherlich einen Unterhaltungswert, aber meistens geht es darum, schnell bestimmte Probleme zu lösen. Bei mir geht es zu wie im Schnellimbiss. Sie kommen herein und bekommen das, was Sie brauchen, damit alles wieder in Ordnung ist, und dann gehen Sie wieder nach Hause. Es ist wie auf einem großen Schlachtfeld. Das Leben ist eine Art Schlachtfeld, wenn man es recht betrachtet.«

Das Publikum folgt begeistert dem weiteren Verlauf der Sendung. Was hier im Studio geschieht, ist noch einfach, denn die Informationen, die Sylvia gibt, können sofort bestätigt werden. Die richtige Arbeit beginnt, wenn sie vorhersehend in die Zukunft schaut und über Dinge redet, die über die gegenwärtige Wahrnehmung hinausgehen. Die angesprochenen Personen schütteln zweifelnd ihren Kopf. »Ich und noch ein Baby? Ich werde im Dezember 45, erzählen Sie das einer anderen!« Oder: »Ich soll nach Minnesota ziehen? Wollen Sie mich auf den Arm nehmen? Das würde ich niemals tun, so verlockend der Job auch sein mag.« Die Verifizierung der Vorhersagen ist erst später möglich, manchmal sogar erst sehr viel später. Sylvia bekommt irgendwann einen Anruf, und die Stimme am anderen Ende sagt: »Erinnern Sie sich noch an mich? Ich war die Person, der Sie etwas Bestimmtes prophezeit haben. Nun, ich wollte Ihnen nur sagen, dass Ihre Vorhersage eingetroffen ist.«

Die lokale CBS-Fernsehshow hat den treffenden Titel *People Are Talking*. Die Menschen reden tatsächlich über Sylvia Browne. Aber eigentlich reden sie über sich – über ihre Hoffnungen, ihre Ängste und manchmal auch ihre Geheimnisse. Das Ganze ist nicht neu. Die Fragen, die dieser heute lebenden Seherin gestellt werden, sind die gleichen, die vor Tausenden von Jahren dem Orakel von Delphi gestellt wurden. Das Einzige, was sich geändert hat, ist der äußere Rahmen, in dem die Fragen gestellt und beantwortet werden.

Eine schöne rothaarige Frau steht auf und winkt Sylvia eifrig zu. »Ich möchte eine Frage für mich und meine

Freundin stellen«, sagt sie. »Meine Freundin ist 30 und möchte heiraten. Ich bin jünger als sie, und mir würde im Moment eine feste Beziehung reichen. Sehen Sie jemanden, der in unser Leben treten wird?«

»Ja«, nickt Sylvia mitfühlend, »aber Sie werden zuerst heiraten.«

»Nein, wirklich? Ich zuerst? Ist es der Mann, den ich auf der Vergnügungsfahrt kennen gelernt habe – blond, ein wenig größer als ich selbst?«

»Nein, mein Schatz, es ist jemand anderes. Ein großer, starker, gut aussehender Mann.«

»Mmmmm, klingt nicht schlecht.« Die junge Frau nimmt wieder Platz und freut sich.

»Der würde mir auch gefallen«, sagt Sylvia und lächelt verschmitzt.

Die junge Frau erhebt sich wieder. »Und was ist mit meiner Freundin?«

»Ja, auch sie wird heiraten, aber erst in fünf Jahren.«

Eine ältere Frau hebt zaghaft ihren Arm und fängt, von Sylvia ermutigt, langsam an zu sprechen. »Ich habe vor drei Jahren mein Baby verloren«, erklärt sie. »Es war ein plötzlicher Kindstod. Warum ist er eingetreten?«

»Für euch beide stimmte die Zeit einfach nicht. Wer sind wir schon, um das beurteilen zu können? Das Wesen kam nur kurz, um Ihrem spirituellen Wachstum zu dienen, es war eine Person, die Ihnen in einem vergangenen Leben nahe gestanden hat. Ihr hattet euch verabredet, nur für einen kurzen Moment zusammen zu sein.«

»Aber ich möchte noch ein Kind. Werde ich jemals wieder …?«

»Wann hatten Sie Ihre letzte Regel?«

»Ich glaube, das war… vielleicht…«

»Genau das meine ich. Sie sind bereits wieder schwanger.«

Die Frau schreit vor lauter Begeisterung auf und das Publikum klatscht wie wild Beifall. Als der Applaus sich wieder gelegt hat, fährt Sylvia fort: »Es wird wieder ein Junge sein.«

Ann Fraser schaut Sylvia erstaunt an. »Die Frau hat nicht gesagt, dass ihr gestorbenes Kind ein Junge gewesen ist.«

Sylvia lacht. »Das muss sie auch nicht. Denken Sie daran, dass ich hellsehen kann.«

Bei der nächsten Frage zeigt Sylvia das gleiche telepathische Gespür.

»Vor einem Jahr hatte ich einen schlimmen Unfall«, fängt ein kleiner, untersetzter Mann an zu reden. Alle denken, der Mann würde wegen eines medizinischen Problems fragen, aber Sylvia weiß, worum es geht. Bevor er seine Frage zu Ende formulieren kann, hat sie ihn schon unterbrochen. »Ich versichere Ihnen, dass die Sache gut für Sie ausgehen wird«, sagt sie dem Mann voraus. Als dieser überrascht innehält, ermutigt ihn Sylvia weiter. »Ihre Gerichtsverhandlung. Es wird alles gut werden, Sie brauchen sich keinen anderen Rechtsanwalt zu nehmen. Der, den Sie jetzt haben – der große, kahlköpfige Kerl –, ist sehr gut. Sie sollten ihn behalten.«

Sylvia agiert spontan und mit viel Humor. Manchmal fühlt man sich an eine Stegreifkomikerin erinnert, aber ihre Art zu kommunizieren ist von einer Wärme und einem Mitgefühl durchdrungen, dem sich nicht einmal Skeptiker entziehen können. Sylvia geht immer auf den Einzelfall ein, und ihre Antworten kommen spontan aus dem Bauch. Sie schaut sich im Fernsehstudio um und entdeckt eine Frau, die hinten am Mittelgang sitzt. »Sie machen sich Sorgen, stimmt's? Und zwar über etwas, das in Richtung Erpressung geht«, deutet Sylvia an. »Bezahlen Sie nichts. Was geschehen ist, hat andere Gründe, als Sie annehmen. Er spielt mit Ihren Ängsten. Rufen Sie ihn an. Sagen Sie es ihm direkt ins Gesicht, und er wird die ganze Sache fallen lassen.« Das Gesicht der Frau erhellt sich, ihre Erleichterung ist offensichtlich. »Vielen Dank«, murmelt sie.

Dies alles sind leichte und positive Antworten. Mit schwierigen Antworten lässt sich nicht so leicht verfahren, besonders nicht im Fernsehen. Deshalb ist Sylvia oft vorsichtig in ihren Aussagen. »Ich sehe dieses Jahr zwei Schwangerschaften«, erzählt sie einer jungen Frau, die auf ein Kind hofft. »Fühlen Sie sich nicht schlecht wegen der ersten. Die zweite wird ein Mädchen sein – es wird im nächsten Frühjahr zur Welt kommen.« Das Wort *Fehlgeburt* wird mit keinem Ton erwähnt.

Aber Sylvia kann auch sehr direkt sein. »Den neuen roten Sportwagen, auf den Sie so verrückt sind, sollten Sie *sofort* wieder loswerden«, warnt sie eine glamouröse Brünette.

Schließlich kommen Fragen über Sylvia selbst. »Es scheint, dass Sie an Wiedergeburt glauben«, wirft ein Mann ein.

»Ich glaube nicht an sie«, antwortet Sylvia, »ich bin

von ihr überzeugt. Oder denken Sie, Gott würde uns nur eine einzige Chance geben?«

»Wie lange haben Sie schon diese Einstellung?«

»Ich glaube seit meiner Geburt. Als ich drei Jahre alt war, habe ich darauf bestanden, dass mein Vater mein Essen vorkostet. Man sagt, ich habe immer geduldig gewartet und ihn beim Kauen beobachtet. Wenn nichts geschah, habe ich schließlich zugeschlagen – ich hatte nämlich immer einen großen Appetit. Es kann nicht leicht für mich gewesen sein zu warten, aber ich habe es getan. Scheinbar erinnerte ich mich noch gut daran, in einem früheren Leben vergiftet worden zu sein, und wollte es in diesem Leben nicht noch einmal dazu kommen lassen. Vielleicht habe ich schon damals gespürt, dass ich diesmal einiges zu erledigen habe.«

Sylvia ist davon überzeugt, dass sich die meisten Kinder nach der Geburt an ein früheres Leben erinnern, aber sie können diese Information nicht weitergeben, weil ihnen dafür noch kein Vokabular zur Verfügung steht. Ungeduldige und skeptische Eltern verschlimmern die Situation nur noch, und wertvolle Informationen gehen für immer verloren, weil wir mit zunehmendem Alter immer mehr vergessen.

»Wie fühlt es sich an, hellsichtig zu sein?«, ruft ein junger Mann aus den hinteren Reihen.

»Wie fühlt es sich an, *nicht* hellsichtig zu sein«, erwidert sie achselzuckend. »Ich weiß halt Dinge, die man mir nicht erst erzählen muss. Ich glaube, ich war fünf oder so, als mein Vater mich mit zum Einkaufen nahm. Er setzte mich irgendwo in der Spielecke vor einen Stapel

Bilderbücher und verschwand. Plötzlich hatte ich ein klares Bild von ihm im Bewusstsein. Er telefonierte. Und ich konnte auch die Person sehen, mit der er telefonierte – eine schöne blonde Frau, die ich nicht kannte. Armer Daddy! Als wir wieder zu Hause waren, erzählte ich alles der ganzen Familie. Man konnte eine Stecknadel fallen hören – zumindest solange ich im Raum war. Am nächsten Tag zog mein Vater mit der Angelrute los. Was für eine kleine Petze ich doch war! ›Er geht nicht wirklich Angeln‹, erzählte ich meiner Mutter. ›Er macht einen Ausflug mit seiner Freundin.‹ An jenem Nachmittag hielt mir meine Großmutter, die ebenfalls hellsichtig war, einen langen Vortrag über gute Manieren für Hellsichtige.«

Dies ist nur der Beginn eines sich zuspitzenden Dramas, das einige im Publikum bereits kennen. »Welche Rolle spielt Ihre Geistführerin?«, fragt eine gelehrt aussehende Frau aus den hinteren Reihen. »Erzählen Sie etwas über Francine!«

Selbst die Eingeweihten spitzen erwartungsvoll die Ohren. Für sie ist es eine vertraute, aber immer wieder faszinierende Geschichte. »Ich war acht, als Francine zum ersten Mal Kontakt mit mir aufnahm«, sagt Sylvia. »Ich erinnere mich nicht mehr, ab wann ich Mitteilungen hören konnte, die andere Menschen nicht wahrnahmen, aber sie haben sich immer schon irgendwo im Hintergrund befunden, wie ein leises Flüstern, das nicht zu ignorieren war. Mit Francine war es völlig anders. Eines Abends lag ich im Bett und spielte mit der Taschenlampe, als ich plötzlich diese indianische Frau sah.

›Hab keine Angst, Sylvia, ich komme von Gott‹, sagte

sie. Hab keine Angst! Sie war so nah, so real wie, wie... wie... Ann Fraser«, erklärt Sylvia und zeigt auf die Frau neben ihr. »Und dort stand sie nun, mitten in meinem Schlafzimmer. Ich sprang aus dem Bett und lief schreiend aus dem Zimmer. Zufälligerweise – falls es so etwas wie Zufall überhaupt geben sollte – war an diesem Abend meine Großmutter bei uns. Für sie war das alles ganz normal, und das beruhigte mich. Sie erklärte mir, dass wir alle Geistführer haben, die uns helfen. Der einzige Unterschied lag darin, dass wir beide unsere Geistführer auch sehen konnten.«

Sylvias Geistführerin ist eine südamerikanische Indianerin, deren Name im Leben Iena gewesen war. »Das Ganze war für ein achtjähriges Mädchen ein wenig zu bizarr«, erinnert sich Sylvia. »Ich mochte den Namen Francine, und daher habe ich meine neue Freundin einfach auf diesen Namen getauft. Sie hatte zum Glück nichts dagegen und wusste anscheinend genau, wie sie mit mir umzugehen hatte. Als sie mir das Spiel ›Was sagen die unter uns?‹ beibrachte, verlor ich vollständig meine Angst vor ihr. Sie können sich bestimmt vorstellen, welche Aufregung dieses Spiel verursachte, aber es hat Spaß gemacht. Wie meine Großmutter, so war und ist auch Francine mit den richtigen Umgangsformen für Hellsichtigkeit vertraut. Am Anfang schien sie mir sehr alt zu sein, dabei war sie nur um die 30, und das ist sie immer noch.«

Sylvia erzählt, dass es am Anfang nicht leicht war, sich an Francines Denkweise zu gewöhnen. »Im Vergleich zu uns nimmt sie alles sehr wörtlich, ich bin immer noch manchmal überrascht. Wenn ich sie zum Beispiel fragen würde, ob sie sich selbst beschreiben kann, würde Francine einfach nur ›ja‹ sagen und keine weiteren Worte verlieren. Als Antwort auf eine Frage über den bevorstehenden Urlaub würde sie wahrscheinlich nur sagen: ›Ich sehe dich in das hohe Land fahren und Tiere auf einen Haken hängen.‹ Wir würden diese Aussage als einen Angelausflug in die Berge interpretieren.«

Ross McGowan stellt eine Frage für das Publikum. »Haben Sie nicht manchmal das Gefühl, dass Ihre Vorhersagen den freien Willen der Menschen außer Kraft setzen?«, will er wissen.

Sylvia schüttelt den Kopf. »Absolut nicht. Wenn ich Sie richtig verstehe, glauben Sie zu wissen, wie dieser freie Wille aussieht. Ich bin fest davon überzeugt, dass ich meine Informationen von Gott erhalte, so wie es mir Francine schon vor langer Zeit erzählt hat.« Sie lacht frei heraus. »Ich glaube nicht, dass ich mir all das ausdenken könnte!«

Genaue Aussagen seien wichtig, meint sie. »Nur darum geht es, wenn man ein Medium ist. Es wäre wenig professionell, wenn ich den Menschen nur plakativ erzählen würde, dass es darum geht, aus der Dunkelheit heraus ins Licht zu treten. *Jeder* kann solche Behauptungen aufstellen, aber wem würden sie nützen? Ich kann einer Person nur helfen, wenn ich genaue Angaben mache. Francine kommt durch, wenn ich mich im Trancezustand befinde, und erzählt den Menschen etwas über die Aufgabe ihrer Seele, über ihre Mission im Leben, ihre spezifischen Themen und Muster. Ich bleibe im Jetzt, in der täglichen Seifenoper des Lebens.«

Sylvia hat die Fähigkeit, mit dem »Lebensplan« ihrer Klienten in Resonanz zu treten. Obgleich sie es vorzieht, Vorhersagen nur im direkten Gespräch zu machen, ist sie in ganz Amerika für ihre Prophezeiungen bekannt, die von öffentlichem Interesse sind. »Es macht wirklich keinen Unterschied«, erzählt sie dem Publikum. »Ich setze mich hin und stelle mir selbst Fragen. Wie sieht es mit der Wirtschaft aus? Wie steht es um die Gesundheit des Präsidenten? Wird es Erdbeben geben? Und so weiter...«

»Wie wird mein Zeugnis sein?«, ruft ein kleiner Junge.

»Mal abgesehen vom Sport sieht es nicht sehr gut aus«, warnt ihn Sylvia.

Obwohl sie nur wenig Interesse an Sport hat, wird Sylvia immer wieder aufgefordert, Gewinner vorauszusagen. Ihre Erfolgsrate ist dabei beeindruckend. »Bevor die Leute mich danach fragten, habe ich noch nicht einmal gewusst, dass es so etwas wie den Super Bowl überhaupt gibt«, muss sie zugestehen. »Die letzten fünf Gewinner habe ich der Reihe nach alle vorhergesagt. Vor ein paar Jahren habe ich verkündet, dass die Oakland Raiders absteigen werden, was sie dann auch tatsächlich taten. Die Menschen waren empört. Sie sollten die Briefe sehen, die ich erhielt. Man hatte den Eindruck, als ob sie mich dafür verantwortlich machen wollten.« Sie zuckt in gespielter Resignation mit den Achseln.

»Aber wie machen Sie das bloß?«, will nun Ann Fraser wissen.

»Ich weiß es nicht«, gibt Sylvia zu. »Ich habe wirklich keine Ahnung. Ich öffne mich einfach und erhalte die Information. Ich denke nicht lange darüber nach. Einmal habe ich einer Frau erzählt, dass sie eine Wurmfarm gründen würde. Ja, eine Farm für Würmer! Hätte ich darüber nachgedacht, hätte ich es nicht gesagt, aber ich hatte *keinen* Gedanken. Ich öffnete einfach meinen Mund und sagte genau das, was ich empfing. Die Frau war überhaupt nicht überrascht. ›Wissen Sie was?‹, sagte sie, ›ich habe schon immer gedacht, dass dies eine interessante Möglichkeit wäre, meinen Lebensunterhalt zu bestreiten.‹«

Ein älterer Mann steht auf, um eine letzte Frage zu stellen. »Wie steht es mit Ihnen selbst, Sylvia? Wie sieht *Ihre* Zukunft aus?«

Sylvia schüttelt den Kopf, und das honigblonde Haar leuchtet im hellen Licht der Studioscheinwerfer. »Ich habe keine Ahnung. Die Gabe steht dem Medium selbst nicht zur Verfügung. Würde ich meine Kräfte nicht richtig einsetzen, würde ich sie verlieren. Die Menschen fragen mich, ob ich es nicht leid bin, immer wieder die gleichen Fragen gestellt zu bekommen. Die Antwort ist nein, ich bin es nicht leid. Wenn etwas für andere wichtig ist, dann ist es auch für mich wichtig. Und außerdem macht die ganze Sache doch Spaß. Ich sagte einmal einem Mann, dass er am 5. April eine neue Arbeit anfangen werde. Später rief er mich entrüstet an und teilte mir mit, dass ich mich geirrt hätte – es war nämlich der 6. April gewesen.«

»Aber nützt Ihnen Ihre Fähigkeit wirklich *niemals* für irgendetwas?«, will der Mann wissen.

»Nur sehr selten«, antwortet sie mit fester Stimme, »und ich bin froh, dass es so ist.« Einen Moment lang verdunkelt sich Sylvias Gesicht, während ihre Gedanken ungewollt zu einer tragischen Liebesaffäre wandern, die sie vor langer Zeit hatte. Sie *hatte* damals eine Warnung erhalten.

Ross gibt ein Zeichen, es ist Zeit für den Werbeblock. Eine kurze Schlussansage, und die Show ist vorbei. Sylvia lächelt dem Publikum zu, während die Drehbühne sie wieder aus dem Scheinwerferlicht fährt.

2

Francines Freundin

Es war kurz vor Mitternacht, und Sylvia Browne war auf dem Weg zu einer Séance. Während der Wagen über die schmale, kurvenreiche Straße rollte, die sich an der zerklüfteten Küste entlangschlängelte, musste sie plötzlich schmunzeln.

War Dichtung dazu da, die Wahrheit auszudrücken, oder war es eigentlich genau andersherum? Es war eine dunkle und stürmische Nacht, wie sie im Bilderbuch stand. Ein paar Meilen weiter nördlich warteten 12 Menschen auf sie in einem jahrhundertealten Bauernhaus. Sie würde die 13. Person sein. Einige Menschen – und zu ihnen gehörten auch Journalisten aus San Francisco – glaubten, es würde in dem Haus spuken. Wie aufregend und unheimlich das alles klang! Für Sylvia traf nichts von alledem zu. Dichtung – Wahrheit? Wahrheit – Dichtung?

Die Scheibenwischer kämpften tapfer mit dem starken Regen. Sylvia war froh, dass neben ihr ein Mann am Steuer saß, und lehnte sich zurück. Sie schloss ihre Augen und ließ ihren Gedanken freien Lauf.

Es war ein anstrengender Tag gewesen, der schon frühmorgens mit einem Notruf angefangen hatte. Ein Kind wurde vermisst. Sylvias hellsichtige Kräfte hatten eben der Polizei von San Jose geholfen, den Fall glücklich zu lösen, als ein weiterer Fall an sie herangetragen wurde – die nicht identifizierte Leiche einer Jugendlichen.

Nur widerwillig hatte Sylvia ihre Aufmerksamkeit auf die Tragödie gelenkt. In Gedanken »sah« sie ein hübsches blondes Mädchen halb bekleidet und blutend auf dem Seitenstreifen einer befahrenen Stadtautobahn liegen. »Anderson«, hatte Sylvia zu dem Polizeibeamten gesagt. »Ihr Nachname ist Anderson. Der Vorname beginnt mit einem C – vielleicht Carol, nein Carey oder Carolyn. Ich bin mir nicht sicher. Aber sie kannte ihren Mörder, sie ist zu ihm ins Auto gestiegen. Er war wütend und eifersüchtig. Das ist alles, was ich bekomme«, entschuldigte sie sich. Aber das reichte schon. Es würde nicht lange dauern, und der Fall war gelöst.

Dann waren da noch die normalen Readings gewesen. Acht Klienten hatten sie an jenem Tag in ihrer Praxis bei der Nirvana Foundation aufgesucht. Einige Erkenntnisse waren positiv, zum Beispiel konnte der Verbleib eines geerbten Rings festgestellt werden. Ein anderer Fall war eher humorvoll. Die hohe Temperatur eines gerissenen, aber nicht gerade schlauen Jungen konnte durch heißes Wasser erklärt werden. Jemand von der Nachmittagsbetreuung seiner Schule würde sich um ihn kümmern. Sylvia seufzte, als sie an eine andere Klientin dachte, eine Frau mit einer tödlichen Krankheit. Was konnte sie ihr anderes anbieten als Ehrlichkeit, Mitgefühl und Vertrauen in die Unsterblichkeit des menschlichen Geistes?

Das Austreiben von Gespenstern, das Sylvia an diesen trostlosen Streifen der nordkalifornischen Küste gebracht hatte, geriet wieder in den Mittelpunkt ihrer Aufmerksamkeit. Es wurde viel über die Gespenster von Verstorbenen geredet, es gab viele makabre Schlagzeilen und einen starken Anstieg von Filmen, die sich auf lustige oder gruselige Weise mit diesem Thema befassten. Niemand konnte leugnen, dass die bloße Erwähnung des Wortes »Gespenst« eine große Faszination ausübte.

Sylvia wusste, dass die bevorstehende Séance vielleicht nicht mehr als ein Gesellschaftsspiel sein würde, aber es bestand immer die Möglichkeit, dass an den merkwürdigen Umständen etwas dran war, aufgrund derer man sie gerufen hatte. Sie hoffte, die bevorstehende Séance würde einige Dinge ans Tageslicht bringen. Oftmals führte eine Séance zu ungeahnten Erkenntnissen, aber genauso oft war alles auch nur pure Zeitverschwendung. Sie schmunzelte, als sie sich an die vielen Nächte erinnerte, in denen ihr Kassettenrekorder das sterbliche Schnarchen von Zeugen aufgenommen hatte, die einfach eingeschlafen waren, statt bis zum Morgengrauen darauf zu warten, dass etwas passierte.

Was auch immer in dieser Nacht geschehen würde, die Tatsachen des Lebens und die Besonderheiten des Todes waren Sylvia zutiefst vertraut. Es war schon lange her, seit sie herausgefunden hatte, dass die Menschen gar nicht sterben. Sie sterben nur aus der Perspektive der anderen. Das war der traurige Teil, der harte Teil, die Lektion, die sie lernen sollte, als sie fast noch ein kleines Kind war.

Heute kann Sylvia Browne wahrhaft sagen, dass ihre

beste und *engste* Freundin schon lange »tot« ist. Es war allerdings nicht immer so einfach.

Versteckt sich die gegenwärtige Wahrheit in den uralten Traditionen unserer Vorfahren? Vielleicht. Sylvia Celeste Shoemaker wurde am 19. Oktober 1936 in Kansas City im US-Bundesstaat Missouri geboren, und zwar genau um 14 Uhr. Es war eine ganz normale Geburt – mal abgesehen davon, dass sie mit einer Glückshaube zur Welt kam.

Eine Glückshaube ist die innere fötale Membran, die den Kopf eines neugeborenen Babys umhüllt. Schon seit Menschengedenken zeigt eine solche Haube die Geburt eines Kindes an, das mit »Sehkraft« ausgestattet ist, mit einer übersinnlichen Wahrnehmung und einem inneren *Wissen*, das ein Medium von allen anderen Menschen unterscheidet.

Bill Shoemaker, Sylvias Vater, der bei der Geburt anwesend war, hatte bereits mit einer hellsichtigen Schwiegermutter zu kämpfen. Und nun gab es eine weitere Hellsichtige in der Familie. Als die Glückshaube entfernt wurde, offenbarte sich ein weiteres mystisches Omen. Auf der Stirn des Babys, genau in der Mitte zwischen seinen beiden großen braunen Augen, befand sich ein kleiner Blutstropfen. Er symbolisierte für alle das mysteriöse dritte Auge – das alles sehende Auge des Propheten.

Sylvia ist davon überzeugt, dass jeder Mensch hellsichtige Kräfte hat, aber die meisten Menschen sind sich ihrer übersinnlichen Fähigkeiten nicht bewusst. Es ist möglich, dass eine Glückshaube die Menschen daran erinnern soll, Nutzen aus dieser natürlichen Gabe zu ziehen. Für Sylvia war dieses uralte Zeichen von prophetischer Weitsicht. Sie hat anscheinend nie erfahren, was es heißt, *nicht* hellsichtig zu sein.

Die »Zeichen« traten schon sehr früh in Erscheinung. Offensichtlich war sie bereits für den außergewöhnlichen Weg, der vor ihr lag, vorbereitet. Sylvia wusste immer schon, wer vor der Tür stand, bevor der Gast auch nur klingeln konnte. Als sie drei Jahre alt war, starb Bills Vater an einem Schlaganfall. Bill wurde auf der Arbeit von der Tragödie informiert und ging nach Hause, um seiner Frau Celeste die traurigen Neuigkeiten zu überbringen. Sylvia stand in der Tür, als er hereinkam. »Opa ist tot«, erklärte sie, bevor ihr Vater auch nur ein einziges Wort gesagt hatte.

Eine weitaus glücklichere Botschaft überbrachte Sylvia, als sie vorhersagte, dass sie eine Schwester haben werde. »Sie kommt in drei Jahren zu uns, wenn ich sechs bin«, verkündete sie. Sharon kam einen Monat vor dem sechsten Geburtstag ihrer Schwester. Sylvia hört diese Geschichten immer wieder auf Familienzusammenkünften und muss lächeln, wenn sie sieht, dass immer noch alle über sie staunen. Was soll man denn von einem Kind erwarten, das dabei ist, seine hellsichtigen »Muskeln« zu trainieren?

Ein weitaus bedeutenderes Ereignis geschah, als Sylvia vier Jahre alt war. Nachdem ihr Vater schon früh zur Arbeit gegangen war, kroch Sylvia eines Morgens ins Bett zu ihrer Mutter. Als das zierliche Kind hoch zur Decke schaute, riss diese plötzlich vor ihren Augen auf. Über ihr befand sich ein atemberaubender Sonnenaufgang, dessen Strahlen sich kirschrot, golden, tiefrosa und violett gegen die düstere Morgendämmerung absetzten. Ein Schwarm wilder Vögel flog in einer V-Formation durch dieses großartige Panorama, und eine Stimme sprach laut und deutlich: *»Sylvia, du wirst niemals so frei sein wie die Vögel, die du siehst.«*

»Hast du das gehört?«, fragte sie verwundert ihre Mutter. »Was ist mit der Decke passiert? Siehst du die Vögel dort?«

Celeste Shoemaker hatte nichts von alledem gesehen. Als Tochter einer hellsichtigen Mutter war sie in einer Umgebung aufgewachsen, in der Visionen an der Tagesordnung waren. Obwohl selbst nicht hellsichtig, waren paranormale Phänomene für sie nichts Neues. Celestes Einstellung gegenüber Sylvias zunehmender »Fremdartigkeit« war von leichtem Verdruss geprägt. Es gefiel ihr nicht, dass sie von noch mehr Exzentrizität umgeben war, und so unternahm sie nichts, um ihre Tochter in dieser Hinsicht zu ermutigen.

Die Decke sah genauso aus, wie sie immer ausgesehen hatte. Celeste versicherte Sylvia, dass alles in Ordnung war, und versuchte das Kind von seiner Vision abzulenken, indem sie die Aufmerksamkeit auf das Frühstück lenkte.

Aber Sylvia vergaß niemals, was geschehen war. In späteren Jahren wurde ihr schließlich die volle Bedeutung ihrer Vision offenbart. Das Word »Freiheit« hat für jeden Menschen eine andere Bedeutung, aber Hellsichtige sind die Ersten, die sich eingestehen müssen, dass sie nur sehr wenig Freiheit haben.

Sylvia ist davon überzeugt, dass die Menschen, die sich dazu entschlossen haben, hellsichtig zu sein, ihre Gabe mit anderen Menschen teilen müssen – und zwar ungeachtet der Konsequenzen für ihr persönliches Wohlbefinden und ihren eigenen Seelenfrieden. Für einige mag es vielleicht leicht sein, sich einem solchen Leben zu verschreiben, aber für Sylvia war es nicht einfach. Sie hat manchmal sehr unter ihren Fähigkeiten gelitten, besonders wenn ihre »Gaben« in offenen Konflikt mit ihren eigenen Wünschen gerieten.

Das ungewollte Wissen begann, als Sylvia fünf war und die Familie sich zum gemeinsamen Sonntag getroffen hatte. Sylvia saß neben ihrem Vater und hörte dem Gespräch der Erwachsenen nur halbherzig zu. Sie blickte gerade abwesend ihre Urgroßmutter Hattie an, die ihr gegenüber saß, da bekam sie einen tüchtigen Schreck, denn das Gesicht der Frau fing langsam an zu verlaufen. Ihre Gesichtszüge zerflossen, als ob sie aus Wachs wären; sie sickerten so lange nach unten, bis kein Gesicht mehr vorhanden war, sondern nur noch der nackte Schädel.

Vor Entsetzen aufschreiend, wandte sich das Kind ab, nur um in das Gesicht der anderen Urgroßmutter Sarah zu blicken. Auch dieses Gesicht schien zu schmelzen – zwar nicht so schnell, aber dennoch deutlich sichtbar.

Außer sich vor Angst, zog Sylvia am Arm ihres Vaters und bat ihn, sie sofort nach Hause zu bringen. Draußen versuchte sie ihm zu erklären, was sie so in Angst und Schrecken versetzt hatte. »Ich sah, wie ihre Gesichter geschmolzen sind«, schluchzte das kleine Mädchen. Ihr Vater konnte sie nicht verstehen.

Zehn Tage später war Hattie Braun tot. Vier Tage danach starb Sarah Shoemaker. Sylvia fing an, andere Menschen mit schmelzenden Gesichtern zu sehen, und jeder Vision folgte früher oder später unweigerlich der Tod dieser Person. Ihre Angst und Verwirrung führten zu Schuldgefühlen. War sie in irgendeiner Weise dafür verantwortlich? Sylvia fühlte sich elend. Immer wieder versuchte sie ihren Eltern von ihren Erlebnissen zu erzählen, aber diese waren zu sehr in ihre eigenen Angelegenheiten verstrickt und bekamen die Ungeheuerlichkeit gar nicht mit, die ihr Kind erlebte.

Bill Shoemaker war sehr ehrgeizig und wollte es in der Welt zu etwas bringen. Er war außerdem ein Charmeur, dem es nicht schwer fiel, seine Schürzenjägernatur mit den normalen Verpflichtungen für die Familie zu verbinden. Celeste musste einen Ehemann ertragen, der sieben Jahre jünger war und sich wie ein Don Juan aufführte, aber sie war entschlossen, die ganze Sache auszusitzen. »Eines Tages wird Bill erwachsen werden«, seufzte sie oft. Und in der Zwischenzeit tat sie so, als ob es das Problem gar nicht gäbe.

Sylvia erinnert sich noch gut daran, wie ihre Mutter reagierte, wenn sie auch nur im Entferntesten mit etwas konfrontiert wurde, das für sie bedrohlich sein konnte.

Celeste gab sich einfach selbst die Schuld und verschwand für Stunden in der Badewanne. Alle in der Familie wussten, dass sie sich von der Realität abgekapselt hatte und nicht gestört werden durfte. In jenen traumatischen Tagen schmelzender Gesichter badete Celeste oft, während Bill sich mit einer vorbeiziehenden Parade hübscher Frauen vergnügte.

Dann kam eines Tages Ada Coil, Sylvias Großmutter mütterlicherseits, um nach dem Rechten zu sehen. Als sie neben dem verängstigten Kind saß, das sich täglich mehr vom Leben zurückzog, nahm sie die schluchzende kleine Sylvia auf ihren Schoß und tröstete sie. Als die Tränen aufgehört hatten, fing Ada an, ihrer Enkelin behutsam ein paar Fragen zu stellen.

Erneut versuchte Sylvia das zu beschreiben, was sie gesehen hatte – die schmelzenden Gesichter, die so lange verliefen, bis nur noch der nackte Schädel zu sehen war. »Bin ich es, der sie tötet?«, fragte Sylvia, und ihre Stimme war wenig mehr als ein Flüstern.

»Nein, mein Schatz, ihre Zeit ist gekommen. Du hast damit nichts zu tun«, versicherte ihr die Großmutter.

»Dann ist das alles *echt*?«

»Sehr echt.«

»Siehst du auch diese schmelzenden Gesichter«, fragte Sylvia und blickte ihre Großmutter verschwörerisch an.

»Nicht die Gesichter, aber andere Dinge. Ich sehe vieles, was andere nicht sehen, genauso wie du. Das liegt daran, dass wir hellsichtig sind.«

Die fünfjährige Sylvia wollte nicht hellsichtig sein. Das machte überhaupt keinen Spaß! Geduldig erklärte Ada ihr, dass sie beide die Gabe des Sehens hatten, ob sie es wollten oder nicht. Sie war ihnen anvertraut, um sie zum Wohle anderer einzusetzen.

»Aber ich will keine schmelzenden Gesichter sehen, ich habe Angst vor Schädeln«, sagte Sylvia und fing wieder an zu weinen.

»Dann bitte Gott, dass er sie dir nicht weiter zeigt«, gab ihr Ada den Rat. »Bete, von dem befreit zu werden, mit dem du nicht umgehen kannst.«

Die junge Sylvia betete daraufhin sehr viel. Die scheußlichen Visionen kamen nicht wieder.

Hoch gewachsen, von stattlicher und dominanter Natur, war Ada Coil eine wahre Mentorin. Sie spendete der kleinen Sylvia nicht nur praktischen Trost für diese Welt, sondern gab ihr auch den magischen Faden, um sich im dunklen Labyrinth der anderen Welt zurechtzufinden. Adas Eltern kamen aus Deutschland, sie stammte von der noblen rheinischen Familie von Banica ab und hatte den Namen Coil von ihrem irischen Ehemann angenommen. Sie war eine strenggläubige Lutheranerin, aber immer auch sehr pragmatisch.

Die Shoemaker-Familie war in sich gespalten. Bill war Jude, und Celeste gehörte der Episkopalkirche an. Harmonie war nicht gerade die herausragendste Eigenschaft im Haushalt. Und irgendetwas musste mit ihrer Tochter geschehen. Sylvia brauchte ganz eindeutig Stabilität und Führung. Schließlich stellte sich eine Klosterschule als die perfekte Lösung heraus. Auf Drängen der Großmutter wurde aus den Shoemakers eine katholische Familie, die feierlich zum Taufaltar schritt.

Sylvia stellte sich schnell auf den katholischen Unterricht ein. Besonders die Nonnen imponierten ihr sehr, und sie wäre am liebsten eine von ihnen gewesen. Schon bald hatte Sylvia einen behelfsmäßigen Altar in ihrem Schlafzimmer und bestand darauf, tagelang ein schwarzes langes Kleid zu tragen, an dem ein weißes Geschirrtuch befestigt war. Niemand war überrascht, als sie verkündete, eine Nonne werden zu wollen.

Wie Oma Ada, so schienen auch die Nonnen für Sylvia Inseln der Stärke und Besonnenheit in einer Welt zu sein, die immer komplexer und komplizierter wurde. Sylvia war ein aufgewecktes Kind, das eifrig darin war, zu lernen und andere zufrieden zu stellen. Die Schule fiel ihr leicht, obgleich andere Dinge nicht so einfach für sie waren. Ihre zunehmenden hellsichtigen Fähigkeiten waren eine Last, von der sie sich niemals befreien konnte. Sie trennten sie von ihren Freunden und auch von ihren Eltern. Das Kind wünschte sich nichts sehnlicher, als ganz »normal« zu sein.

Sie fing an, ins »Innere« ihres Kopfs zu sehen, und erlebte häufig eine Furcht erregende Bildmontage von Geistern aus dem Jenseits und von Gespenstern Verstorbener – zwei eindeutig verschiedene Vibrationen. Oftmals fragte sie andere Menschen bzw. jemanden, der zufällig anwesend war: »Hast du das gesehen?« Die Antwort war immer nein.

Es war daher eine große Erleichterung für sie, als Oma

Ada sie unerwartet bestätigte. Es war an einem Sonntagabend nach dem Abendessen. Die Familienmitglieder hatten sich im Wohnzimmer der Shoemakers versammelt und sprachen von verstorbenen Verwandten. Sylvia saß auf dem Fußboden und schaute hoch zu Ada, als die Umrisse eines Mannes, der an der Schulter ihrer Großmutter stand, immer mehr Gestalt annahmen. Zuerst waren sie sehr verschwommen, aber dann wurden sie immer deutlicher, bis die Gestalt schließlich genauso klar erkennbar war wie Ada.

»Oma, wer ist der Mann hinter dir?«, fragte das Kind.

»Sylvia prahlt mal wieder mit ihren Fähigkeiten«, war die allgemeine Reaktion der Gruppe, mit Ausnahme von Ada, die im ernsthaften Ton nachfragte: »Wie sieht er aus?«

»Er ist groß und hat rötlich braune Haare. Er hat ein schönes Gesicht mit kleinen Drahtgläsern.«

»Sonst noch etwas?«

»Er trägt eine Kette mit einem Horn.«

»Einem Horn?«

»Ja, er hört damit anderen die Brust ab.«

»Könnte es Jim sein?« warf Celeste ein.

»Natürlich, er muss es sein«, stimmte ihr Ada zu. »Du siehst deinen Onkel Jim«, erklärte sie Sylvia. »Er starb während der Grippe-Epidemie 1917. Einer seiner Patienten hatte ihn angesteckt.«

Dies war zum ersten Mal eine positive Erfahrung. Sylvia saß auf Adas Schoß und hörte, was Onkel Jim als Kind so alles angestellt hatte. Aber die meiste Zeit über war Sylvia sehr allein. Sie wusste ohne zu fragen, dass ihre

Freundinnen nicht die Kämpfe ausstehen mussten, mit denen sie es häufig zu tun hatte; sie konnte es sich selbst kaum erklären. In einer Menschenmenge bekam Sylvia manchmal akute Erschöpfungsanfälle, die häufig zu einer Depression führten. Es sollte noch Jahre dauern, bis sie lernte, die verwirrenden Angstträume der Menschen in ihrer Umgebung »abzuschalten«.

Aber solche Situationen waren nicht nur belastend oder negativ. Einmal war sie mit ihrem Vater im Kino, als sie plötzlich zu hyperventilieren anfing. Sie und Bill hatten großes Vergnügen an der Komödie, und so versuchte das siebenjährige Mädchen den Anfall zu überwinden, wodurch die Situation jedoch nur noch schlimmer wurde. Ihr wurde auf einmal ganz schwindelig, und eine überwältigende Panik kam in ihr hoch. *Sterbe ich jetzt?*, dachte sie plötzlich. »Nein«, antwortete eine Stimme in ihrem Inneren, »jemand anderes stirbt.«

Das verängstigte Kind versuchte verzweifelt, ruhig zu bleiben und den Panikwellen zu widerstehen. *Wo kommt das alles her?*, fragte sie sich selbst.

Als Antwort flackerte ein Bild vor ihrem geistigen Auge auf, das genauso scharf war wie die Bilder auf der Leinwand – ihre kleine Schwester schnappte nach Luft.

»Wir müssen gehen«, flüsterte Sylvia ihrem Vater zu. »Sharon ist in einem schlimmen Zustand. Sie kann nicht atmen und ist schon ganz blau.«

»Das ist ja lächerlich«, schalt sie der Vater. »Wir haben Sharon erst vor einer Stunde verlassen. Ihr geht es gut.«

Aber Sylvia, die mittlerweile verzweifelte Angst hatte, bestand darauf, dass sie das Kino verließen. Das Leben ihrer Schwester hing davon ab, ob ihr Vater ihr glaubte. »Daddy, wir müssen *sofort* nach Hause gehen«, flehte sie ihn an und stieß einen Schrei aus.

»Ich hoffe, du weißt, wovon du sprichst«, raunte Bill missmutig, als die beiden sich im dunklen Kinosaal den Weg zwischen den Sitzreihen bahnten. Dabei stolperten sie über die Füße vieler verärgerter Zuschauer.

Die Fahrt nach Hause war für Sylvia fast nicht auszuhalten, denn inzwischen spürte sie alle Symptome ihrer kleinen Schwester im eigenen Körper. »Beeil dich, Daddy, bitte beeil dich«, flehte sie erneut. Ihre Lungen schienen beim Einatmen zerplatzen zu wollen. Es war klar, dass Sharon im Sterben lag und verzweifelt nach Luft rang. Für die verängstigte Sylvia dauerte es fast eine Ewigkeit, bis sie endlich in der Ferne ihr Haus sah.

Als der Wagen in die Einfahrt fuhr, kam Celeste schluchzend herausgerannt. Sie hatte niemanden erreichen können, denn das Telefon war kaputt. Sharon war schwer an einer, wie sich später herausstellte, doppelten Lungenentzündung erkrankt. Bill kam gerade rechtzeitig, um das kleine Kind ins Krankenhaus zu fahren.

So dankbar Bill und Celeste auch für dieses augenscheinliche Wunder waren, so belästigt fühlten sie sich durch Sylvias Exzentrizität, die ihrem Empfinden nach jeden Tag größer wurde. Es war daher für sie nicht leicht, das Kind zu verstehen. Ihr Leben war auch ohne die Anomalie dieses kleinen seltsamen Geschöpfes kompliziert genug. Sie brauchten nicht noch eine Tochter, die sich auf übersinnliche Weise in alle Familiengeheimnisse einklinken konnte und ständig auf die Gegenwart von Gespenstern hinwies.

Sylvias hellsichtige Fähigkeiten wurden mehr und mehr zu einem Ärgernis. Die Dimension einer anderen Welt, die ungebeten in ihr Leben hereingebrochen war, hielt sie oft vom Schlafen ab. »Es ist, als ob eine Parade von Menschen in meinem Zimmer auf und ab marschiert«, versuchte sie zu erklären. »Gebt ihr eine Taschenlampe«, war Oma Adas Ratschlag.

Eines Abends, nur ein paar Monate nach Sharons Lungenentzündung, leuchtete Sylvia mit der Lampe an der Wand entlang. Plötzlich breitete sich das Licht aus, bis es den ganzen Raum einnahm. Wie aus dem Nichts erschien eine große dunkelhaarige Frau. Sie lächelte und sagte: »Liebe Sylvia, hab keine Angst, ich komme von Gott.«

Die Worte signalisierten eine weitere übersinnliche »Begabung«. Im Alter von acht Jahren war Sylvia hellhörig geworden. Sylvia sah nun nicht mehr bloß Dinge, die andere nicht sahen, sie hörte jetzt auch Stimmen, die andere nicht hören konnten.

Bislang konnte Sylvia – wie in der Vision der frei fliegenden Vögel – akustische Signale empfangen, die sich wie geflüsterte Gedanken anhörten. Aber diese Worte waren jetzt klar und deutlich für Sylvias Ohren zu hören. Hab keine Angst! Das Kind lief schreiend aus dem Zimmer.

Ada Coil nahm das schreiende Mädchen in die Arme. »Sie hatte einen schlechten Traum«, erklärte sie Celeste und Bill, die ihre Tochter bestürzt ansahen. Behutsam führte sie Sylvia die Treppe hoch ins Gästezimmer.

Schluchzend erklärte das verängstigte Mädchen, was geschehen war. »Oh, das ist alles? Ich höre schon mein ganzes Leben lang Stimmen«, versicherte ihr Ada. »Du hast gerade Bekanntschaft mit deiner Geistführerin gemacht – das ist so etwas Ähnliches wie ein Schutzengel; eine Person, die da ist, um dir zu helfen. Du kannst froh darüber sein, anstatt Angst zu haben. Die meisten Menschen hören nie etwas von ihren Geistführern.«

Oh, wie liebte Sylvia ihre Großmutter, die Säule ihrer Familie und ihrer ganzen Welt! Wenn auch *sie* Stimmen hörte, dann war vielleicht alles nicht so schlimm. Sylvia hörte auf zu weinen und fing an zuzuhören. Die Bekanntschaft mit ihrer Geistführerin war der Beginn der intensivsten Beziehung ihres Lebens. Dennoch war die Freundschaft in diesen Anfangstagen nicht ohne Probleme. Wenn das inzwischen vertraute Dröhnen und hochfrequente Wimmern anfing, das den Beginn einer Mitteilung ankündigte, geriet das Kind oft in Panik und war fast wie gelähmt vor Angst. Gleichzeitig jedoch war sie auch neugierig und bereit, ihr Schicksal anzunehmen.

Es brauchte seine Zeit, bis sich Sylvia an ihre Geistführerin Iena gewöhnt hatte. Allein schon der Name war ein wenig hinderlich. Sylvias Lieblingsname war damals Francine (»Oh, Mom, hättet ihr mich doch Francine genannt, anstatt mir diesen blöden Namen Sylvia zu geben«), und daher taufte das Kind ihre neue Gefährtin mit diesem Namen. »Viele Kinder haben eingebildete Freunde«, trösteten sich Celeste und Bill anfangs, die sich immer noch nicht mit der Gabe ihrer Tochter abfinden konnten. Aber im Laufe der Zeit änderten sie reumütig ihre

Meinung, als sie sahen, dass sich Francines Vorhersagen, überbracht von Sylvia, bewahrheiteten.

Sylvia spürte keinen Konflikt zwischen Francines zunehmender Präsenz und den Lehren der Nonnen. Sprachen nicht auch sie immer von Schutzengeln und Botschaften von Gott? Vielleicht war sie gar nicht so anders. Dieser Gedanke erleichterte Sylvia sehr und half ihr, mit dem zunehmenden Chaos in der Familie fertig zu werden.

Bills Einkünfte verbesserten sich ständig. Vom Postzusteller stieg er auf zum Schmuckverkäufer und war danach Angestellter einer großen Spedition, bei der er es bis zum stellvertretenden Geschäftsführer brachte. Sexuell war er immer auf der Suche, und da er einen warmen Humor hatte, schneidig aussah und höflich war, hatte er keine Probleme, die geeigneten Partnerinnen zu finden. Immer wieder schrammten die Shoemakers nur knapp an einer Scheidung vorbei.

Während einer kurzen Phase von Eintracht und Harmonie gelang es Bill und Celeste, eine dreistöckige viktorianische Villa zu erstehen. Der Kauf sollte ein Versprechen auf eine Zukunft in Wohlstand und Solidarität sein. Mit der Solidarität wollte es jedoch niemals so richtig klappen.

Nachdem sie oft aufgrund der finanziellen Erfolge und erotischen Schwächen ihres Vaters umgezogen waren, war das neue Haus für Sylvia wie eine Bastion. Sie liebte es und wusste tief im Herzen, dass dieses Haus sie ebenfalls liebte. Sie rannte von Zimmer zu Zimmer und machte eine freudige Bestandsaufnahme: ein beeindruckender Eingang mit großen Säulen aus Walnussholz; eine graziös geschwungene Treppe; ein einladendes Wohnzimmer mit offenem Kamin; ein elegantes Esszimmer mit Buntglasfenstern; eine große gemütliche Küche und eine Dienstmädchenkammer; vier große Schlafzimmer und zum Schluss das vielversprechende Geheimnis eines Dachbodens, den es zu erkunden galt.

Die Shoemakers zogen ein – Bill und Celeste, Sylvia und Sharon. Zur Freude von Sylvia wohnte Oma Ada in Zukunft auch bei ihnen und außerdem noch »Bruder«. Sylvia liebte ihren Onkel, der seit seiner Geburt ein Invalide war. Trotz der Verkrüpplung bei der Geburt und einer Art von Schwindel, die dazu führte, dass er seinen Kopf zu einer Seite hängen ließ, hatte Bruder einen scharfen Verstand und einen sanftmütigen und liebenswerten Charakter. Großmutter kümmerte sich rührend um ihn und beschützte ihn, wo immer sie konnte. Sylvia unterhielt ihn mit lebhaftem Geplapper. Bei einer Gelegenheit hat Bruder möglicherweise das Leben seiner Nichte gerettet.

Sylvia hatte im Vordergarten gesessen und plötzlich ohne ersichtlichen Grund Angst bekommen. Heutzutage gilt den Psychologen dieses Gefühl im Bauch als eine Warnung vor heraufziehender Gefahr. Sie hielt verwirrt inne und wusste nicht, was sie tun sollte.

»Lauf!«, schrie plötzlich eine Stimme. Sie schaute auf und sah Bruder aus dem Haus kommen. Er ging viel schneller, als man es ihm zugetraut hätte.

»Lauf weg, lauf!«, schrie er zu seiner Nichte herüber.

Sylvia war wie angewurzelt. Laufen wohin? Was war

geschehen? Sie saß bewegungslos da, buchstäblich gelähmt vor lauter Angst. Und dann sah sie, was Bruder gesehen hatte. Es war eine Gestalt wie aus einem Alptraum. Eine große Frau kam auf sie zugerannt, mit ungekämmten Haaren und wilden schwarzen Augen. Ihr Gesicht war leichenblass und hatte einen Ausdruck von purem Hass. Für das verängstigte Kind schien es, als ob sich die Zeit verlangsamte und fast stillstehen würde. Das schreckliche Geschöpf kam langsam, aber unerbittlich auf sie zugestürzt.

»Lauf, Sylvia, lauf!«

Irgendwie, sie kann sich selbst nicht erinnern, gelang es Sylvia aufzuspringen und wegzulaufen, gerade als der gebrechliche kleine Bruder sich dazwischenwarf und den Hauptstoß der verrückten Raserei der Frau abbekam. Sie stieß ihn zu Boden und fing an, ihn unerbittlich mit ihren Fäusten zu bearbeiten. Zum Glück kamen aber schon zwei Frauen angerannt, die durch Sylvias Schreie herbeigerufen worden waren, und zogen die Frau von ihm weg. Sie mussten dabei ihre ganze gemeinsame Kraft einsetzen.

Später stellte sich heraus, dass es sich bei der Angreiferin um die psychisch verwirrte Tochter eines wohlhabenden Nachbarn handelte. Dieser Nachbar hatte seine Tochter zu Hause dem fragwürdigen Schutz durch zwei Krankenschwestern aus der Psychiatrie unterstellt, anstatt sie in einer geschlossenen Anstalt unterzubringen.

Obwohl im Haus eine freudige Atmosphäre herrschte, war das Familienleben nicht genug für Bill. Oder vielleicht war es ihm auch zu viel. Was auch immer der Anlass gewesen sein mag, kurz nach dem Einzug hatte er sich in eine neue Romanze gestürzt, und dieses Mal war es ernsthafter als sonst. Man einigte sich auf einen Kompromiss. Bill blieb verheiratet, und seine Geliebte bezog ein komfortables Apartment in günstiger Lage, nur sechs Blöcke entfernt vom Haus der Familie.

Trotz aller Ablenkungen blieb Bill ein hingebungsvoller Vater. Er war vernarrt in Sylvia, aber setzte die Latte hoch für sie. »Zeig ihnen, was du kannst«, war sein Lieblingsspruch. Wie ihre Mutter, so hatte auch sie Angst, die Aufmerksamkeit dieses sprunghaften Mannes zu verlieren, und entschloss sich daher, ihn nicht zu enttäuschen. Was wäre, wenn sie unbeabsichtigt etwas täte, das ihren Vater für immer aus dem Haus treiben würde? Also passte sie auf, dass es niemals zu Meinungsverschiedenheiten kam. Es war ihre Pflicht, alle zufrieden zu stellen. Diese Verantwortung war überwältigend und lastete schwer auf ihr.

Zum Glück wurden auf der anderen Seite ihre übersinnlichen Fähigkeiten immer mehr akzeptiert, und so kehrte Sylvias natürliche Lebendigkeit zurück. Große Dinge wurden von diesem schnellen und geistreichen Kind erwartet. Es war die Zeit, als alle Mädchen wie Shirley Temple sein wollten, und Sylvia schien das natürliche Talent dafür zu haben. Sie bekam Tanzunterricht, aber als die Familie die Reihe kleiner Mädchen sah, die in kurzen Matrosenanzügen gehorsam zur Melodie von *Anchors*

Aweigh steppten, wurde allen klar, dass die Bewegungskoordination nicht gerade Sylvias Stärke war.

Ihr Durchhaltevermögen und ihre Entschlossenheit standen nie in Frage. »Warte, bis du siehst, wie ich *Singing in the Rain* singe, Daddy«, versprach sie. An ihrem ersten Liederabend, als sie eifrig auf die Bühne sprang, sie buchstäblich im Sturm erobern wollte, verfing sich ihr Schirm in einer Bühnenrequisite. Er wurde dadurch nach außen gestülpt, aber das beherzte Kind stolzierte unverzagt weiter und hielt tapfer den umgeknickten Schirm umklammert, während sie mit jedem Tanzschritt kämpfte. *Dark Eyes*, ihr letztes Lied, war eine würdige Schlussnummer. Während sie ums Lagerfeuer tanzte, sorgte Sylvia für Aufregung, als sie in das künstliche Feuer stolperte. Sie schaute bestürzt auf ihre Füße. Als sie realisierte, was sie getan hatte, setzte sie sofort ein entschiedenes Lächeln auf und tanzte wieder in das Feuer, in der Hoffnung, das Publikum würde durch ihre vergnügte Selbstvergessenheit glauben, dass alles ein Teil des Tanzes war. Sie erinnerte sich hinterher nur noch daran, dass sie ängstlich ins Publikum geschaut hatte, bis sie ihren Vater sah, der seinen Kopf in beiden Händen vergrub.

Sylvias ganzes Leben wurde zu einer Aufführung, zur Hingabe an andere. Sie war entschlossen, andere Menschen zufrieden zu stellen, zu unterhalten und zu besänftigen. Ihre Bemühungen und die Selbstdisziplin, die sie zu lernen hatte, waren ein gutes Training für sie. Sie hatte das Gefühl, eine junge Athletin zu sein, die sich auf den großen Wettkampf vorbereitete.

Eines Abends, als sie im Bett lag und nicht einschlafen

konnte, wurde Sylvia durch die Vision von zwei Masken aufgeschreckt, die vor ihr an der Wand erschienen – die klassischen griechischen Masken, wie sie in Komödien und Tragödien getragen wurden. Francine erklärte die Bedeutung der Vision, indem sie zu ihr sagte: »Sylvia, dies ist dein Leben.«

Die Worte waren prophetisch. Der Tod und all seine Implikationen – Reinkarnation, die Arbeit als Medium, das Überleben der Seele – spielen in Sylvias täglichem Leben eine große Rolle. Aber auch die Komödie hat ihren Platz. Wenn man Sylvia Browne auf der Bühne oder in einer Fernsehsendung erlebt, dann sieht man eine hervorragende Komödiantin am Werk. Humor ist wie ein Zuckerstück, das uns lachen lässt im Angesicht der dunklen Geheimnisse von Leben und Tod. Ohne Humor und seine komödiantischen Begleiterscheinungen mangelt es einem Medium an Menschlichkeit.

Im Laufe der Zeit machte sich Francine immer sichtbarer. Sie ist eine imposante Gestalt, eine indianische Frau von ca. 165 cm Körpergröße, schlank und mit langen schwarzen Haaren und dunklen, mandelförmigen Augen. Sie spricht in einfachen und präzisen Worten und kann komplexe Zusammenhänge in wenigen Sätzen ausdrücken. Ihre Botschaft ist immer Toleranz, Mitgefühl und Vergebung, und ihre Herangehensweise an die Dinge ist geprägt von Bescheidenheit und einem Sinn fürs Praktische.

Am Anfang sprach sie mit Sylvia über Dinge, die ein Kind interessieren. Zuerst war das kleine Mädchen hauptsächlich an Spielen interessiert. Sie hatte Spaß daran, Gespräche in der Familie wiederzugeben, die sie nicht hatte überhören können. Die überraschte Reaktion war der sofortige Beweis für die Richtigkeit ihrer Aussagen und förderte das Selbstvertrauen des jungen Mediums.

Als ihre Freundschaft immer enger wurde, stellte Sylvia Francine viele Fragen über ihre Herkunft. Iena/Francine war im Jahr 1500 in Nordkolumbien zur Welt gekommen. Sie sagte, sie gehöre sowohl zu den Azteken als auch zu den Inkas, was später bei vielen zu einer Verwirrung geführt hat. Francine erklärte, dass Hunayna Capac, der Herrscher der Inka, zwar dominant war, aber der Einfluss von Montezuma aus dem entfernten Norden ebenfalls von ihren Leuten gespürt wurde. Es gab einen regen Austausch zwischen den beiden Kulturen – eine Vermischung, die erst jetzt von den Archäologen immer mehr bestätigt wird.

Sylvia war fasziniert von Francines Kindheit, der Ausbildung durch ihre Lehrer und der Verlobung mit einem jungen Silberschmied im Alter von 16 Jahren. Als Francine 18 war, heiratete sie und gebar vor Jahresfrist ein kleines Mädchen. Sylvia stellte sich oft den großen Markt unter freiem Himmel vor, der an das riesige Areal des Herrschers angrenzte. Francine ging oft mit ihrem Baby hierher, um die Waren ihres Mannes zu verkaufen. Es geschah an diesem Platz, dass ein Bote aus einem entlegenen Dorf kam, um vor Fremden zu warnen, die in ihr Land eingedrungen waren. Kurz darauf waren die Spanier plündernd über die Stadt hergefallen. Viele Einwohner wurden ermordet, und auch Francine war unter den Opfern. Sie wurde von einem Speer durchbohrt, als sie versuchte, ihr Kind zu beschützen.

Francine erzählte Sylvia, dass dies ihr einziges Leben auf der Erde war. Sie hatte nicht den Wunsch, in einem Körper auf die Erde zurückzukehren. Ihr einziges Ziel bestand darin, anderen Menschen zu helfen. Von 1520 bis zu Sylvias Geburt im Jahre 1936 wurde Francine darin ausgebildet, eine »Kommunikatorin« zu werden. Auf diese Weise konnte sie sich schnell vervollkommnen, ohne wieder auf der Erde zu inkarnieren. Sylvia und Francine trafen sich kurz bevor Sylvia durch den Tunnel in den Fötus herabstieg. Sie waren zwei verschiedene Persönlichkeiten, die dieselbe wichtige Mission hatten.

Trotz ihrer übersinnlichen Kräfte kann sich Sylvia an dies alles nicht erinnern. Daher war es nötig, dass Francine alles in einer Art erklärte, die ein Kind verstehen konnte. Einen Geistführer zu haben sei nichts Ungewöhnliches, erzählte ihr Francine. Ein solcher Führer ist wie ein normaler Mensch, nur dass er auf der anderen Seite wohnt. Die Aufgabe eines Geistführers besteht darin, einem bestimmten Menschen während seiner gegenwärtigen Inkarnation zu helfen. Fast jeder Mensch auf der Erde war bereits Geistführer für einen anderen Menschen oder wird es irgendwann sein.

Die Aufgabe eines Geistführers besteht darin, die Person, die er durchs Leben begleitet, anzustoßen und zu ermutigen und ihr Informationen und Vorschläge zukommen zu lassen. In den meisten Fällen operiert ein Geistführer im Unterbewusstsein einer Person und macht sich als »Stimme des Gewissens« bemerkbar. Er erläutert bestimmte Erfahrungen und Lektionen und erklärt dem Einzelnen, was er in diesem Leben zu lernen hat. Er mischt sich jedoch niemals in Entscheidungen ein und ist sehr darauf bedacht, niemals die Möglichkeit zu verhindern, dass jemand eine Lektion des Lebens lernt. Wenn eine Person auf ein Ereignis zusteuert, das eine wertvolle, aber schwierige Lektion bereithält, kann ein Geistführer eine alternative Route vorschlagen. Die Entscheidung bleibt beim einzelnen Individuum, und auch wenn diese Entscheidung leidvolle Konsequenzen hat, wird sie der Geistführer nicht verhindern.

Nach Francines Aussagen benutzen Geistführer viele Methoden und Werkzeuge, um zu kommunizieren. Sie übermitteln Wissen durch Träume oder einen plötzlichen Gedankenblitz, gelegentlich sogar als hörbare Stimme. Es ist eine oft frustrierende Aufgabe, meinte Francine zu Sylvia, denn nur die wenigsten Menschen hören wirklich zu.

Während Sylvia heranwuchs, war Francine ihre ständige Begleiterin und Ratgeberin. Langsam und sehr behutsam vermittelte sie ihr die Weisheit, die später zu Sylvias Weltanschauung werden sollte. »Eines Tages wirst du ein berühmtes Medium sein«, prophezeite Francine. »Du wirst vielen Menschen helfen und eingeladen, um vor großem Publikum zu sprechen.«

Im Angesicht ihrer misslungenen Karriere als Tänzerin war Sylvia über diese Aussichten wenig erfreut. Sie suchte Trost bei ihrer Großmutter und flehte: »Aber ich muss das doch nicht tun, wenn ich es nicht will, oder?«

Ada streichelte das kleine Mädchen tröstend und sagte: »Natürlich nicht, aber wenn die Zeit kommt und du innerlich bereit bist, wirst du dazu in der Lage sein.«

Aus dem kleinen schüchternen Mädchen sollte tatsächlich eine unbeirrte und geistreiche Frau werden. Es sollte nicht mehr lange dauern und Sylvia würde sich ihr eigenes Leben aufbauen.

Die Geistführerin würde sie warnen, aber die Frau würde nicht auf sie hören.

3

Eine Hellsichtige und die Liebe

Joe musterte Sylvia eindringlich. Er bewunderte die Frau und erinnerte sich an das Mädchen, das er kannte. Die Frau und das Mädchen ähnelten sich in vielerlei Hinsicht. Sie war schon immer etwas Besonderes gewesen – die Wärme, der Humor, die Begeisterungsfähigkeit und, nicht zu vergessen, der Sex-Appeal.

Als er sich die eindrucksvollen Büroräume der Nirvana Foundation anschaute, war es für diesen Besucher, der von weit her gekommen war, offensichtlich, dass Sylvia Shoemaker einen langen Weg seit der Zeit in Kansas City zurückgelegt hatte. »Wie war es, zusammen mit Sylvia aufzuwachsen?«, fragte ihn eine der Mitarbeiterinnen.

Joe dachte einen Moment lang nach. Er erinnerte sich an eine Freundschaft, die vor über 40 Jahren begann, als sie noch Kinder waren. »Es war ganz normal«, antwortete er schließlich, »obgleich wir immer darauf warteten, dass sie uns sagte, was als Nächstes passieren würde.«

Sylvia lächelte, während sie sich an viele solcher Gelegenheiten erinnerte. Joe wandte sich ihr zu. »Gibt es immer noch die Frau in deinem Ohr, die dir bestimmte Dinge erzählt?«

»Ja, Francine ist immer gegenwärtig. Sie wird erst dann nicht mehr da sein, wenn auch ich nicht mehr da bin.«

Er beobachtete sie, so als ob er nach Spuren der ungestümen, aber immer auch verletzlichen Freundin suchte, die er einst gekannt hatte. »Bist du glücklich in Kalifornien? Behandeln dich die Leute hier gut?«

»Ja, ich bin hier wirklich sehr glücklich«, versicherte sie ihm.

»Du weißt, dass du jederzeit nach Hause kommen kannst. Wir in Missouri kümmern uns um unsere Leute«, erinnerte er sie.

»Indem ihr mich als Dorfidiot vor den anderen abschirmt? Das ist sehr tröstlich«, neckte sie ihn amüsiert, aber gleichzeitig auch gewarnt durch Erinnerungen an die Vergangenheit. In der Rückschau schien es ihr, als sei das Kansas City ihrer Kindheit in der damaligen Zeit eingefroren. Es wohnten immer noch dieselben Familien dort und die Nachbarschaften existierten unverändert weiter. Jeder kannte jeden und jeder wusste *alles* über den anderen – und vor allem nahmen die Menschen alles als gegeben hin. Ohne dass es ihr damals klar gewesen war, war Sylvia von dem perfekten Schutzschild umgeben gewesen, den ein Medium so dringend benötigt.

Im Alter von acht Jahren hatte sie ihr erstes Reading. Es geschah spontan, als ihre Freundin Mary Margaret ihr klagte: »Was soll ich bloß mit meiner Mutter machen? Sie wird immer komischer.«

»Ich habe keine Ahnung, aber ich sehe, dass deine

Mutter stürzt und sich den Arm bricht.« Obwohl Sylvia schon immer Ereignisse vorausgesehen hat, war dies das erste Mal, dass jemand sie gezielt um Informationen gebeten hatte. Ihre spontane Antwort auf Mary Margarets Frage hatte ihr übersinnliches Wissen offenbart. »Deine Mutter wird sich den Arm brechen!«, wiederholte sie und wunderte sich über ihre eigenen Worte. Dann fügte sie hinzu: »Dein Vater – ich sehe auch ihn. Er wird seine Arbeit verlieren.«

Mary Margaret akzeptierte die Neuigkeiten wie feststehende Fakten und war nicht annähernd so überrascht wie Sylvia selbst. Da sie schon immer wusste, dass ihre Freundin ein wenig anders war, schien ihr die neue Entwicklung nicht besonders bemerkenswert zu sein. »Und was ist mit mir«, fragte sie. »Wird mir auch etwas zustoßen?«

»Nein – oder doch, ein kleines Missgeschick. Du wirst ausrutschen und aufs Eis fallen. Aber hab keine Angst, du wirst dir nichts brechen.«

Mary Margaret nickte und wechselte das Thema. Es war dieselbe Mary Margaret, die sich seit damals Maggie nannte und die Sylvia zehn Jahre später zufällig dabei beobachtete, wie sie versuchte, die Besonderheit ihrer Freundin zwei Besuchern aus dem nahe gelegenen Männer-College zu erklären. »Sylvia mag ja ein wenig anders erscheinen, denn manchmal weiß sie Dinge schon lange bevor sie passieren, aber in Wirklichkeit ist sie sehr lustig. Abgesehen von ihren übersinnlichen Fähigkeiten ist sie eigentlich ganz normal.«

»Sylvia ist eine von uns« – diese Einstellung ihrer

Freunde, die wahrscheinlich noch unterstützt wurde von ihrer bodenständigen und humorvollen Ausgelassenheit, begleitete die Hellsichtige ihr ganzes Leben lang. Sylvia musste zwar zahlreiche Konflikte und Herausforderungen bestehen, aber in diesem Bereich hatte sie immer Glück. Sie wuchs auf mit derselben Gruppe von Jungen und Mädchen, ging mit ihnen zwölf Jahre zur Schule und mit einigen von ihnen danach auch noch auf das St. Teresa College. Obwohl ihre übersinnlichen Fähigkeiten sie ausgegrenzt haben könnten, war die lebenslange Zuneigung, Unterstützung und natürliche Akzeptanz ein Schutzschild für ihre Verwundbarkeit.

»Wie geht es dir, Joe?«, wollte Sylvia nun wissen und ihr Blick kehrte zu dem Mann zurück, der sie immer noch gedankenversunken betrachtete. »Ich habe gehört, dass du viermal verheiratet warst. Welche Frau hast du am meisten geliebt?«

»Diese Frage ist leicht zu beantworten. Die erste.«

Sylvia bekam feuchte Augen, als sie sich an die schon lange vergangene Heirat erinnerte – *ihre* Heirat. Sie war 16, als ihr Vater verkündete, dass er endlich die Frau gefunden habe, ohne die er nicht mehr leben könne. Heftige Androhungen der Scheidung und tränenreiche Versöhnungen waren bisher das Einzige, was sie von ihren Eltern kannte. Nun hatten Celeste und Bill wirklich einen Grund zu streiten – ihre Kinder. Für das Mädchen, das niemals etwas anderes gewollt hatte, als alle Menschen zufrieden zu stellen, war es eine ungeheuere Qual, sich plötzlich mitten in einem Kampf um das Sorgerecht wiederzufinden. Wie sollte sie sich für einen Elternteil auf

Kosten des anderen entscheiden können? Sylvia war buchstäblich krank von all der Wut und Angst, die sie psychisch von beiden Eltern absorbierte.

In dieser Phase ihres Lebens war Sharon ein schüchternes, introvertiertes Kind, das am Rockzipfel ihrer Mutter hing. Sie würde auf jeden Fall bei Celeste bleiben. Aber was wurde aus Sylvia? In Gedanken sah sie das Gericht entscheiden, dass auch sie bei ihrer Mutter leben sollte. Sie spürte Bills Schmerzen, seine Einsamkeit und Trostlosigkeit, und war überwältigt von diesem Gefühl.

Mitten in der Mathestunde kam ihr eine Lösung in den Sinn. Joe Tschirhart. Wenn sie ihn heiraten würde, wäre die Frage, bei welchem Elternteil sie leben sollte, irrelevant. Natürlich würde ihr anderer Freund Warren Becker enttäuscht sein, aber ihren Vater oder ihre Mutter zu enttäuschen, war viel schlimmer.

Es war nicht schwer, Joe von ihrem Vorhaben zu überzeugen. Wie konnte er nein sagen, wenn Sylvia ihm erklärte, dass er der Einzige war, der ihr aus ihrer furchtbaren Zwangslage heraushelfen konnte? Außerdem hatte er sowieso gehofft, sie eines Tages heiraten zu können. An diesem Abend nahm Sylvia ihre Geburtsurkunde und veränderte ihr Alter auf 18. Am nächsten Tag fuhren die beiden Teenager mit der Straßenbahn über die Bundesstaat-Grenze in das andere Kansas City.

Als sie vor dem Friedensrichter standen, wurde Sylvia die Ungeheuerlichkeit ihres Vorhabens bewusst. Hatte sie eben wirklich ihr ganzes Leben diesem Jungen hier neben ihr versprochen? Sie war ein katholisches Mädchen, und der Bund der Ehe galt auf ewig. Bei dem Gedanken an das, was sie getan hatte, brach eine gewaltige Welle von Heimweh über ihr zusammen. Sylvia hatte gerade geheiratet und wollte doch eigentlich nichts anderes sein als die kleine Tochter ihrer geliebten Eltern.

»Wie sieht es mit unseren Flitterwochen aus?«, fragte Joe und blickte stolz auf seine Braut, die für die Eheschließungszeremonie ein weißes ärmelloses Kleid und weiße Söckchen gewählt hatte. »Es ist Freitag und wir haben zwei Tage frei, bevor wir wieder zur Schule müssen.«

»Ich glaube nicht, dass das meinen Eltern gefallen wird«, äußerte Sylvia ihre Bedenken. »Lass es uns vorerst nicht an die große Glocke hängen.«

Joe war nicht sonderlich enttäuscht, denn er hätte es seinen eigenen Eltern ebenfalls erklären müssen. Sie einigten sich also darauf, dass er Sylvia nach Hause brachte. Auf der Türschwelle gab er ihr zum Abschied einen flüchtigen, aber dennoch inbrünstigen Kuss.

Celeste wartete im Wohnzimmer. Ihr Blick hatte die Uhr im Visier.

»Wo warst du?«, war ihre erste Frage. »Und was bedeutet die Ausbuchtung unter deinem Kleid?«, war die zweite.

Sylvia blickte hinab auf die verräterische Ausbuchtung. Warum hatte sie vergessen, sie zu entfernen? Natürlich musste sie ihren Eltern etwas sagen, deshalb hatte es ja diese Ausreißer-Hochzeit gegeben. Aber nicht jetzt. Sie war noch nicht bereit dafür. Würde sie jemals dazu in der Lage sein? Die überstürzte Hochzeit, die die beste Lösung zu sein schien, war offensichtlich eine Katastrophe. Sylvia fühlte sich ganz krank vor Reue. Ihre Hand strich beiläufig über ihren Bauch und versuchte ihn herunterzudrücken. »Och, nur eine Urkunde«, murmelte sie.

»Urkunde? Urkunde für was, um Himmels willen?«, schrie Celeste, während Sylvia schluchzend die Treppe hochlief. Mrs. Shoemaker zog sich umgehend ins Bad zurück, während Bill gegen die Zimmertür seiner Tochter hämmerte und sie aufforderte, ihn sofort hereinzulassen.

»Du kannst nicht reinkommen, Daddy. Ich bin eine verheiratete Frau. Ich bin jetzt für mein Leben selbst verantwortlich«, verkündete Sylvia mit zittriger Stimme.

Aber noch war sie es nicht. Zu Sylvias großer, wenn auch insgeheimer Erleichterung, ließ Bill die Hochzeit in Rekordzeit annullieren. Unglücklicherweise konnte er nicht mehr verhindern, dass in der Zeitung eine Hochzeitsmitteilung in der Spalte der öffentlichen Bekanntmachungen erschien.

Beide Elternpaare kamen überein, dass Joe und Sylvia sich nicht mehr außerhalb der Schule sehen durften. Ihre Romanze war beendet, bevor sie überhaupt begonnen hatte.

Nun kam Oma Ada zu Hilfe, wie sie es schon sooft getan hatte.

»Was sollen wir jetzt mit Sylvia machen?«, fragte Celeste ihre Mutter.

»Was sollen wir jetzt mit *dir* machen?«, war die Antwort.

Als Ergebnis der entschlossenen, aber taktvollen Vermittlungsbemühungen von Seiten Adas wurde erneut ein

Kompromiss erzielt und das Leben der Familie Shoemaker ging weiter.

Einige Monate später tauchte Joe Behm auf und füllte die Leere in Sylvias Gefühlswelt. Dieser Joe war ein wenig älter. Er hatte seine Schulzeit bereits hinter sich und hatte eine gute Arbeit bei einer Speditionsfirma. Er fühlte sich reif für eine Hochzeit, und auch Sylvia war reifer geworden. Ihr Durchbrennen und das peinliche Nachspiel waren ein Schnellkurs in Sachen Anerkennung der Realität gewesen. Joe sprach von einer Farm und sechs Kindern. Für Sylvia und ihr zunehmendes Bedürfnis nach Sicherheit klang dies wundervoll. Aber es gab da einen Haken. Joe war ein Besitz ergreifender junger Mann, und er wollte Sylvia für sich allein haben.

Sylvia war hin und her gerissen. Sie liebte Joe – oder glaubte zumindest, dass sie es tat – und malte sich das Leben mit ihm aus. Seit frühester Kindheit träumte sie aber auch davon, Lehrerin zu werden, vielleicht sogar an einer Klosterschule. In jüngster Zeit gingen ihre Gedanken jedoch oft in eine andere Richtung. Wäre es nicht viel schöner, eigene Kinder zu haben? Diese Frage ging ihr nicht mehr aus dem Kopf.

Viele von Sylvias Freundinnen hatten vor, gleich nach der Schule zu heiraten. Die Idee, unabhängig zu sein und ein eigenes Haus und eine eigene Familie zu haben, war verlockend. Für Sylvia war die Ehe eine romantische Sache und das Natürlichste auf der Welt, wobei sie die turbulente Beziehung ihrer Eltern völlig ausblendete. Die Vorstellung eines ruhigen Lebens an der Seite eines soliden Mannes, der sie vergötterte, war für sie äußerst attraktiv.

Fürs Erste waren Oma Ada und auch Francine keine Hilfe mehr. Francine war trotz ihres irdischen Lebens als Indianerfrau erstaunlich emanzipiert und weigerte sich, sich dem Druck einer Zeit zu beugen, in der die Menschen die Familie zum Zentrum des Lebens erklärten und sich an Schnulzen wie *I love Lucy* erfreuten. Gemessen an Francines Maßstäben war das kindzentrierte und familienorientierte Jahrzehnt, in dem Sylvia vom Mädchen zur Frau wurde, nur eine vorübergehende Erscheinung.

Auch Oma Ada hoffte dies, aber sie verfügte nicht über das Zeitgefühl, das einer nicht inkarnierten Seele eigen ist. Jahre waren für Ada Jahre und keine Augenblicke, wie für Francine. Ada erkannte zwar, dass Sylvia mit *dieser* Welt zurechtkommen musste, aber dennoch hatte das Schicksal, das sie sich für ihre Enkelin erhoffte, nichts mit der fixen Idee der Häuslichkeit zu tun, die das ganze Land erfasst zu haben schien.

Ada hatte miterlebt, wie ausgezeichnet die Frauen in zwei Weltkriegen funktioniert hatten. Sie erinnerte sich noch gut an die unabhängigen neuen Frauen der 1920er Jahre und die starken, dominanten Heldinnen, die die Wirtschafts-Depression hervorbrachte. Wenn sie sich jedoch die jungen Frauen der 1950er Jahre anschaute, mit ihren Wespentaillen, ihren voluminösen Blusen und mehrlagigen Petticoats, so wurde ihr klar, dass die meisten von ihnen einen eigenen Beruf als Zeitverschwendung betrachteten. Sie warteten anscheinend nur darauf, ihre Selbständigkeit aufzugeben, wenn der richtige Mann auftauchte. Obwohl Joe ein wenig zu früh aufgetaucht war, wer wollte schon sagen, ob dieser ernsthafte junge Mann nicht genau das Richtige für Sylvia war? »Warte noch«, war alles, was Ada sagen konnte und wollte. »Wenn die Zeit gekommen ist, wirst du schon das Richtige tun.«

Als sich Sylvias Jahre auf der Highschool dem Ende näherten, erkannte sie, dass ihre geliebte Oma selbst genug Probleme hatte. Ihrem Herzen ging es nicht besonders gut. Die Ärzte sagten, dass sie einen Herzanfall wohl nicht überleben würde. Ada hatte sich die Diagnose ruhig angehört und die unterschwellige Todesandrohung mit Gleichmut aufgenommen. Für sie war das Sterben nur ein »Nachhausekommen«. Warum sollte man davor Angst haben? Ihre einzige Sorge galt Bruder. »Ich kann diese Welt nicht ohne ihn verlassen«, erzählte sie Sylvia. »Niemand wird ihn jemals so verstehen und so für ihn sorgen wie ich.«

»Aber du gehst doch gar nicht weg, Oma«, behauptete Sylvia und hoffte verzweifelt, dass die Intensität ihres Wunsches ihn irgendwie in Erfüllung gehen lassen würde.

Sie war 18 und im ersten College-Jahr, als sie einen Anruf bekam und hörte, dass Ada ins Krankenhaus eingeliefert worden war. »Ihre Großmutter möchte, dass ich Ihnen dies hier gebe«, sagte eine Krankenschwester und überreichte Sylvia ein schwarzes Kruzifix. Ada lag unter einem Sauerstoffzelt, ihre Augen waren geschlossen.

»Oma, du musst wieder gesund werden. Ich liebe dich«, sagte Sylvia, als sie neben dem gebrechlichen Körper kniete.

Ada sagte nichts, aber ihre blauen Augen öffneten sich kurz. »Geh deinen Weg, Sylvia.« Die Worte wurden nicht ausgesprochen, aber das schluchzende Mädchen hörte sie so klar, als wären sie laut ausgerufen worden.

Sylvia saß stundenlang an der Seite ihrer schlafenden Großmutter. Es war schon spät am Abend, als sie endlich nach Hause zurückkehrte. In Bruders Zimmer war noch Licht. Sie schob einen Stuhl neben sein Bett und ließ sich erschöpft darauf sinken. Dann holte sie das Kruzifix aus ihrer Brieftasche und überreichte es Bruder. »Dies sollte besser dir gehören.«

Bruder schüttelte den Kopf. »Behalt es nur, Syl. Ich glaube nicht, dass ich es jetzt brauche.« Beide suchten Trost in ihrem Kummer und so sagten sie zusammen den Rosenkranz auf, wie sie es sooft getan hatten, als Sylvia noch ein Kind gewesen war.

Am nächsten Tag kehrte Sylvia ins Krankenhaus zurück und begann eine Nachtwache, die mehrere Tage dauerte. Sie war allein an der Seite ihrer Großmutter, als diese starb. Celeste saß zu Hause in der Badewanne. Zwei Tage später, als Sylvia gerade von der Beerdigung zurückgekehrt war, blieb sie auf der Schwelle zu Bruders Zimmer stehen. »Großmutter sah wunderschön aus«, sagte sie und hielt dann abrupt inne. Ihr Onkel hatte plötzlich starke Zuckungen.

In Windeseile wurde Bruder ins Krankenhaus gebracht, wo er zwei Stunden später starb. In der Autopsie stand »unbekannte Todesursache«. Gleichermaßen rätselhaft waren die Stapel sorgsam zusammengelegter Kleidungsstücke, die in dieser Nacht in Bruders Zimmer gefunden wurden. Niemals hatte er bislang auch nur ein einziges Kleidungsstück zusammengelegt. Er hatte seine Angelegenheiten in Ordnung gebracht und diese Welt verlassen, bevor Adas Sarg ins Grab hinabgesenkt worden war.

In den nachfolgenden Tagen war Joe Behm ständig an Sylvias Seite und bot ihr seine Liebe und Unterstützung an. »Warum lässt du jetzt nicht einfach das College sausen? Was hast du vor? Wir würden doch sowieso heiraten, wenn du mit dem College fertig bist«, bedrängte er sie. Bill, der von den Fortschritten beeindruckt war, die der junge Mann bei der Spedition machte, stimmte mit Joe überein. »Du musst keinen College-Abschluss haben, um Ehefrau und Mutter zu sein«, sagte er zu seiner Tochter. Celeste war sich nicht ganz sicher. »Mach das, was du wirklich möchtest, Schatz«, war ihr einziger Ratschlag.

Francine blieb unnachgiebig. »Du brauchst diese Ausbildung für die Arbeit, die du tun wirst. Anderen etwas beizubringen wird ein Teil deiner Aufgabe sein.«

Joe fuhr mit seinen Bemühungen fort, Sylvia davon zu überzeugen, das College an den Nagel zu hängen, aber als die Monate verstrichen, öffneten sich aufregende neue Möglichkeiten, die beim Schopf ergriffen werden wollten. Trotz gesundheitlicher Probleme gefiel es Sylvia immer besser auf dem College. Bald sprach niemand mehr davon, dass sie es aufgeben solle. Ihre Hauptfächer waren Pädagogik und Literatur, als Nebenfach hatte sie Theologie gewählt. Ihr alter Wunsch, Lehrerin zu werden, war mit voller Kraft zurückgekehrt, aber dennoch sehnte sie sich nach einer Sicherheit, die ihr ihrer Meinung nach nur eine Ehe bieten konnte. Obwohl sie mit einigem Erfolg versuchte, die paranormale Seite ihres Lebens zu unterdrücken, lebte sie immer noch in zwei Welten. Die eine war ihr College-Leben – lange Nächte mit philosophischen und metaphysischen Diskussionen über Huxley,

Kafka, Camus, Sartre, Bertrand Russell und Alan Watts. Die andere Welt war die »reale«, in der Joe lebte und in der das solide, häusliche Leben existierte, das sie sich mit ihm vorstellte.

Joe war ein umgänglicher Mensch. Er bewunderte Sylvia und akzeptierte sie uneingeschränkt. Wenn sie sich an die ruhige Stärke erinnerte, die von ihm in den düsteren Monaten nach Adas Tod ausging, war Sylvia sich sicher, dass Joe ein guter Ehemann und Vater sein würde. Als der College-Abschluss näher rückte, nahm der Druck sich zu entscheiden immer mehr zu. »Dieser junge Mann wird auch nicht ewig auf dich warten«, warnte Bill. »Er ist ein zu guter Kerl, um ihn nicht zu nehmen«, meinten auch ihre Freundinnen. Zusätzlich dazu konnte Sylvia die Sehnsucht in Joes Augen lesen. Sie fühlte den Schmerz, den ihre Weigerung in ihm ausgelöst hätte. Für eine junge Frau, in deren Leben es hauptsächlich darum ging, andere Menschen zufrieden zu stellen, war dies sicherlich am schwersten auszuhalten.

Schließlich stimmte Sylvia im letzten College-Jahr endlich der Heirat zu. Nachdem sie diese Entscheidung getroffen hatte, fühlte sie sich sehr erleichtert. Es war gar nicht entscheidend, ob es die richtige Wahl gewesen war. Eine große Last war ihr von den Schultern genommen. Nun stürzte sie sich in die hektische Aktivität der Vorbereitungen für eine Eheschließung im Juni. Joe nahm den Kredit für ein Haus auf, und das Paar war gerade dabei, die Möbel für das neue Heim auszusuchen, als das Schicksal erneut dazwischenfunkte.

Joes Stärke war das Geschäft, nicht die Philosophie.

Obwohl er nur wenige Jahre älter als Sylvias Freunde vom College war, fühlte er sich nicht richtig wohl unter ihnen und war nur selten auf einer der Partys, die Sylvia fast jede Woche gab. Sylvia hat sich oft gefragt, in welche Richtung ihr Leben verlaufen wäre, wenn er an jenem kalten Winterabend anwesend gewesen wäre, als ein neuer Mann in ihr Leben trat.

»Darf ich dir meinen Lebensretter vorstellen«, verkündete Maggie dramatisch. »Ich bin im Schnee stecken geblieben und …«

Sylvia hörte den Rest nicht mehr. Sie starrte in die grünsten, anziehendsten Augen, die sie jemals gesehen hatte. Sein Lächeln, die Kraft seiner fast animalischen Anziehung, verschlug ihr buchstäblich den Atem. *»Tragödie, Sylvia!«* Die Worte waren scharf und klar, eine Art übersinnliches Telegramm von Francine, die in den letzten zwei Jahren mehr im Hintergrund geblieben war. Es war das erste Mal seit mehreren Monaten, dass sie sich wieder bemerkbar machte. *»Dies ist der Anfang der schwierigsten Zeit in deinem Leben.«*

So alarmierend die Mitteilung auch war, Sylvia war 19 und schaute in die Augen ihrer ersten wirklichen Liebe – eines hoch gewachsenen, dunkelhaarigen Fremden.

»Ich bin die bezaubernde Gastgeberin dieser Party«, stellte sie sich vor. Ihre Schlagfertigkeit fiel ihr leicht, aber sie verdeckte damit auch ihre Verwundbarkeit.

»Das habe ich mir gedacht.«

Er bewegte seinen feingliedrigen Körper mit einer Leichtigkeit, die Sylvia an einen Panther erinnerte. Sie fand ihn ungeheuer attraktiv. Alles an ihm zog sie an –

selbst die gebrochene Nase, die sehr maskulin auf Sylvia wirkte. Den ganzen Abend über spürte Sylvia, wie er sie nicht aus den Augen ließ, bis sie die Anspannung schließlich nicht länger ertrug. »Warum starrst du mich die ganze Zeit an?«, fragte sie ihn.

»Weil ich meine Augen nicht von dir lassen kann.«

Für einen romantischen Teenager klang das wie ein Dialog aus einem Liebesfilm. Hier war ein Mann, der sie offensichtlich attraktiv fand und der so gut aussah wie ein wirklicher Filmstar. Ihr war vor lauter Aufregung ganz schwindelig. Es war ein Moment wie aus einem Liebesroman, und jetzt geschah es wirklich. Als sich die Party dem Ende zuneigte und die Gäste langsam aufbrachen, nahm der Fremde Sylvia beiseite und gab ihr einen langen, nicht enden wollenden Kuss. Die scherzenden Abschiedsworte der Anwesenden kamen abrupt zum Stillstand. Wer war dieser Mann, der in diese private Party geplatzt war und sich an eines der beliebtesten Mädchen des College heranmachte?

Es war ein weiterer Joe – Joseph Stemkowski, aber Sylvia nannte ihn sofort »Ski«. An diesem Abend, fast im Moment ihres ersten Zusammentreffens, endete die Verlobung mit Joe Behm. Sylvia sollte es ihm schon am nächsten Morgen mitteilen. Im Angesicht der leidenschaftlichen Liebe, die sie fühlte, schien es plötzlich so, als hätte es ihre vierjährige Beziehung gar nicht gegeben.

Ski umgab ein gewisses Geheimnis, denn er war neu in der Stadt. Er kam aus New Jersey, um Flugingenieur zu studieren. Geblendet von seinem guten Aussehen und seinem Charme und hinweggefegt von der Kraft der gegenseitigen Anziehung, verbrachte Sylvia jede freie Minute mit ihm. Sie war so glücklich wie noch nie, aber auch verwirrt. Hinter aller Begeisterung hatte sie das ungute Gefühl, dass irgendetwas nicht stimmte. Es war, als ob Sylvia in Ski ihre andere Hälfte getroffen hätte. Es fühlte sich ekstatisch an, aber jenseits der glückseligen Strahlung gab es einen Schatten. Obwohl sie es mit aller Kraft versuchte, konnte sie diesen Schatten weder beseitigen noch durchdringen.

Befreit von der scharfen Kritik, die ihr Joe Behm in diesem Bereich entgegengebracht hatte, nahm Sylvia wieder ihre Readings auf. Sie erhielt alle möglichen Informationen für andere, aber nicht für sich selbst. »Was meintest du mit ›Tragödie‹?«, fragte sie Francine immer und immer wieder. »Wenn es etwas gibt, das ich wissen sollte, dann sag es mir bitte«, flehte sie ihre Geistführerin an. Aber außer der kurzen Warnung gab Francine in Bezug auf Ski seltsamerweise kein einziges Wort mehr von sich.

Dann traf Sylvia eines Nachmittags einen anderen Ingenieur-Studenten, einen Freund von Ski. Sie plauderten eine Weile über dies und das, bis Sylvia sich überlegte, ihn einfach ein wenig auszufragen. Aber wenn irgendetwas nicht stimmte, wollte sie es wirklich wissen? Zum Schluss zwang sie sich, die Fragen zu stellen, die ihr schon lange im Kopf herumspukten. »Ski ist ein wunderbarer Kerl, aber warum habe ich die ganze Zeit das Gefühl, dass irgendetwas nicht in Ordnung ist?«

Ihr Gegenüber schaute weg, war plötzlich unsicher und vermied den direkten Blickkontakt. »Bist du nicht diejenige, die immer alles weiß? Hast du nicht die Frau in deinem Kopf, die dir immer alles erzählt?«

»Nicht, was mich selbst betrifft. In Bezug auf mein eigenes Leben habe ich noch nie Hilfe von ihr bekommen – keinerlei Vorhersagen für die Zukunft«, erklärte Sylvia. »Bis heute war das auch nicht weiter schlimm. Francine hat immer gesagt, dass ich wüsste, was ich wissen müsste, wenn die Zeit dafür gekommen sei. Nun schweigt sie beharrlich und daher habe ich das Gefühl, es selbst herausfinden zu müssen.«

»Nun gut, ich verrate es dir. Ski ist verheiratet. Er hat in New Jersey eine Frau und zwei Kinder.«

Die Welt um Sylvia herum verdunkelte sich schlagartig. Alles um sie herum schien auf einmal beschmutzt zu sein. Zerfledderte Zeitungen wehten durch die Straßen, die Rinnsteine waren voller Müll. Die Sonne war für sie verschwunden. *Ich werde mein ganzes Leben im Zwielicht verbringen müssen,* dachte sie. Ein katholisches Mädchen, ein verheirateter Mann – das passte nicht zusammen. Sie fuhr zur Flugschule und wollte Ski zur Rede stellen. Vielleicht stimmte alles gar nicht, überlegte Sylvia, aber innerlich wusste sie, dass sie die Wahrheit gehört hatte. In dem Moment, wo er sie sah, wusste Ski, worum es ging. »Es war nur eine Frage der Zeit, bis du es herausfinden würdest«, sagte er kleinlaut.

»Warum hast du es mir nicht selbst gesagt?«

»Ich wollte dich nicht verlieren.«

Sylvia nickte. Unaufgefordert erschien das Bild einer dunkelhaarigen Frau mit einem kleinen Jungen und einem kleinen Mädchen vor ihren Augen.

Er versuchte es ihr zu erklären. »Ich war noch sehr jung, ein Seemann, der zum ersten Mal von zu Hause weg war. Sie wurde schwanger. Ich musste sie heiraten und habe wirklich versucht, mit ihr klarzukommen. Aber es hat nicht funktioniert. Daher bin ich nach Kansas City gekommen, um zu studieren. Ich dachte, dass ich aus der Entfernung eine neue Perspektive bekommen würde. Ich hätte mir nie träumen lassen, jemanden wie dich kennen zu lernen. Gott ist mein Zeuge. Ich habe es nicht absichtlich herbeigeführt.«

Sylvia fühlte eine Welle von Schmerz und Schuld, als sie an Joe Behm dachte. Auch er hatte bestimmt diese furchtbare Leere erleiden müssen. Wie kaltschnäuzig sie ihm gegenüber doch gewesen war. Ein Leben im ständigen Dämmerlicht, auf ewig ohne die Wärme, die Ski für sie war, schien ihr die richtige Strafe für ihre grausame Gedankenlosigkeit. Aber wie sollte sie solch einen Zustand überleben?

»Können wir uns heute Abend sehen – ein letztes Mal?«, flehte Ski sie an.

Sylvia nickte, unfähig, auch nur ein Wort herauszubringen. Zwei Wochen vergingen und jede Nacht war »die letzte Nacht«. Die zwei liebten sich mehr als jemals zuvor, eine verzweifelte, verschlingende Art von Liebe. Dann kam eines Nachmittags ein Bote in Sylvias Französischklasse. Pater Nadeux wollte sie sofort in seinem Büro sprechen.

Sylvia hatte bei dem Dominikanermönch Kurse in Theologie und christlicher Ehe belegt. Einmal hatte sie in einer schelmischen Stimmung in eines seiner Jahrbücher geschrieben: »Passen Sie auf, dass dies nicht zu falschen Schlussfolgerungen führt«, obwohl sie wusste, dass er sie dabei beobachtete. Pater Nadeux war jedoch mehr amüsiert als verärgert. Seit diesem Vorfall war Sylvia oft von dem korpulenten, gutmütigen Mann vor den anderen Studenten gelobt und ermutigt worden.

Als sie in sein hell erleuchtetes Arbeitszimmer eintrat, ließ sie ihr Verhalten in der Schule vor ihrem geistigen Auge Revue passieren. Seit Ski in ihr Leben getreten war, hatten die Streiche aufgehört, die sie während ihrer gesamten College-Zeit immer wieder angestellt hatte. Was konnte sie dieses Mal bloß getan haben?

Pater Nadeux spannte sie nicht lange auf die Folter. Kaum hatte sie Platz genommen, da fing er auch schon an. »Ich habe hier einen Brief von Mrs. Joseph Stemkowski. Jemand hat ihr davon berichtet, dass ihr Mann mit einem unserer Mädchen zusammen sei. Hast du eine Ahnung, um wen es sich da handeln könnte?«

»Ja, ich bin die, um die es geht, Pater.«

Er wandte sich ab und schaute abwesend nach draußen auf die Frühlingslandschaft – überall sprossen die grünen Triebe des Lebens. »Liebst du ihn?«

»O ja, mehr als alles auf der Welt.«

Mit einem Seufzen drehte er sich wieder um und schaute ihr ins Gesicht. »Das macht die ganze Sache nicht gerade leichter. Du weißt doch hoffentlich, was du zu tun hast.«

»Pater, ich kann mich nicht von ihm trennen. Ich habe es versucht, aber es klappt nicht.«

»Du musst es tun, Sylvia. Und du weißt es.« Der

Mönch kannte sie gut. »Du wirst die Kraft haben, das zu tun, was getan werden muss.«

Seine Worte hatten einen unheimlichen Nachhall. Sylvia hörte, wie Oma Ada kurz vor ihrem Tod sagte: »In deiner Schwäche liegt deine Stärke verborgen.« Was hatte diese Aussage zu bedeuten? *Liebe Oma,* schrie sie innerlich, *wo bist du? Erklär es mir bitte! Ich brauche deine Hilfe!*

Sylvia verließ das Zimmer, ohne ein weiteres Wort zu sagen. Irgendwo hörte sie die Nonnen singen, »Herr erbarme dich, Herr erbarme dich unser«. *Was wissen die schon,* dachte sie bitter. Keine von ihnen hatte jemals jemanden wie Ski in ihrem Leben; einen Menschen, der so attraktiv und humorvoll war, so zärtlich und poetisch. Ihn zu lieben war eine Sucht. Er gab ihr das Gefühl, eine Frau zu sein, und zwar die schönste und begehrenswerteste der ganzen Welt. Wie konnte sie dies nur aufgeben? Konnte jemand so sehr leiden wie sie und nicht daran zugrunde gehen?

»Für jeden Schmerz gibt es einen Grund – einen Grund zu wachsen und zu verstehen.« Diese Worte kamen sofort als Antwort von Francine, aber welche positive Wirkung konnten sie schon haben? Francines Leben auf der Erde war bereits vorbei, ihr eigenes fing jedoch gerade erst an. Die Jahre, die noch vor ihr lagen, fühlten sich an wie ein leeres Ödland.

Sie machte eine Handbewegung über ihrer rechten Schulter, eine Geste, die sie seit Kindheitstagen benutzte, um Francine loszuwerden. »Ich habe genug von deinen spirituellen Allgemeinplätzen. Erzähl sie doch einem anderen.«

»Andere Menschen werden mich nicht hören.«

»Weil sie nicht verrückt sind.«

»Fang jetzt nicht wieder mit dieser Geschichte an.«

»Kennst du Menschen mit gesundem Verstand, die mit Geistern sprechen?«

»Diese Frage stellst du immer, wenn du überreizt bist.«

»Überreizt? Mir ist nach Sterben zumute!«

»Du wirst aber nicht sterben«, sagte Francine und schwieg danach. Der innere Dialog war beendet.

Als sie später am Nachmittag zu Hause war, rief sie Ski an. Sie erzählte ihm von dem Brief und auch von dem Gespräch mit Pater Nadeux.

»Ich muss dich sehen«, flehte er sie an.

»Nein, nicht mehr. Wir dürfen uns niemals wiedersehen«, zwang sie sich zu sagen und hängte auf, bevor er etwas darauf antworten konnte.

Sylvia ging nicht mehr ans Telefon, wenn Ski anrief, denn sie fürchtete die Wirkung seiner Stimme auf ihren wankelmütigen Entschluss. Drei Tage später holte sie eine Nonne aus der Klasse. »Du weißt, dass es gegen die Regeln ist«, erinnerte sie Sylvia, »aber da dein Cousin auf dem Weg nach Korea ist und nur für ein paar Stunden in der Stadt sein wird, habe ich entschieden, die Regel einmal außer Acht zu lassen.« Ski stand hinter ihr in der Eingangshalle. Sein Gesicht war bleich und seine Augen hohl.

»Das wird mir niemand glauben«, sagte Sylvia, als die Nonne sie mit Ski allein ließ. »Wir nennen sie immer die eiserne Jungfrau. Du musst sie wirklich eingewickelt haben.«

»Vielleicht hat sie gespürt, wie verzweifelt ich bin. Ich

musste dich einfach sehen. Die Schulzeit ist vorbei, ich muss mich entscheiden, was ich tue – entweder hier bleiben oder zurückgehen.«

»Du kennst die Antwort darauf«, sagte Sylvia. Sie stieß ihn mit aller Kraft von sich weg und rannte zurück ins Klassenzimmer.

Es gab noch einen letzten Anruf von Ski. Celeste hatte den Hörer abgenommen. Nachdem er ihr erzählt hatte, was er wollte, reichte sie den Hörer weiter an Sylvia. »Ich glaube, du möchtest diesen Anruf entgegennehmen«, sagte sie. Am nächsten Abend fuhr Sylvia Ski zum Busbahnhof. »Wenn dieses Leben vorbei ist, werde ich auf dich auf dem zweiten Stern von rechts warten«, sagte er, als er aus dem Auto stieg.

»Versprochen«, antwortete Sylvia und versuchte zu lächeln.

»Wenn die Versöhnung mit meiner Frau nicht klappt, kann ich vielleicht …«

Sylvia schüttelte den Kopf. Falsche Versprechungen zerplatzten über ihnen wie zerstochene Luftballons. Es hatte keinen Sinn. Sie hatten fünf Monate zusammen gehabt. Sylvia wusste, dass ihnen nicht mehr Zeit vergönnt war. Vielleicht spürte es auch Ski und möglicherweise sogar noch mehr als Sylvia.

Als er in den Bus einstieg, drehte er sich zu Sylvia um und sagte: »Schreib an die Browns.«

»Was?« rief sie überrascht aus. »Welcher Brown? Was meinst du damit?«

»Ich habe keine Ahnung«, antwortete er und schaute sie leicht verwirrt an. »Es ist mir spontan in den Kopf gekommen. Vielleicht stammt es aus einem Lied oder so.« Dann verschwand er als letzter Passagier im Bus.

Der Motor wurde angelassen, und der Bus rollte langsam los. Auch Sylvia setzte sich in Bewegung. Ski versuchte das Fenster zu öffnen, aber es klemmte. Sylvia rannte inzwischen und versuchte mit dem fahrenden Bus Schritt zu halten. Schließlich gelang es Ski, das Fenster zu öffnen, sie reichte mit dem Arm nach oben und berührte sein Gesicht mit ihren Fingern. Ski küsste ihre Handfläche und sie konnte seine Tränen fühlen.

Es war Juni, Sylvia war 19. Noch eine Woche, und sie hatte ihren College-Abschluss in der Tasche. Aber ihr Leben war zu Ende.

Wenn es eine innere Leere gibt, wird sie sich unweigerlich mit etwas füllen. Als ob Skis Abreise noch nicht genug war, schien Sylvia buchstäblich danach zu suchen, ihren Schmerz noch zu vergrößern. Vielleicht verspürte sie insgeheim den Wunsch nach Bestrafung oder hatte das Bedürfnis, sich selbst für tatsächliche oder eingebildete Sünden zu geißeln. Oder es war einfach nur der Drang, die abgetöteten Sinne wieder zu entfachen. Was auch immer die unterschwelligen Gründe sein mochten, Sylvias wunde Stelle nahm die Gestalt von Angst an. College-Kurse über die Psychologie des Abnormen hatten eine Pandorabüchse des Zweifels geöffnet. In den Lehrbüchern stand, dass es sieben Stufen von abnormem Verhalten gab. Auf Sylvia trafen mindestens vier zu. Ihr lebhafter Verstand kam zu der schlimmsten Schlussfolgerung, die sie ziehen konnte.

Sie war schizophren. Hörten Schizophrene nicht ständig Stimmen und sahen Dinge, die andere nicht sahen? Die Erinnerung an die durchgedrehte Nachbarin, die versucht hatte, sie als Kind zu töten, fing an, sie zu verfolgen. Immer wieder sah sie Bruders zusammengeschlagenen, blutenden Körper. Wie konnte eine potenziell Verrückte, wie sie es war, auch nur in Betracht ziehen, mit Kindern zu arbeiten?

Früher war sie von Joe mit seinem ständigen Reden von Heirat und später durch die leidenschaftliche Romanze mit Ski abgelenkt worden. Das versetzte sie in die Lage, diese hässlichen Gedanken aus ihrem Kopf zu verbannen. Nun, da sie sich mit ihrem ganzen Wesen auf eine Tätigkeit als Lehrerin konzentrierte, lähmten ihre Zweifel sie geradezu.

Sylvia hatte schon immer ein natürliches Talent zu lehren. Seit frühester Kindheit waren Tafel und Kreide ihr Lieblingsspielzeug. Gern erinnerte sie sich daran, wie sie Schule gespielt hatte. Ihr machte es Spaß, jedem, den sie zu fassen bekam, etwas »beizubringen«. Als sie so weit war, aufs College zu gehen, stand ihr Studienfach nie in Frage. Und wie in Bezug auf ihr paranormales Leben hatte sie Oma Ada auch hierin immer ermutigt und motiviert. »Du wirst eine gute Lehrerin sein, Sylvia, eine Inspiration für andere«, hatte sie oft gesagt. Unglücklicherweise war Ada nicht mehr da, als Sylvia die Psychologie des Abnormen studierte.

»Wie kann ich Lehrerin sein, wenn ich vielleicht verrückt bin?«, fragte sie verzweifelt jeden, der ihr zuhörte. Niemand nahm sie ernst. »Natürlich bist du nicht verrückt«, antworteten Sylvias Freundinnen unisono. Sie waren überrascht, dass sie so etwas überhaupt in Erwägung zog. Lieber wechselten sie das Thema und wollten etwas über ihre Boyfriends wissen. »Was sagt Francine über Dave?«, fragten sie zum Beispiel oder »Da ist dieser neue Junge …« Celeste und Bill, die weiterhin mit ihrem gewohnten Drama beschäftigt waren, nickten immer nur abwesend und versicherten Sylvia, dass sie völlig normal war. Sie schlugen ihr vor, ihre Ausbildung zur Lehrerin für ein Jahr zu unterbrechen und einfach nur Spaß zu haben. Und gleich danach machten sie übergangslos mit ihrem Gezänk weiter.

Schließlich vertraute Sylvia ihr Problem dem Hausarzt an und danach auch noch dem Pfarrer. Was war mit den Kindern, ihren Schülern – konnte sie ihnen in irgendeiner Weise schaden? Beide Männer waren sich einig, dass dies nicht der Fall war. Aber weil sie darauf bestand, wurde sie an einen Psychotherapeuten überwiesen. Dieser interviewte Sylvia ausführlich und machte mit ihr eine Reihe von Tests. Zum Schluss gab er folgende Antwort: »Ich sehe eine junge Frau, die sehr an ihrer Familie hängt und alle zufrieden stellen will. Ist das schlimm? Wohl kaum, solange sie sich selbst dabei nicht vergisst.«

Sylvia seufzte verzweifelt, aber auch erleichtert, als er abschließend sagte: »Sie sind ziemlich normal, abgesehen davon, dass Sie auch *para*normale Züge haben.« O ja, Sylvia wusste, wovon er sprach.

Erneut war Francine keine große Hilfe, denn sie weigerte sich einfach, das ganze Thema von Sylvias geistiger Gesundheit überhaupt zu diskutieren. »Natürlich musst du Lehrerin werden. Es ist ein wichtiger Teil deiner Ausbildung«, war alles, was sie sagen konnte oder wollte. Wenn Sylvia sie nach ihrer mentalen Zurechnungsfähigkeit fragte, verschwand Francine oft, so als ob sie darüber verärgert wäre.

Nicht ohne innerliche Beklemmung arrangierte Sylvia schließlich ein Gespräch mit Schwester Regina Mary, der Direktorin einer kleinen kirchlichen Schule. Nach knapp einer Stunde hatte sie das Versprechen einer Anstellung in der Hand. Sylvia sollte die einzige Laien-Lehrerin in einem Lehrkörper sein, der sonst nur aus Nonnen bestand.

Im September 1956, einen Monat vor ihrem 20. Geburtstag, hatte Sylvia ihre erste Stunde als Lehrerin. Es war ihr erster Job überhaupt, und daher hatte sie große Angst. »Werden mich die Schüler auch mögen?«, fragte sie Francine, als sie am ersten Tag zur Schule fuhr.

»Natürlich werden sie das«, antwortete die Geistführerin in ihrer knappen, sachlichen Art. »Hast du dich nicht jahrelang auf diesen Augenblick vorbereitet?«

Diese Antwort entspannte Sylvia ein wenig, denn sie hatte schon befürchtet, dass all ihre Bemühungen in die falsche Richtung gegangen waren. Sie hatte ihre Garderobe an diesem Morgen sehr sorgfältig ausgewählt und mehrere Möglichkeiten verworfen, bevor sie sich für ein Tweedkostüm mit enger Bluse und legerem Chanel-Jacket entschloss. Sylvia war fast 170 cm groß und schlank genug, um jederzeit auch als Model gehen zu können, wenn ihr der Sinn danach stand. Nach Skis Abreise hatte sie ihr langes rotes Haar, das er so bewunderte, in einer rituellen Geste der Unabhängigkeit abgeschnitten. Als sie mit klappbarem Stehpult und leerer Aktentasche aus dem

Auto stieg, nestelte sie nervös an ihrer Entenschwanz-Frisur. Im Inneren der Schule warteten bereits 55 Schüler auf sie. Sie spürte die Augen auf sich lasten, als sie das Klassenzimmer betrat und sorgsam ihr Pult aufstellte, froh, etwas zu haben, hinter dem sie sich verstecken konnte.

»Ich bin für das nächste Schuljahr eure Lehrerin«, verkündete sie und schrieb ihren Namen in großen dicken Buchstaben an die Tafel. »Sylvia Shoemaker.« Ein Junge in der ersten Reihe kicherte. Sylvia drehte sich um. »Na, über was lachst du?«

»Über nichts.«

»Ich würde es aber wirklich gerne wissen«, sagte sie.

Er lachte erneut und schaute sich um, ob auch noch andere Schüler lachten. »Ich habe mich nur gefragt, ob Ihr Vater tatsächlich Schuhe macht.«

Sylvia nahm einen tiefen Atemzug und fragte: »Wie heißt du?«

»Ronald Nötig.«

Sie ließ sich ein Seufzen der Erleichterung nicht anmerken, aber Gott musste in diesem Fall wirklich auf ihrer Seite sein. »Nein, Ronald, mein Vater stellt keine Schuhe her«, antwortete sie. »Aber wir werden im Verlauf des vor uns liegenden Jahres sehen, wie nötig es ist, dass du in dieser Klasse bist.« Die anderen Kinder brüllten vor Lachen. Eins zu null für die neue Lehrerin.

Zusätzlich zu den herkömmlichen Unterrichtsmethoden hielt Sylvia manchmal den Abfalleimer für Kinder hin, die sich übergeben mussten, und hin und wieder zog sie ihnen auch einen Zahn. Sie zeigte ihnen, wie sie ihre

Augen schlossen und sich vorstellten, was sie sein wollten. Und jeden Tag erzählte sie ihnen, wie sehr sie sie liebte.

Keines der Kinder schien jemals Probleme damit zu haben, dass ihre Lehrerin Bescheid wusste, wenn sie wütend oder aufgebracht waren, weil sie keine Zeit zum Frühstücken gehabt hatten oder es zu Hause einen gewalttätigen Streit gegeben hatte oder sie zufällig mitbekommen hatten, dass die ältere Schwester unter Tränen verkündete, sie sei schwanger. Wenn die Lehrerin sie beiseite nahm für ein kurzes tröstendes Gespräch, fragte niemand jemals: »Woher wissen Sie das?« Es war einfach selbstverständlich, dass Mrs. Shoemaker alles wusste.

An einem späten Freitagnachmittag im November saß Sylvia an ihrem Schreibtisch und sah eine Klassenarbeit durch. Mit einem glücklichen Seufzer legte sie das letzte Heft zur Seite, lehnte sich zurück und ließ ihren Blick im Raum schweifen. Der Kellerklassenraum war bestimmt der unattraktivste der ganzen Schule, aber es war *ihr* Klassenzimmer, und sie liebte es. Außerdem hatte sie ihn mit Kürbissen und Herbstblättern so bunt und strahlend gemacht, dass es kaum auffiel, dass der Raum keine Fenster hatte. Sylvias Vertrauen wuchs mit jedem Tag. Der erste aufpolierte Glanz war abgebröckelt, aber sie war immer noch mit Begeisterung bei der Sache. »Was denkst du, liebe Oma?«, fragte sie laut. Sie bekam keine Antwort, aber sie fühlte sich von einem warmen Leuchten eingehüllt. Zufrieden packte sie ihre Sachen zusammen und verschloss sorgfältig die Tür hinter sich. Heute Abend wollte sie zusammen mit ihrer Freundin Maggie essen und danach ins Kino gehen.

Am nächsten Nachmittag klingelte das Telefon. Es war Schwester Regina Mary. Sylvia hielt ängstlich ihren Atem an. Die Schuldirektorin rief niemals an Wochenenden an. Sie musste etwas Schreckliches getan haben, aber was?

»Ist alles in Ordnung?«, zwang sie sich zu fragen.

»Nun, ja und nein«, antwortete die Nonne.

Es ist mein Unterricht, dachte Sylvia, und ihre alten Ängste kamen wieder hoch. Ein paar Wochen Praktikum hatten sie sicher nicht ausreichend vorbereitet, um schon für eine ganze Klasse verantwortlich zu sein. Wie konnte sie nur erwarten, dass alles glatt laufen würde?

»Sagen Sie mir bitte, worum es geht«, flüsterte sie fast.

»Ich weiß nicht, wie ich anfangen soll...«

»Bitte, Schwester«, drängte Sylvia.

»Ich hoffe, Sie denken nicht, ich sei verrückt«, sagte Schwester Regina Mary entschuldigend, »aber eben ist etwas Merkwürdiges geschehen.«

»Wollen Sie es mir nicht sagen, Schwester?«

Zögernd fing die Frau an zu erzählen. »Ich kam heute Nachmittag in die Schule, um ein paar Berichte fertig zu stellen. Normalerweise ist am Wochenende niemand im Gebäude. Ich arbeitete gerade in meinem Büro, als ich unter mir ein Geräusch hörte. Ich wusste, ich war allein, und konnte mir nicht vorstellen, dass jemand in die Schule gekommen war, ohne den Alarm auszulösen.«

Sylvia atmete erleichtert auf. Sie musste lächeln, als sie an die Schule dachte, eine wahre Festung. Die Nonne erzählte weiter: »Je genauer ich hinhörte, desto mehr hörte sich das Geräusch nach Schritten an. Ich nahm also mein Kruzifix und machte mich auf den Weg in die untere Etage.«

Sylvia musste wieder lächeln. »Untere Etage« war eine beschönigende Beschreibung für den Keller, in dem sich nur Möbel und Leitungsrohre befanden. »Die Tür stand offen, was an sich schon komisch war, denn alle Lehrer sind angewiesen, ihre Klassenräume abzuschließen, wenn sie sie verlassen.«

»Oh, ich habe es getan. Ich erinnere mich genau, dass ich die Tür abgeschlossen habe«, unterbrach sie Sylvia.

»Ja, ich weiß, dass Sie die Tür abgeschlossen haben«, bestätigte Schwester Regina Mary. »Ich überprüfe alle Türen noch einmal selbst, bevor ich die Schule verlasse. Ihre Tür war gestern Abend vorschriftsmäßig abgeschlossen, aber erst vor ein paar Minuten habe ich gesehen, dass die Tür weit offen stand und eine ältere Frau mitten im Klassenzimmer stand.«

»Was hat sie gemacht?«, fragte Sylvia verblüfft.

»Nichts, sie schaute sich bloß um. Ich fragte, ob ich ihr helfen könne, und sie sagte: ›Nein, sagen Sie einfach nur Sylvia, dass sie ihre Arbeit gut macht. Ich war gerade in der Nähe, und da habe ich die Gelegenheit genutzt, um mir ihr Klassenzimmer anzuschauen.‹«

»Haben Sie sie nach ihrem Namen gefragt?« sagte Sylvia mit entspannter Stimme.

»Ja, aber sie sagte nur: ›Machen Sie sich keine Sorgen, sie weiß schon, wer ich bin.‹ Ich ging zurück nach oben, um ans Telefon zu gehen. Als ich zurückkam, war die Frau verschwunden. Es gibt keine Möglichkeit, in die Schule hinein- und wieder hinauszukommen, ohne dass ich sie sehen kann oder der Alarm ausgelöst wird. Ich erzähle Ihnen das Ganze, Sylvia, weil ich nicht weiß, was ich davon halten soll.«

»Wie sah die Frau aus?«, fing Sylvia an zu fragen. Sie fühlte, wie ein leichtes Zittern über sie kam.

»Sie war ungefähr 170 cm groß und hatte ganz weiße Haare, die im altmodischen Stil frisiert waren. Sie trug ein marineblaues Kleid und duftete nach Lavendel. Der Duft erfüllte den ganzen Raum, nachdem sie wieder gegangen war. Kennen Sie sie?«

»Ja.«

»Was hat das zu bedeuten Sylvia? Wer war diese Frau?« Die Stimme der Direktorin klang plötzlich ernst.

»Meine Großmutter.«

»Aber wie kam sie herein und wieder heraus?«

»Das war nicht schwer für sie.«

»Was meinen Sie damit?«

»Sie ist tot.«

»Ich verstehe.« Die Nonne wechselte abrupt das Thema zu einer trivialen Schulangelegenheit und beendete schon bald das Gespräch. Der Vorfall fand nie wieder Erwähnung.

Der Besuch von Oma Ada war ein Wendepunkt in Sylvias beruflicher Karriere. Es war eine Bestätigung, dass sie in der Tat zur richtigen Zeit am richtigen Ort war und das Richtige tat. Sie sollte nie wieder an ihrer Zurechnungsfähigkeit zweifeln.

4

Wachstumsschmerzen

Sylvia wusste nicht mehr, ob sie lachen oder weinen sollte. Fest entschlossen, Ski zu vergessen, steckte sie ihre ganze Energie in die Schule, in Partys und in Readings. Aber es half alles nichts. Es war nicht genug. Nichts war genug.

Eines Tages bat eine Nonne, eine von ihren Kolleginnen an der Schule, Sylvia um ein Reading. Das war an sich nichts Neues. Sylvia hatte versehentlich ihre Gabe in der Highschool offenbart, weil sie auf übersinnliche Weise wahrgenommen hatte, dass sich eine Lehrerin große Sorgen um einen finanziellen Verlust ihrer Familie machte, und sie ihr spontan Hilfe anbieten wollte. Dieser Vorfall hatte unter den Schwestern die Runde gemacht, und schließlich kamen alle zu ihr, um ihr Fragen zu stellen.

Aber diese Anfrage war anders. Die Nonne, die sie zögerlich ansprach, war Mitte 50. »Kannst du mir sagen, wie mein Leben verlaufen wäre, wenn ich nicht Nonne geworden wäre?«, fragte sie. »Es gab da einen Mann in meinem Leben. Ich liebte ihn sehr, aber …«

Vor ihrem geistigen Auge erschien Sylvia ein vitaler, attraktiver Mann, der Anfang 20 war. »Er hat auch dich sehr geliebt, aber von Seiten deiner Familie hat es viel Druck gegeben. Du warst einfach nicht in der Lage, diesem Druck standzuhalten.«

Die Nonne nickte. »Ja, das stimmt. Ich hatte damals das Gefühl, dass ich nichts anderes tun konnte, aber dennoch denke ich manchmal an ihn und frage mich ...«

Sylvia nahm sie spontan in den Arm. »Natürlich denkst du an ihn, aber ich fürchte, ich kann dir nicht sagen, wie dein Leben mit ihm verlaufen wäre. Ich lese so eine Art Blaupause. Deine hielt ein Leben als Nonne für dich bereit, und etwas anderes kann ich nicht erkennen. Das Leben, das du führst, ist immer das Leben gewesen, das für dich vorgesehen war.«

Als die Schwester gegangen war, saß Sylvia noch eine Zeit lang da und dachte an ihren eigenen Lebensplan. Für eine kurze Zeit war Ski ihr ganzes Leben gewesen. Sie liebte ihn immer noch so wie damals, hatte aber die Tatsache akzeptiert, dass sie niemals zusammen sein würden. Sylvia trauerte so um ihren Liebsten, als sei er gestorben, denn für sie war er ja auch wirklich tot. Sie liebte das Lehrerdasein und war stolz, dass sie eine gute Lehrerin war, aber das reichte ihr nicht. Wie viel sie auch von sich selbst in die Arbeit steckte, es war niemals genug. Sie fühlte eine große Leere, die sie nicht füllen konnte. Ihr Leben hatte keinen wirklichen Sinn.

An jenem Abend rief Sylvia ihren Pfarrer an, Pater O'Cannon, und verabredete sich mit ihm. Die beiden sprachen stundenlang miteinander. »Vielleicht hast du Skis Liebe erwidert und sie dennoch verleugnet, weil es deine Bestimmung ist, Nonne zu werden.«

Sylvia erinnerte sich, wie sehr sie als Kind vom Leben im Kloster fasziniert gewesen war, und hörte aufmerksam zu. Während der ganzen Zeit ihres Heranwachsens war die Kirche immer ein Zufluchtsort gewesen. Hier fand sie Trost und Rückzug vom ständigen Chaos ihrer Familie. Ein paar Wochen später setzte sie sich mit Pater O'Cannon zusammen und beantragte die Aufnahme in den Franziskaner-Orden.

Ihr wurde gesagt, dass die Formalitäten sechs Monate in Anspruch nehmen würden. Sylvia führte also ihr bisheriges Leben unverändert weiter. »Es ist der einzige Weg, um sicher sein zu können, ob das Kloster das Richtige für dich ist«, versicherte ihr Pater O'Cannon. Seit Skis Abreise war Sylvia mit verschiedenen jungen Männern ausgegangen und schließlich auf John Elwood gestoßen.

John war wie ein großer, sanfter Teddybär, dessen selbst erwählte Mission darin bestand, Sylvias gebrochenes Herz zu heilen. Eines Abends, als sie zusammensaßen und Tee tranken, kam er auf Ski zu sprechen. »Ich habe von eurer Beziehung gehört«, sagte er. »Ich musste einfach alles über dich in Erfahrung bringen.«

»Warum?«, fragte sie, und ihre großen braunen Augen suchten sein Gesicht.

»Weil du mir wichtig bist«, antwortete er und erwiderte ihren Blick. Es war Sylvia, die wegschaute.

»Das macht nichts, Schatz. Ich bin hier, um dir dabei zu helfen, über die ganze Sache hinwegzukommen«, versicherte ihr John. Im Hintergrund spielte eine Schallplatte. Billie Holiday sang: »Und vielleicht klettert eines

Tages ein kleines Kind auf deinen Schoß ...« Er legte seinen Arm um Sylvia und zog sie an sich.

So saßen sie zusammen und es war, als ob Stunden vergingen. Sie fühlte sich beruhigt und getröstet, fast wie ein Baby. Es war wundervoll. Schließlich brach John das Schweigen. »Das Einzige, was ich nicht so recht weiß, ist, was ich von deiner ganzen Trance-Geschichte halten soll.«

»Oh, verdammt«, sagte sie und zog sich automatisch ein wenig zurück, denn Erinnerungen an Joe Behm stiegen in ihr hoch. Sylvia gab gerne Readings und war nicht gewillt sie aufzugeben.

»Ich habe nichts dagegen, dass du anderen Leuten die Zukunft liest, mir geht es um Francine. Es gefällt mir nicht, dass du deinen Körper verlässt und eine andere Person ihn in Besitz nimmt und durch dich spricht. Wie werde ich sicher sein können, wer du wirklich bist?«

Erleichtert fing Sylvia an zu kichern. »Du wirst uns bestimmt unterscheiden können. Francine ist ganz anders als ich, ein sehr unabhängiger Charakter. Männer interessieren sie überhaupt nicht.«

»Ach so, eine von diesen Lesben. Ein lesbischer Geist, das ist spannend.«

»Nein, es ist eher so, dass sie mit alldem nichts mehr zu tun hat. Es gibt eine männliche Wesenheit in ihrem Leben, aber sie ist hauptsächlich ihre eigene Person – wenn man so etwas über ein geistiges Wesen überhaupt sagen kann.«

»Aber mir gefällt immer noch nicht die Vorstellung, dass sie in deinen Körper eintritt und ihn übernimmt.«

»Das ist bislang nur einmal geschehen«, erklärte Sylvia. »Der Psychologie-Fachbereich der Universität von Kansas City bot spezielle Hypnose-Kurse an. Ich habe mich aus lauter Neugier eingeschrieben. Während einer Hypnose-Sitzung fiel ich in Trance, und Francine übernahm meinen Körper. Es war ihre Art mir zu zeigen, worum es bei der Hypnose ging. Es geschah nie wieder. Das Letzte, was sie will, ist mich dominieren, und sie würde niemals, wirklich niemals einem anderen etwas vormachen.«

Johns Ängste wurden zerstreut und die beiden begannen eine angenehme und einfache Beziehung. Ein Teil der Qualen, die mit Ski verbunden waren, wurden zu einem dumpfen Schmerz, der manchmal vergessen werden konnte. Sylvia liebte das Lehrerdasein und würde sowieso in ein paar Monaten Nonne werden. In der Zwischenzeit war John ein angenehmer Begleiter. Trotz seiner einfachen und unkomplizierten Art war Sylvias neuer Freund gebildet und scharfsinnig. Er war ganz anders als Ski oder all die jungen Männer aus Kansas City, mit denen sie jahrelang ausgegangen war – und das machte ihn nur noch attraktiver. Er hatte in Princeton studiert und beendete gerade im Innendienst seine Zeit beim Militär. Er stammte aus einer wohlhabenden Familie und träumte von einer schillernden Zukunft jenseits von Kansas City.

Ihre Romanze hatte einen bittersüßen Beigeschmack, der Sylvia gefiel. Sie lachten viel und flirteten miteinander, aber Sylvia weigerte sich, irgendetwas davon ernst zu nehmen. Es überraschte sie daher, dass John sehr traurig war, als sein Militärdienst zu Ende ging und er sich auf die

Heimkehr nach Peru im US-Bundesstaat Indiana vorbereitete. »Du wirst mir doch schreiben, nicht wahr?«, drängte er sie. »Du wirst nicht so etwas Dummes tun und dich mit einem anderen verloben, oder? Ich kann doch zum Erntedankfest kommen und dich besuchen?«

»Ja. Nein. Ja«, antwortete sie, immer noch lachend, aber ein wenig verwirrt durch seinen plötzlichen Überschwang.

John verließ die Stadt und Sylvia vermisste ihn, viel mehr als sie geglaubt hatte. Sie freute sich auf seine Briefe und beantwortete sie immer sofort. Manchmal malte sie sich das Leben aus, das sie zusammen führen würden. Ein Mann, der sie liebte, eigene Kinder – all das waren wertvolle Überlegungen, die es verdienten, gegen die Vorteile des Klosterlebens abgewogen zu werden. Mehr als alles andere wollte Sylvia Sicherheit und wissen, wo sie hingehörte. Heirat oder Kloster? Die schmerzliche Ungewissheit brach wieder auf. Das Bedürfnis, ein für alle Mal eine Entscheidung zu treffen, wurde immer stärker, je näher ihr 21. Geburtstag rückte.

Schon Wochen vorher hatte Sylvia hellsichtig aufgeschnappt, dass ihre Eltern an ihrem Geburtstag eine Überraschungsparty für sie planten. Sie nahm sich daher für den Freitagabend bewusst nichts vor, aber als sie dann an ihrem Geburtstag von der Schule nach Hause kam, war alles im Haus ruhig. Irgendwann konnte sie die Anspannung nicht mehr ertragen und fragte Celeste: »Was ist denn mit meiner Geburtstagsparty?«

Ihrer Mutter verschlug es fast den Atem, halb aus Ärger, halb aus Bewunderung, wie es sooft in all den Jahren der Fall gewesen war. »Kann man denn gar nichts vor dir geheim halten? Wir mussten die Party auf morgen Abend verschieben.«

Da alles offen war, rief sie ihre Freundin Maggie an. »Was sollen wir heute Abend anstellen?«

»Ich habe eine Verabredung«, erzählte ihr Maggie. »Jerry hat mich endlich eingeladen.«

»Jerry, der Polizist, hinter dem du schon seit Monaten her bist?«

»Genau der. Am besten, ich rufe ihn gleich an und frage, ob er nicht einen Freund hat, der mitkommen möchte.«

»Ohne dass ich weiß, wer es ist? Nicht mit mir. Ich bin doch schon mit John liiert und werde sowieso bald Nonne sein.«

Als ihnen klar wurde, wie komisch sich das anhörte, mussten beide lachen. »Ich fände es toll, wenn du mitkommen würdest«, beharrte Maggie auf ihrem Vorschlag. »Ich bin total nervös, und deine Anwesenheit wäre für mich eine große Hilfe. Wir werden zusammenbleiben, und auch wenn er dir nicht gefällt, haben wir beide einfach Spaß am Ausgehen. Du willst doch an deinem Geburtstag nicht zu Hause hocken bleiben, oder?«

Nein, das wollte Sylvia wirklich nicht. Maggie rief ein paar Minuten später wieder an und verkündete, dass Jerry tatsächlich einen Freund hatte. Die beiden Polizisten hatten um 21 Uhr Dienstschluss. Sylvia hatte zwar immer noch Bedenken, aber sie zog mit Maggie los, um die beiden von der Wache abzuholen.

Gary Dufresne hatte markante Gesichtszüge, die durch

seine stahlblauen Augen ein wenig weicher wurden. Für ein Blinddate sah er gar nicht schlecht aus, stellte sie fest. »Ich bin Sylvia Shoemaker«, erklärte sie. Da ihr Gegenüber schwieg, fügte sie hinzu: »Ich bin Lehrerin.«

Maggie hatte völlig vergessen, die beiden einander vorzustellen, und sie vergaß auch, dass sie versprochen hatte, mit Sylvia zusammenzubleiben. »Ich fahre mit Jerry in seinem Auto, und wir können uns ja irgendwo treffen«, verkündete sie fröhlich.

Gary lächelte nun endlich – und es war ein nettes Lächeln, dachte Sylvia. Er nahm sie am Arm, als sie zu seinem Wagen gingen. Sie setzte sich auf dem durchgehenden Vordersitz ganz nach rechts und erinnerte sich plötzlich an die wiederholten Ermahnungen ihres Vaters, dass Polizisten kein guter Umgang seien. Sie könnten dich vergewaltigen, und niemand würde etwas dagegen unternehmen. Als hätte er ihre Gedanken gelesen, bog Gary in eine dunkle Seitenstraße ab und parkte.

Sylvia verkrampfte sich einen Moment und ihre Hand griff instinktiv zum Türknauf, aber Gary stieg nur aus dem Auto aus und kam herum, um ihre Tür zu öffnen. Gemeinsam gingen sie die Seitenstraße hinab und in den hinteren Bereich von etwas, das sich als eine Bar entpuppte. Es war das erste Mal, dass Sylvia eine Bar betrat.

Ihre Erleichterung war groß, als sie sah, dass Maggie und Jerry bereits an einem der Tische saßen. Nach anfänglichem Smalltalk gab es eine Pause, die von Gary gebrochen wurde. »Nun, Miss Sylvia Shoemaker, Lehrerin, wenn wir nur zu zweit sein würden, würde ich dich bitten, mir etwas über dich zu erzählen.«

Sylvia zögerte, aber Maggie erklärte sogleich: »Sie ist halb jüdisch und halb katholisch und kann Menschen ihre Zukunft lesen.«

»Eine Sterndeuterin, was?«, bemerkte Gary. Er sah Sylvia nachdenklich an und fügte hinzu: »Ich habe mir nie viel aus Katholiken oder Juden gemacht.«

Sylvia verlor schlagartig jedes Interesse an ihm und schaute sich im Raum um. Die Bar war billig und schäbig. Sie fühlte eine Welle von Elend und Einsamkeit. Die Schwingungen, die sie aufnahm, waren schrecklich. Der nächste Vorfall trug auch nicht gerade dazu bei, ihre unguten Gefühle zu vertreiben.

Im hinteren Teil des Raums gab es einen Tumult. Gary sprang auf und rannte in Richtung des Lärms. Jemand war aus einer Telefonzelle gefallen. Als Gary den Schauplatz erreichte, griff sich der Mann ans Bein. Sofort zog Gary seine Pistole und richtete sie drohend auf ihn. »Stehen Sie auf und verschwinden Sie von hier!«, befahl er. Ohne zu zögern, erhob sich der Mann und rannte aus der Bar.

»Trägst du immer eine Waffe, auch wenn du nicht im Dienst bist?«, fragte Sylvia.

»Immer.«

»Warum hast du sie eben gezogen?«

»Um ihm Angst zu machen.« Garys ungeduldiger Ton zeigte an, dass er keine weitere Diskussion wünschte. Sylvia war froh, dass er ein paar Minuten später vorschlug zu gehen. Die zwei Paare trennten sich, und Sylvia ging mit Gary schweigend zurück zum Auto.

»Was machen wir jetzt?« fragte er.

»Fahr mich bitte zurück zur Wache, ich habe dort meinen Wagen in der Nähe geparkt.«

»Du hast noch nicht viel gesehen, stimmt's?«

»Ja, das stimmt. Ich glaube nicht, dass ich das habe.«

Keiner von beiden sagte ein weiteres Wort, bis er ihr Auto für sie aufschloss. »Wollen wir mal wieder miteinander ausgehen?«

»Sicher«, antwortete Sylvia, obwohl sie keine Lust hatte, ihn wiederzusehen. Sie war erstaunt über seine Frage, denn sie schien offensichtlich nicht sein Typ zu sein. Jetzt wollte sie nur noch den Abend so schnell wie möglich beenden. Erklärungen oder Diskussionen hätten ihn nur unnütz verlängert.

»Vielleicht sind Polizisten wirklich unberechenbar«, meinte Maggie am nächsten Tag und fügte hinzu: »Was hältst du von Jerry?«

»Das spielt keine Rolle«, antwortete Sylvia. »Er ist nicht der Richtige für dich.«

»Jetzt klingst du wie meine Mutter.«

Sylvia zuckte mit den Schultern. »Es tut mir Leid«, sagte sie, »aber ich muss dir mitteilen, was ich sehe. Jerry ist ganz in Ordnung, aber er wird in deinem Leben keine große Rolle spielen. Es gibt einen anderen Mann in deinem Leben – du hast ihn noch nicht getroffen.« Sie fing an, den schwergewichtigen, rothaarigen Mann zu beschreiben, den ihre Freundin letztlich heiraten würde. »Er ist beim Militär. Du wirst ihn in einem Jahr kennen lernen. Sechs Monate später werdet ihr verheiratet sein.«

»Und was wird aus dir?«, wollte Maggie wissen.

»Wenn ich das nur wüsste. Je länger ich Lehrerin bin

und mit Kindern zu tun habe, desto mehr möchte ich eigene Kinder haben. Aber ich denke auch oft an die Kirche, den Frieden, die wundervolle Ruhe, die sie bietet. Und was das Heiraten anbelangt, so glaube ich, dass ich wie meine Mutter enden würde.«

»Ich dachte, Francine könnte dir in dieser Angelegenheit behilflich sein.«

»Sie ist überhaupt keine Hilfe. Sie erzählt mir nur, dass mein Lebensplan bereits existiert und dass ich ihm nur zu folgen bräuchte. Was soll man mit so einer Mitteilung anfangen?«

Während Sylvia sich Sorgen um ihre Zukunft machte, kamen regelmäßig Briefe von John. Sie sprachen auch oft am Telefon miteinander. Seine tiefe Stimme gab ihr ein Gefühl der Geborgenheit. Sie war so tröstlich wie gregorianische Gesänge.

Der Oktober ging langsam zu Ende. Es war Halloween, und Sylvia hatte Lust, etwas zu erleben. Als das Telefon klingelte, war es Gary, der sie ins Restaurant einlud.

»Warum nicht?«, hörte sie sich überraschenderweise antworten. Aber kaum hatte sie aufgelegt, bereute sie ihre Zusage schon. Ein paar Minuten später rief sie ihn zurück. »Es tut mir Leid, aber meine Tante ist bei uns zu Besuch und hat sich gerade das Bein gebrochen. Ich muss sie ins Krankenhaus fahren.«

»Was für ein Pech«, sagte er. »Ich hatte mich wirklich gefreut, dich wiederzusehen.«

»Tut mir Leid«, sagte Sylvia, »vielleicht ein andermal.« Aber sie schwor sich, dass es kein anderes Mal geben würde. An diesem Abend ging sie mit Maggie in einen Horrorfilm. »Gary rief an, gleich nachdem ihr aus dem Haus wart«, informierte sie Maggies Mutter bei ihrer Rückkehr. »Ich hatte keine Ahnung, dass du ihn angelogen hattest, Sylvia. Als er fragte, wo ihr Mädchen seid, habe ich es ihm natürlich nichts ahnend gesagt. Du solltest einem Polizisten besser nicht so eine lächerliche Geschichte auftischen.«

»Ich lüge sonst nie. Ich hasse Lügen. Es war wirklich dumm von mir, und ich werde es nie wieder tun«, sagte Sylvia und meinte es auch.

Dieser Vorfall bedeutete nicht das Ende mit Gary. Zu ihrer Überraschung rief er immer wieder an. Beim vierten Mal gab sie nach, bestand aber darauf, dass Maggie dabei sein sollte. Gary war davon nicht gerade begeistert, und dieses Mal war Sylvia sich sicher, dass er in Zukunft Ruhe geben würde.

Am Abend vor Thanksgiving kam John. Er sprach mit Sylvia über ihre Zukunft im Kloster, und sie sah keinen Grund, warum sie ihm von Gary erzählen sollte. John hatte schon genug Probleme damit, sie sich als Nonne vorzustellen.

Sylvia hörte interessiert zu, als John ihr von seiner Rückkehr ins Zivilleben berichtete. »Mutter hat mich überredet, den Winter bei ihr zu verbringen. Ich war lange weg, und seit Vater nicht mehr da ist, vereinsamt sie immer mehr«, erklärte John. Im späten Frühjahr würde er nach Chicago ziehen, um seine berufliche Laufbahn als leitender Angestellter in der Versicherungsgesellschaft seiner Familie zu beginnen.

»Chicago ist ein aufregender Ort, es gibt sogar ein Lied über die Stadt«, sagte er, bevor er am nachfolgenden Sonntag wieder abreiste. Sylvia versprach, Weihnachten mit ihm und seiner Familie in Indiana zu verbringen.

Als der junge Polizeioffizier eines Tages unerwartet auf einen Sprung vorbeikam, dämmerte es Sylvia, dass Gary nicht der Typ war, der sich leicht entmutigen ließ. Obwohl sie anfangs genervt war, fing sie an, sich auf seine Besuche zu freuen, als sie sah, dass sich unter seinem lakonischen Äußeren nicht nur ein trockener Humor, sondern auch ein lebhafter Geist verbarg. Gary und seine Freunde waren schon älter, welterfahrener als die Männer, die sie bislang kannte. Ihre Räuber-und-Gendarm-Welt war neu und aufregend für sie. Wenn zwei Wochen vergingen und sie nur hin und wieder flüchtig an Ski gedacht hatte, fing Sylvia an Hoffnung zu schöpfen, dass sie endlich von ihm loskam.

Die Tage flogen dahin, Weihnachten kam immer näher und damit ihre versprochene Reise nach Indiana. Sylvia reiste das erste Mal allein und bestieg in froher Erwartung den Zug. Es war noch die Zeit, als die Eisenbahnwaggons nobel wie Clubzimmer eingerichtet waren und Gepäckträger in gestärkten weißen Uniformen herumliefen. Obwohl der Gedanke an Johns Familie ein wenig beklemmend war, freute sie sich auf die Zeit in Chicago. In einer der seltenen intuitiven Einsichten, die sie jemals über sich selbst hatte, erhielt sie ein klares Bild von einer beschützenden Mutter und von zwei Schwestern, die sie abgöttisch liebten.

Der Zug erreichte Peru, als es schon dämmerte. Die Stadt, bedeckt mit einer glitzernden Schicht Neuschnee, wirkte wie aus dem Bilderbuch. John wartete schon und nahm sie herzlich in Empfang. »Komm, Mutter wartet mit dem Abendessen auf uns«, sagte er, nachdem er sie herzlich umarmt hatte. Seine Worte klangen fröhlich und vergnügt.

Sie fuhren hinaus aus der Stadt in die Vororte. »Das ist das Haus von Cole Porter«, sagte John und zeigte auf eine Villa, »und dies ist mein Haus.« Er fuhr durch das eisenbeschlagene Tor in die lange Einfahrt des gleichermaßen beeindruckenden Nachbarhauses. Als sie sich dem Haus näherten, starrte Sylvia voller Bewunderung auf die großartige Fassade, die sich ihrem Blick darbot. »Du meine Güte, das sieht ja aus wie Schloss Drachenfels!«, rief sie aus und erinnerte sich an einen Film, den sie als Kind gesehen hatte.

Das Haus mit seinen Türmen und Türmchen und seinem weitläufigen verwinkelten Grundstück war ein Dokument alteingesessenen Wohlstands. Sylvia bemühte sich, nicht eingeschüchtert zu sein, aber sie war es. Die Begrüßung, die ihr durch Johns Mutter zuteil wurde, trug außerdem dazu bei, dass sie sich immer unwohler fühlte. »Miss Shoemaker, wie nett, dass Sie uns mit Ihrer Gegenwart beehren«, sagte Mrs. Elwood und inspizierte sie verhalten.

Sylvia versuchte krampfhaft, eine ähnlich blumige Antwort zu finden, aber ihr fiel keine ein. »Danke«, murmelte sie und streckte ihre Hand wie über einen eisigen

Abgrund in Richtung Mrs. Elwood. Johns Mutter war eine kleine stämmige Frau mit einer strengen Frisur und dünnen, verkniffenen Lippen. Sie verströmte eine Art Geringschätzung, als ob sie etwas Unangenehmes gerochen oder gegessen hätte.

Johns Schwestern stellten sich als exakte Nachbildungen ihrer Mutter heraus. Die Feiertage, die vor Sylvia lagen, hatten plötzlich etwas von einer lebenslänglichen Haft. »Geht es dir gut?«, fragte John am nächsten Tag. »Sind meine Mutter und meine Schwestern nicht wunderbar?« Er war schockiert, als Sylvia meinte, dass seine Familie sie nicht leiden könne. »Sie lieben dich genauso wie ich«, versicherte er und schien es wirklich zu glauben.

Nach vier Tagen wie im Gefängnis bestand Sylvia darauf, dass John allein mit ihr ausging. Nur widerwillig stimmte er zu, aber sein Entschluss wurde sofort in Frage gestellt, als er in das leidvolle Gesicht seiner Mutter sah.

»Das ist schon in Ordnung«, sagte Mrs. Elwood und griff sich ans Herz. »Macht nur, mir geht es gut.«

»Stimmt irgendetwas nicht?«, fragte John und beugte sich ängstlich über den großen Ohrensessel, in dem seine Mutter saß.

»Es ist nichts Schlimmes, nur mein Herz. Ab und zu spielt es ein wenig verrückt – aber ihr jungen Leute solltet euch darüber keine Gedanken machen. Ich werde schon alleine zurechtkommen und wissen, dass ihr eine gute Zeit miteinander habt.«

»Wir sollten lieber hier bleiben«, sagte John.

Sylvia hielt es nicht länger aus. »Wofür du dich auch immer entscheidest, ich mache jetzt auf jeden Fall einen

Spaziergang.« Sie war schon an der großen massiven Eingangstür angelangt, als John sie einholte. Das Licht des Vollmonds funkelte im Schnee. Es war ein Abend wie in einem russischen Märchen, aber das Paar bekam von alldem kaum etwas mit. Der Schnee knirschte geräuschvoll unter ihren Füßen – sonst war nichts zu hören, denn keiner von beiden fand Worte, um die eigene Enttäuschung auszudrücken. Schließlich begann John zögernd darüber zu sprechen, wie er sich seine berufliche Zukunft vorstellte. Sylvia hatte alles schon einmal gehört, zweifelte nun aber ernsthaft daran, dass er jemals von zu Hause weggehen würde. Sie antwortete ihm abwesend, denn sie wusste, dass John in Gedanken beim Herzen seiner Mutter war. Sie hatte das Gefühl, dass ihm das Herz seiner Mutter mehr bedeutete als ihr Herz.

Sylvia war nicht in der Lage, das Gespräch auf die gegenwärtige Situation zu lenken, vielleicht wollte sie es auch gar nicht. Zum Schluss stapften sie durch den Schnee zurück ins Haus. Als sie für einen Moment in der Tür standen, gab ihr John einen Gutenachtkuss. Er schlief bei seiner verheirateten Schwester, weil Mrs. Elwood es nicht passend fand, dass ihr Sohn unter dem gleichen Dach mit einer unverheirateten Frau schlief.

Sylvia beeilte sich, in ihr Zimmer zu kommen, und hoffte, dabei nicht auf Mrs. Elwood zu stoßen. Als sie sich bettfertig machte, hatte sie eine Vorahnung. Johns Mutter plante eine Überraschungsparty, in deren Verlauf Johns Verlobung mit Sylvia bekannt gegeben werden sollte. Sylvia hatte sich noch nie so unsicher und entwurzelt gefühlt. Ohne länger nachzudenken, lief sie zum

Telefon im ersten Stock. Ihre Hand zitterte beim Wählen. Es war ihr Vater, der am anderen Ende abnahm.

»Wie fühlst du dich bei der ganzen Sache?«, fragte er sie, nachdem sie ihm alles erzählt hatte.

»Wenn ich jemals den Traum gehabt haben sollte, John zu heiraten, so ist er jetzt zerplatzt. Ich würde seine Mutter gleich mitheiraten und wahrscheinlich auch noch seine hochnäsigen Schwestern.«

»Dann hält dich dort ja nichts mehr. Je schneller du zurückkommst, desto besser. Du hast ja eine Rückfahrkarte.« Beschützend wie immer, bot er ihr an: »Ich werde morgen früh bei der Bahn anrufen und fragen, welchen Zug du nehmen kannst.«

»Danke, Daddy.«

»Für was?«

»Einfach dafür, dass du für mich da bist«, sagte sie und versuchte nicht zu weinen.

Selbst einen Kloß im Hals, wechselte ihr Vater das Thema. »Was die Menschen hier in Kansas City anbetrifft, Gary war seit deiner Abreise jeden Tag hier.«

»Wie kommt denn das?«

»Das kannst du dir doch denken, Sylvia. Der Junge ist verrückt nach dir.«

»Erzähl mir nicht so was! Ich habe hier im Moment genug Probleme. Ich will hier weg!«

»Ich helfe dir dabei«, versprach er ihr.

In dem Moment, in dem Sylvia den Hörer auflegte, hörte sie ein klickendes Geräusch. Ihr war sofort klar, dass Mrs. Elwood mitgehört hatte. Sylvia eilte zurück in ihr Zimmer und hatte das unangenehme Gefühl, dass ihr nachspioniert wurde. Nachdem sie stundenlang wachgelegen hatte, fiel sie endlich in einen unruhigen Schlaf. Als sie am nächsten Morgen erwachte, war es bereits spät. Sie zog sich schnell an und eilte nach unten, wo John und seine Mutter sie im Frühstückszimmer erwarteten. Ein Blick auf ihre Gesichter bestätigte ihre Annahme. Mutter und Sohn wussten genau Bescheid über ihre Gefühle. »Ich möchte noch heute abreisen«, informierte sie die beiden.

John knallte seine Tasse frustriert auf den Tisch, aber bevor er etwas sagen konnte, hatte Mrs. Elwood das Wort ergriffen. »Ich hoffe, Johnnie, dass du nicht deiner Mutter die Schuld dafür gibst. Nicht ich enttäusche dich, sondern sie tut es.«

Das gab Sylvia den Rest. Sie drehte sich um, fest entschlossen, auf ihr Zimmer zurückzukehren. John aber sprang auf, lief auf sie zu und zog sie an sich. »Ich liebe dich«, sagte er mit einer heiseren, flehenden Stimme. Seine Mutter griff sich ans Herz.

»Nicht genug – oder *nicht so viel wie sie*, fürchte ich«, sagte Sylvia und dachte an Mrs. Elwood. Sie machte sich aus seiner Umklammerung frei und ging zum Telefonapparat in der Eingangshalle. Ohne auch nur ein Wort zu sagen, wählte sie ihre eigene Nummer. Erneut war ihr Vater am Apparat. »Wann geht der nächste Zug von hier?«, fragte sie.

»Es gibt einen um 18.45 Uhr. Du wirst so gegen Mitternacht hier sein. Wir holen dich ab.«

»Danke, ich werde diesen Zug nehmen.«

»Nein, das werden Sie nicht! Sie werden nirgendwohin fahren«, sagte Mrs. Elwood, die plötzlich neben ihr stand, mit bestimmender Autorität.

Sylvia hielt die Luft an. »Was meinen Sie damit?«

»Genau das, was ich sagte. Sie werden John und mich nicht in eine peinliche Lage bringen. Wir haben eine Zusammenkunft geplant und all unsere Freunde eingeladen. Ich erwarte von Ihnen, dass Sie anwesend sind.«

»Ich habe das mitgehört!«, schrie Sylvias Vater am anderen Ende der Leitung ins Telefon. »Sag ihr, dass ich einen Hubschrauber miete und auf ihrem verdammten Dach landen werde, wenn du nicht aus dem Zug aussteigst.«

Sylvia musste die Drohung nicht wiederholen, denn Mrs. Elwood konnte jedes Wort verstehen. Ihr Gesicht wurde blass. »Johnnie tut gut daran, Sie los zu sein«, sagte sie und entfernte sich mit starrem Gang.

»Hol mich ab, Daddy, ich komme nach Hause.« Sylvia legte auf und eilte die große Treppe nach oben in ihr Zimmer. Kaum hatte sie ihre paar Dinge zusammengepackt, da klopfte John auch schon an die Tür. Seine Sanftmut hatte sie zuerst sehr geschätzt, aber jetzt schien sie ihr eher als Schwäche.

»Warum gehen wir nicht irgendwohin und essen was?«, schlug er vor.

Sylvia war einverstanden, sie bestand jedoch darauf, ihren Koffer gleich mitzunehmen. Sie hatte nicht vor, das Haus der Elwoods jemals wieder zu betreten. Sie fuhren stundenlang durch die verschneite Winterlandschaft, bis John sie schließlich zum Bahnhof brachte. Das gemeinsame Mittagessen war eine Katastrophe gewesen, denn

John hatte nichts anderes im Sinn, als sie umzustimmen. Dabei gab es nichts mehr zu sagen. Sylvia brauchte keine übersinnlichen Fähigkeiten zu haben, um voraussagen zu können, wie ein Leben als Schwiegertochter von Mrs. Elwood aussehen würde. Darüber hinaus gab auch John kein gutes Bild mehr ab. Wie er seine Mutter umschmeichelte, war sogar noch eine größere Warnung. Sylvia war daher erleichtert, dass der Zug schon dastand, und konnte es nicht abwarten, endlich einzusteigen.

John begleitete sie, und zusammen gingen sie von einem Waggon zum anderen, alle waren mit Feiertags-Reisenden überfüllt. Schließlich fanden sie irgendwo noch einen freien Platz am Fenster. John verstaute ihren Koffer auf der Gepäckablage über ihr und setzte sich neben sie. Er nahm Sylvias Hände und legte sie in seine. »War es die geplante Feier? Vielleicht hattest du das Gefühl, zu sehr bedrängt zu werden«, sagte er.

Sylvia schüttelte traurig den Kopf, aber er ignorierte ihre Geste. »Wir malten uns sooft das Leben aus, das wir miteinander führen wollten. Ich weiß, dass ich dich liebe, und habe gehofft, du liebst mich auch.«

Sylvias Augen füllten sich mit Tränen. »Ja, ich liebe dich – in gewisser Weise. Aber es sollte einfach nicht sein.« Der Zug ruckelte und begann sich langsam in Bewegung zu setzen. »Ich werde dich nie vergessen, John«, versprach sie. »Du warst für mich da, als ich dich wirklich brauchte. Ich werde mich stets daran erinnern, was für ein guter Freund du gewesen bist.«

John erhob sich nur widerwillig und auch sie stand auf. Sie umarmten sich kurz, und dann beeilte er sich, aus dem bereits anfahrenden Zug zu kommen. Aus dem Fenster heraus sah sie ihn auf den Bahnsteig springen. Der Zug fuhr inzwischen schneller, und John war verschwunden.

Sylvia hörte auf zu winken und lehnte sich zurück. Sie lauschte dem Rattern der Eisenbahnschienen, das sie sehr tröstete. Ski hatte sie verlassen, sie hatte John den Laufpass gegeben. Ein weiteres Kapitel ihres Lebens war zu Ende. Draußen fiel dichter Schnee vor einem sich verdunkelnden Himmel, aber im Inneren des Waggons fühlte sie sich sicher und geborgen. Die Anspannung der vergangenen Monate löste sich. Ein Gefühl von Frieden und Vertrauen umgab Sylvia. Sie war auf dem Weg nach Hause. Dies war ein vollkommener Moment, in dem die Zeit stillzustehen schien und an den man sich immer erinnern würde.

5

Dem Lebensplan folgen

Sylvias Zug wurde durch heftige Schneestürme aufgehalten. Als sie schließlich um 3.30 Uhr in Kansas City ankam, war der Bahnhof überfüllt. Überall feierten die Menschen Silvester. Sylvia erkannte schließlich ihren Vater, daneben Celeste und hinter ihr Gary.

»Als dein Vater sagte, dass du zurückkommst, dachte ich, es wäre besser, dich direkt am Zug zu treffen«, erklärte er seine Anwesenheit. »Ich bin morgen zu einer Party eingeladen und würde mich freuen, wenn du mitkommst. Wenn ich bis morgen gewartet hätte, um dich zu fragen, hättest du wahrscheinlich wieder etwas anderes zu tun – zum Beispiel deine Tante ins Krankenhaus fahren oder so.«

Sylvia zuckte zusammen. Bevor sie ihren Mund öffnen konnte, beantwortete ihr Vater Garys Frage. »Natürlich kommt sie mit.«

»Stimmt das, Sylvia, kommst du wirklich mit?«, wollte Gary von ihr wissen.

»Warum nicht?« Sie war zu müde, um auf seine peinliche Anspielung zu reagieren.

Als sie zu Hause ankamen, war Sylvia bereits eingeschlafen. Es war Gary, der sie weckte. »Wirst du wirklich mitkommen? Wirst du es nicht vergessen oder es dir anders überlegen?«, fragte er sie noch einmal vorsichtig, während er ihr aus dem Auto half.

Sylvia stimmte benommen zu und dachte nur noch ans Schlafen. Es war ein sehr langer Tag gewesen. »Ich verspreche es«, sagte sie. An der Haustür küsste Gary sie kurz und verschwand in der eiskalten Morgendämmerung.

Nachdem sie fast den ganzen Tag über geschlafen hatte, fühlte sich Sylvia ausgeruht und beinah glücklich. Sie wählte mit großer Sorgfalt ihre Garderobe – ein einfaches, gut geschnittenes schwarzes Seidenkleid mit Perlenkette und Ohrringen, das Weihnachtsgeschenk ihres Vaters. Ihre Haare, die schon wieder ein wenig gewachsen waren, steckte sie zu einem französischen Knoten hoch. Mit 21 Jahren hatte sie Liebe gefunden und Liebe verloren. Obwohl sie keine Frau von Welt war, versuchte sie immer noch wie eine zu wirken. Sie betrachtete sich selbst im Spiegel und war überraschenderweise mit ihrem Spiegelbild zufrieden.

Der junge Mann, der sie unten begrüßte, unterstützte sie in ihrem wiedergewonnenen Selbstvertrauen. So hatte sie Gary noch nie gesehen. Er war sichtlich nervös. Ihre Ankunft auf der Party wurde mit großer Begeisterung gefeiert. Die Polizisten und ihre Frauen hatten sich zur Begrüßung versammelt und schienen auf seltsame Weise eingeweiht zu sein. Sylvia fühlte sich plötzlich im Mittelpunkt einer geheimen Verschwörung.

Eine schöne, dunkelhaarige junge Frau kam auf sie

zu und stellte sich vor. »Ich bin Barbara Crowther. Don und Gary sind Kollegen.« Sylvia mochte sie sofort, und es dauerte nicht lange und beide plauderten wie alte Freundinnen.

»Ich bin so froh, dass Gary dich gefunden hat«, vertraute sie Sylvia an. »Er hat Don immer die ganze Nacht auf den Beinen gehalten. Nun werde ich endlich etwas mehr von meinem Mann haben. Außerdem glaube ich, dass ihr beide gut zusammenpasst.«

»Wir sind nicht wirklich ein Paar«, bemühte sich Sylvia schnell zu erklären. »Wir sind einfach gute Freunde.«

Gerade in diesem Moment erschien Gary. »Kann ich Sylvia für einen Augenblick ausleihen? Ich muss eine wichtige Angelegenheit mit ihr besprechen.«

»Natürlich«, stimmte Barbara lächelnd zu. »Ich habe das Gefühl, dass wir beide uns von nun an öfter sehen werden.«

Sylvia wunderte sich über Barbaras mitwisserische Art und folgte Gary ins Wohnzimmer, in dem sich seltsamerweise niemand aufhielt.

»Haben deine Eltern irgendetwas gesagt?«, fragte er sie, als sie auf dem großen Sofa Platz nahmen.

»Was sollen sie gesagt haben?«

»Ach, vergiss meine Frage.«

»Was soll das alles?«

»Weißt du es nicht – du kannst doch hellsehen, oder?«

»Wirklich, Gary, das habe ich dir doch schon tausendmal erklärt. Ich ›weiß‹ nicht alles! Ab und zu kommen auch mal Botschaften für mich durch, aber wirklich sehr selten und nie dann, wenn ich es will.«

»Vielleicht mag es dir etwas seltsam erscheinen, da wir noch nicht wirklich miteinander gehen – aber ich weiß es, seitdem ich dich das erste Mal gesehen habe.«

»Was weißt du?«, fragte Sylvia und fühlte, wie ihre Aufmerksamkeit abschweifte.

»Ich komme gleich darauf zu sprechen, aber vielleicht sollte ich zuerst ein wenig von mir erzählen. Ich rede nicht gern über persönliche Dinge, aber ich glaube, jetzt sollte ich es besser tun. Ich bin beim Militär aufgewachsen. Ich habe in fast allen Bundesstaaten gelebt, ging in Japan zur Highschool und war vier Jahre lang bei den Marinesoldaten. Seit drei Jahren bin ich bei der Polizei. Mir gefällt es hier. Es ist an der Zeit, dass ich meinen Platz finde. Ich bin fest entschlossen, mich niederzulassen.« In Garys Vorstellung drehte sich alles darum, endlich Wurzeln zu schlagen.

»Das ist ja alles interessant«, führte Sylvia das Gespräch weiter, »aber ich habe in letzter Zeit viel durchgemacht. Ich möchte wissen, wohin unsere Unterhaltung führt.«

»Ich komme noch darauf.« Er lehnte sich ein wenig vor und schaute sie direkt an. »Ich liebe dich, seit ich dich das erste Mal vor zwei Jahren sah.«

»Vor zwei Jahren!«, rief Sylvia aus und kicherte nervös. »Wir haben uns erst vor zwei Monaten kennen gelernt.«

Gary lächelte. »Du bist mir eine schöne Hellseherin! Du weißt ja noch nicht einmal, was in *dieser* Welt abläuft. Erinnerst du dich noch daran, wie deine Freundin Maggie vor zwei Jahren mit ihrem Auto auf dem College-

Campus liegen geblieben ist? Es kam ein Polizist, um den Vorfall aufzunehmen. Erinnerst du dich an ihn?«

Sylvia konnte sich noch sehr gut an den Vorfall erinnern. Die Stimme des Schuldirektors verkündete über Lautsprecher, dass Mary Margaret Ryan zu ihrem Auto kommen sollte. Maggie plagte sich in dem Moment gerade mit Menstruationskrämpfen. »Kannst du für mich gehen?«, bat sie Sylvia. »Sie wollen meinen Wagen wahrscheinlich abschleppen. Kümmere du dich bitte um die Sache.«

Sylvia kam gerade, als der Polizist einen Strafzettel ausfüllte. Er erklärte ihr, dass er Nachforschungen anzustellen hätte, ob dieses Auto gestohlen worden sei. »Entweder muss die junge Dame das Auto an Ort und Stelle reparieren lassen oder wir schleppen es auf ihre Kosten ab«, erklärte er.

Sylvia war wütend. »Habt ihr Polizisten nichts Besseres zu tun, als College-Mädchen zu belästigen? Warum fangt ihr stattdessen nicht lieber Kriminelle?«, wollte sie wissen.

»Du kannst dich aber ganz schön aufregen, Süße«, war sein unbeeindruckter Kommentar.

»Nennen Sie mich nicht ›Süße‹«, zischte sie.

»Wie heißen Sie?«

»Sylvia Shoemaker. Wollen Sie mir jetzt auch einen Strafzettel verpassen?«

»Diesmal nicht«, sagte er und gab ihr den Strafzettel für Maggie, der sich auch nur als Verwarnung herausstellte.

»Ich kann mich noch gut daran erinnern, wie du damals aus dem Dienstbüro stolziert bist. ›Ich hoffe nur, dass Sie Ihre Strafzettelquote für heute erfüllt haben‹«, machte er sie nach.

»Das warst du?«, fragte Sylvia ungläubig.

Gary nickte. »Ich wollte dich unbedingt finden, aber in Kansas City gibt es Hunderte von Shoemakers – und alle schreiben sich anders. Schließlich habe ich damit aufgehört, eine Telefonnummer nach der anderen anzurufen, aber ich habe immer gehofft, dass ich dich eines Tages wiedersehen würde. Du kannst dir nicht vorstellen, wie ich mich gefühlt habe, als du in jener Nacht auf die Wache kamst. Es war, als ob ein Traum für mich in Erfüllung ging.«

»Aber warum hast du nie etwas gesagt?«

»Ich hatte gehofft, dass du mich an einem bestimmten Punkt erkennst, aber stattdessen hast du alles unternommen, um mich wieder loszuwerden.«

Die Geschichte war für Sylvia furchtbar romantisch. Ihr wurde schlagartig bewusst, wie schlecht sie Gary behandelt hatte. Sie sah ihn an. Er erinnerte sie an einen großen Kater – keine unattraktive Vorstellung.

»Das mit dem Kerl in Indiana habe ich sofort erfahren, ich nehme an, es ist inzwischen vorbei«, fuhr Gary fort und nahm ihre Hände. »Ich weiß auch, dass du dich beworben hast, Nonne zu werden. Ich hoffe, du verfolgst diese Möglichkeit nicht weiter, denn das würde all meine Pläne über den Haufen werfen.«

»Welche Pläne?«, fragte Sylvia mit fast flüsternder Stimme.

»1958 habe ich dich wiedergefunden. 1959 möchte ich dich heiraten.«

Bevor Sylvia ein Wort erwidern konnte, griff er in seine Jackentasche und zog ein blaues Samtkästchen heraus. Als sie es nicht an sich nahm, öffnete Gary den Deckel, damit sie einen Blick auf den größten Diamanten werfen konnte, den sie jemals gesehen hatte.

Die Ereignisse der letzten 24 Stunden waren zu viel gewesen. Sylvia fing an zu weinen, und Gary legte verständnisvoll seinen Arm um sie. »Du wirst dich an die Vorstellung gewöhnen, mein Schatz. Deine Eltern sind bereits hocherfreut, denn sie mögen mich. Du weißt, dass sie mit deinen beiden anderen Plänen nicht sonderlich glücklich gewesen sind. Ein Umzug nach Chicago wäre schon schlimm genug gewesen – aber erst das Kloster! Sie beten dafür, dass du keine Nonne wirst. In beiden Fällen würden sie dich verlieren, und du weißt, du bedeutest ihnen alles.«

Ja, Sylvia wusste das. Die Entscheidung zwischen John und dem Kloster war aber nur ein Teil ihres Dilemmas. Seit Beginn fehlte ein wichtiges Stück in dem ganzen Puzzle, das sie immer versucht hatte zu ignorieren. Sylvia war der Leim, der die Shoemaker-Familie zusammenhielt. Was würde aus ihnen ohne sie werden?

Sylvia stellte sich die Einsamkeit ihrer Mutter vor, wenn sie schließlich Bill nach all den Jahren doch noch verlieren würde. Und ihr Vater – ich bin das Licht in seinen Augen, daran gab es nichts zu rütteln. Für ihn war sie immer die beste, hübscheste und schlaueste Person auf der ganzen Welt. Wenn sie sich seiner Zustimmung bewusst war, gelang ihr alles. Zuerst war es in der Schule so gewesen. Sylvia lernte so schnell, dass sie eine Klasse übersprang. Später wurde sie Vaters kleiner Liebling. Sie war gerade ein Teenager, als sie zusammen mit ihrem Vater Tanzwettbewerbe bestritt und gewann. Sylvia erinnerte sich an das schwarze Kleid mit Spitzen, das er ihr schenkte, als sie 16 war. Es hatte 100 Dollar gekostet, was in der damaligen Zeit ein kleines Vermögen war. Wie stolz er auf sie war, wenn sie nach vorn trat, um die Siegestrophäe in Empfang zu nehmen, die sie zusammen gewonnen hatten.

Aber jetzt, verdiente sie nicht ein eigenes Leben, ungeachtet der Bedürfnisse und Wünsche anderer? Sylvia schüttelte den Kopf, als wollte sie ihre Gedanken vertreiben, und wandte sich wieder Gary zu. »Ich weiß sowieso nicht, was das Beste für sie oder für mich oder für wen auch immer ist«, gab sie zu.

Er verschloss ihre Hand über dem Ring. »Behalte ihn eine Weile und denk in Ruhe über alles nach. Bitte, Sylvia, lass einfach alles auf dich wirken.«

In diesem Moment kamen die anderen Gäste aufgeregt hereingestürmt. Es war offensichtlich, dass sie die Spannung nicht länger ertragen konnten.

»Herzlichen Glückwunsch!«

»Wie aufregend!«

»Wir freuen uns so für euch beide!«

»Wann ist die Hochzeit?«

Erneut fühlte Sylvia, dass sie die Hauptfigur in einem Theaterstück war, das immer spannender und romantischer wurde. Es war schwer, sich von allem nicht beeinflussen zu lassen. »Wir werden sehen«, murmelte sie, »wir werden sehen.«

Als sie am frühen Morgen im neuen Jahr 1959 nach Hause zurückkehrte, warteten ihre Eltern schon gespannt auf sie. Es war offensichtlich, dass sie fest hinter Gary standen. Ihre Argumente waren sehr überzeugend. Nach all den Jahren des Umherziehens war Gary entschlossen, Wurzeln zu schlagen – und glücklicherweise in Kansas City. Sylvias Leben mit ihm konnte wirklich gut werden. Mit ihm konnte sie die Kinder haben, die sie sich wünschte, und er konnte ihr die Sicherheit geben, die sie brauchte. Und die Eltern freuten sich auf die Enkel, nach denen sie sich sehnten, und dass sich ihr kleines Mädchen nicht zu weit von zu Hause entfernte. Außerdem stand in der Straße weiter unten eine hübsche Wohnung frei. Celeste war sich sicher, dass alles genau das Richtige für ihre Tochter war. Zusammen mit Bill würde sie sich freuen, ihr bei der Einrichtung zu helfen.

Sylvia hörte abwesend zu. Vielleicht hatten sie Recht. Sie bewunderte Garys Selbstsicherheit. Es gab keinen Zweifel – hier war ein Mann, der wusste, was er wollte, und der sich dafür einsetzte. Sie konnte viel von seiner Entschlossenheit lernen.

Als John Elwood später am Tag anrief, erzählte sie ihm von Garys Heiratsantrag. »Aber was wird aus *uns*, Sylvia«, war seine Reaktion, die noch schwächer war, als sie sich vorgestellt hatte.

Sie war eine verbitterte junge Frau, die immer noch hoffte, ihr verlorener Liebling würde eine Entscheidung treffen. »Gary möchte mich im April heiraten«, sagte sie. »Wenn du dich bis dahin von deiner Mutter löst und mich heiratest, dann ist das okay. Ansonsten heirate ich halt im

April.« Kaum ausgesprochen, war Sylvia von ihren eigenen Worten schockiert. Sie hatte sie spontan geäußert ohne groß nachzudenken. Ihr war lediglich bewusst, dass sie Ski verloren hatte und dass John nicht von seiner Mutter loskam. Nun bestimmte sie, was geschah. Ohne dass sie es bewusst realisierte, hatte Sylvia eine wichtige Lebensentscheidung so leicht getroffen, so achtlos, wie man sonst das Fernsehprogramm wechselt.

John erleichterte ihr die Entscheidung sogar noch, als er verkündete: »Mutter braucht mich für geschäftliche Familienangelegenheiten – sie braucht mich wirklich –, und so kann ich mich frühestens im August freimachen.«

»Gut, damit ist die Sache ja klar«, erwiderte Sylvia. »Dann werde ich am 2. April heiraten.«

»Was weißt du überhaupt über diesen Mann?«, fragte John, der nun versuchte, mit ihr zu argumentieren.

»Ich weiß, dass er mich liebt und dass er ein Mann ist, der nichts zwischen uns kommen lässt. Das reicht mir.«

Am nächsten Tag suchte Sylvia Pater O'Cannon auf. Es war nicht leicht, ihm von ihren Plänen zu erzählen, aber dafür fühlte sie sich sehr erleichtert, in einem schwierigen Fall endlich zu einer Lösung gekommen zu sein. Die Sicherheit, die sie dadurch gewann, machte das Gespräch für sie leichter. Endlich war ein für alle Mal alles klar. Sylvia würde einen starken, dynamischen Mann heiraten und eigene Kinder haben. Sie würde schon bald in ihren eigenen vier Wänden wohnen. Und indem sie dieses Ziel verfolgte, würde sie ihre Eltern zufrieden stellen und sehr wahrscheinlich deren Ehe retten. Sylvia war seit

Monaten nicht mehr so glücklich und entspannt, und ihr wurde fast schwindlig bei dem Gedanken daran.

Schon bald drehte sich in ihrem Leben alles um Gary. In den nachfolgenden Wochen unterrichtete sie, kam nach Hause und ruhte sich aus. Um Mitternacht kam Gary vom Dienst und sie verbrachten drei Stunden zusammen. Dann ging Sylvia ins Bett und schlief – wenn sie überhaupt einschlafen konnte –, bis es an der Zeit war aufzustehen und wieder zu unterrichten.

Viele Freundinnen riefen an und hinterließen Mitteilungen, aber Sylvia hatte nicht viel Zeit, um alle zurückzurufen. An einem Sonntagnachmittag kamen daher mehrere Freundinnen spontan bei ihr vorbei. Als sie Sylvia fragten, warum sie sich so rar mache, ließ sie verschmitzt ihren Diamanten funkeln und antwortete: »Ich bin beschäftigt.«

Ihre Freundinnen kreischten vor Aufregung auf. »Du und John habt euch schließlich doch gefunden! Wann ist die Hochzeit?«

»Am 2. April, aber ich heirate nicht John«, verkündete sie und freute sich, ihre Freundinnen mit ihren Worten zu überraschen und in Spannung zu versetzen. Sie waren schon so lange miteinander vertraut, dass die plötzliche Transformation zur geheimnisumwitterten Frau einfach köstlich war. Es berauschte sie zu wissen, dass sie etwas aus eigenem Antrieb getan hatte, ohne es vorher mit einer von ihnen zu diskutieren.

»Wer ist es?«, fragten alle gleichzeitig.

»Gary.«

»Welcher Gary?«

»Ihr kennt ihn noch nicht. Er ist Polizist.« Sylvias Begeisterung stieß auf erstauntes Schweigen – ein Schweigen, das zugleich Zweifel und Sorge beinhaltete. »Er liebt mich«, fügte sie daher eher kleinlaut hinzu.

»Du kannst ihn ja noch nicht gut kennen.«

»Zwei Monate, das reicht«, entgegnete Sylvia.

»Und Francine, was sagt sie?«, fragte eine Freundin, die Sylvia schon seit der Grundschule kannte.

»Sie meint, dass ich bestimmt bin, meinem Lebensplan zu folgen.«

»Was zum Teufel bedeutet das?«

»Egal, was es bedeutet, es geschieht einfach«, erklärte Sylvia schroff und beendete damit weitere Fragen.

Es vor der Hochzeit zu tun, galt als Todsünde, aber es kam trotzdem vor. Sylvia wunderte sich gelegentlich, warum Gary nicht einmal versucht hatte, mit ihr zu schlafen. Es liegt sicher daran, dass er so viel Respekt vor mir hat, schloss sie. Eine solche Zurückhaltung von einem Mann, der schon so viel im Leben erlebt hatte, berührte sie sehr. Außerdem war das Leben dadurch in den hektischen Wochen vor ihrer Hochzeit weniger kompliziert.

Sylvia und Gary heirateten am 2. April 1959 in der St.-James-Kirche. Das Ausmaß dessen, was sie vorhatte, wurde ihr schlagartig am Vorabend der Zeremonie klar. Es war, als sei sie aus einem Traum aufgewacht. »Was tue ich da?«, fragte sie Maggie. »Ich liebe Gary gar nicht. Ich kenne ihn nicht einmal.«

»Wir alle wussten, dass dich die Romanze mit ihm getröstet hat«, sagte Maggie. »Wir alle haben versucht, dir das deutlich zu machen.«

Sylvia verbarg ihr Gesicht in den Händen und fing leise an zu weinen.

»Noch ist es nicht zu spät, du kannst es dir noch anders überlegen«, erinnerte sie Maggie.

Aber für Sylvia war es zu spät. Alle Vorbereitungen waren getan – die Einladungen, die Garderobe, die Blumen, das Essen, die Musik. Seit Tagen bekam sie schon Hochzeitsgeschenke. Der Priester, die Messdiener, ihre Freunde und Freundinnen, ihre Eltern und natürlich auch Gary – alle erwarteten von ihr, dass sie ihr Versprechen einlöste. Wie konnte sie all diese Menschen enttäuschen?

In dieser Nacht drückte Sylvia kein Auge zu. Die Gedanken ratterten in ihrem Kopf, aber sie wusste, dass es keine akzeptable Alternative gab. Die Heirat würde wie geplant vonstatten gehen. Am nächsten Morgen begrüßte Celeste sie mit einem üppigen Frühstück, aber Sylvia bekam keinen Bissen herunter. Mit einer solchen »Torschlusspanik« hatte man rechnen müssen, kamen beide Elternteile in weiser Einsicht überein. Der Frühstückstisch wurde also schnell wieder abgeräumt.

Celeste, Maggie und Sharon halfen Sylvia beim Anziehen und putzten sich anschließend selbst heraus. Bill strahlte sie stolz an. Er war sich sicher, dass er die hübschesten Frauen von Kansas City begleitete. Gerade als Sylvia ins Auto einsteigen wollte, rief ein vorbeifahrender junger Mann aus dem offenen Autofenster: »Ich wollte

Ihnen nur sagen, dass Sie bezaubernd aussehen.« Sylvias Stimmung hellte sich auf, jedoch nicht für lange.

In der überfüllten Kirche bekam Sylvia Beklemmungen. Sie wollte schreien, brachte aber keinen Ton aus ihrem lächelnden Mund heraus. Und so tat sie wieder einmal das, was von ihr verlangt wurde, als sie am Arm ihres Vaters zum Altar schritt. Als sie vor dem Priester niederkniete, bemerkte sie sofort, dass seine Schuhe nicht richtig geputzt waren. Verstohlen blickte Sylvia zur Seite auf Gary. Wer war dieser Fremde?

Dann wurden die entscheidenden Worte – schrecklich und unwiderruflich – gesprochen, und die Zeremonie war vorbei. Die frisch Vermählten traten aus dem Kirchenportal heraus und wurden von einem Reisschauer begrüßt. Während des überschwänglichen Empfangs, bei dem der Champagner in großen Mengen floss, ertappte Sylvia Gary dabei, wie er in einer benachbarten Bar etwas Höherprozentiges trank. *Bereut auch er, was er getan hat?*, fragte sie sich.

Schließlich näherte sich die Feier dem Ende. Tränen, Umarmungen und Verabschiedungen waren vorbei. Zum Schluss waren die beiden allein in Garys Wagen. Sie fuhren über eine Stunde und wussten nicht recht, worüber sie sich unterhalten sollten.

Es war Donnerstag am späten Nachmittag. Beide mussten am Montagmorgen wieder zur Arbeit gehen.

»Wohin fahren wir?«, fragte Sylvia schließlich.

Sie näherten sich einem Straßenschild, auf dem Sedalia, Missouri, stand. »Dieser Ort scheint so gut wie jeder andere zu sein«, meinte Gary und fuhr von der Straße ab zu einem Motor Inn mit angrenzendem Restaurant. Gary bestellte zum Abendessen Leber und Zwiebeln, und Sylvia nahm das Gleiche. Sollte man das nicht tun als frisch gebackene Ehefrau? Beide waren nicht sehr gesprächig, und so zog sich das Essen immer mehr in die Länge.

Schließlich kam die Rechnung, und Gary bezahlte. Sie erhoben sich und gingen schweigend auf ihr Zimmer. Ihre Stimmung war gedrückt, und sie wussten nicht so recht, was sie machen sollten. Sylvia stellte das Radio an. Das Lied, das gespielt wurde, war ein aktueller Hit mit dem Titel *Love Is a Many-Splendored Thing (Liebe hat viele bunte Facetten)*. Sie wusste nicht, ob sie lachen oder weinen sollte.

Das Debakel ihrer Flitterwochen war ein schwerer Schlag für Sylvias Selbstwertgefühl. Wie immer, gab sie sich selbst die Schuld. Es sollte noch zehn Tage dauern, bis die Ehe wirklich vollzogen wurde. Da sie keine Vergleichsmöglichkeiten hatte, spekulierte Sylvia in alle Richtungen – wäre ich nur erfahrener, hübscher und attraktiver. Sie war dazu erzogen worden, zu Männern in jeder Hinsicht aufzuschauen, und so kam es ihr nie in den Sinn, sich Gary zu widersetzen oder das, was er tat, einfach nur in Frage zu stellen. Es dauerte noch Jahre, bis Sylvia die ganze Geschichte der tragischen Kindheit ihres Mannes erfahren sollte. Später, viel später, vertraute er ihr an, dass seine Mutter mit einem zwielichtigen Geschäftemacher durchgebrannt war, als er zwei Jahre alt war. Und sieben Jahre später entdeckte er den Körper seiner Großmutter, der an einer selbst geknüpften Schlinge baumelte.

Zum Zeitpunkt ihrer Heirat wusste Sylvia nur, dass der

Mann, der es so sehr darauf abgesehen hatte, sie zu seiner Frau zu machen und in ihrem Enthusiasmus und ihrem Humor zu baden, nun auf einmal versuchte, sie zu verändern und aus ihr eine ganz andere Person zu machen.

Sie ging in die Ehe, weil sie Trost und Bestätigung brauchte, und musste feststellen, dass sie nur kritisiert wurde. Schon sehr schnell war Sylvia klar, dass Gary niemals etwas zufrieden stellen würde. Aber diese Erkenntnis hielt sie nicht davon ab, es immer wieder zu versuchen.

Oberflächlich betrachtet, führten sie eine erfolgreiche Ehe. Sie waren beide gesellig und genossen ein lebhaftes soziales Leben. Ihre persönlichen Enttäuschungen blieben ihre Privatsache. Manchmal fühlte Sylvia in Bezug auf ihre Situation so etwas wie Galgenhumor, wenn sie sich daran erinnerte, dass sie ja einmal eine Nonne werden wollte. Dann wurde sie am 9. Dezember 1959 um 21.30 Uhr schwanger. Für Sylvia war eine Art Wunder geschehen, wenn sie daran dachte, wie selten sie überhaupt mit Gary Geschlechtsverkehr hatte. Sie war sich sicher, dass sie den Moment ihrer Empfängnis kannte. »Ja, du bist schwanger«, bestätigte Francine. Sie erzählte Sylvia, dass sie einen Jungen zur Welt bringen würde, der eines Tages fast zwei Meter groß sein sollte.

Gary war wütend, als er die Neuigkeiten hörte, und weigerte sich eine Woche lang, mit Sylvia zu sprechen. Er ärgerte sich über die finanzielle Verantwortung und die Einmischung in sein Leben. Aber diesmal zählte Garys Meinung zum Glück nicht. Sylvia war außer sich vor Freude, denn sie hatte sich so sehr ein Kind gewünscht, ein liebevoll behütetes Wesen, das wenigstens für eine kurze Zeit ihr allein gehörte.

An einem Tag im frühen August des folgenden Jahres fragte Gary Sylvia, was sie ihm zum Geburtstag schenken wolle. Sie lachte und antwortete: »Einen Sohn.« Paul Jon Dufresne wurde fast einen Monat zu früh geboren. Er kam am 19. August 1960 um 14.32 Uhr zur Welt – genau am Geburtstag seines Vaters.

In der ersten Septemberwoche war Sylvia wieder zurück in der Schule und nahm ihren Unterricht auf. Ihre frohen Erwartungen erwiesen sich als nicht sehr beständig. Eine Wochenbettdepression hätte sie am wenigsten erwartet, aber wochenlang schleppte sie sich freud- und lustlos durch den Tag. Die Situation verschärfte sich noch dadurch, dass Paul als Baby viele Koliken hatte. Gary, dem die ganze Situation sowieso nicht passte, regte sich über das viele Geschrei des Babys auf. Sylvia verbrachte die halbe Nacht damit, im Flur mit dem kleinen Paul auf und ab zu gehen, damit er sich beruhigte. Schließlich war sie so erschöpft und niedergeschlagen, dass sie Gary bat, ein Jahr lang bei ihrem Kind bleiben zu dürfen und nicht arbeiten zu müssen. Aber er wollte das alles nicht hören. »Wir brauchen dein Gehalt«, betonte er immer wieder. »Du solltest nicht einmal daran denken, deine Stelle aufzugeben.« Gehorsam überreichte Sylvia also weiterhin jeden Monat einen Scheck über 276 Dollar. Sie hatte keine Ahnung, was ihr Mann verdiente.

»Warum muss ich all das durchmachen?«, fragte sie Francine.

»Wenn du jetzt nicht bestimmte Erfahrungen machst,

kannst du später nicht anderen Menschen helfen«, war die Antwort.

Sylvia musste laut lachen. Ihr eigenes Leben glitt ständig am Rand der Depression vorbei, wie sollte sie da anderen Menschen helfen können? Aber Francine versprach ihr: »Eines Tages wirst du eine berühmte Frau sein.« Dabei hätte es Sylvia schon völlig gereicht, wenigstens eine Nacht mal wieder voll durchzuschlafen.

So schlecht die Situation auch war, es konnte noch schlimmer werden – und wurde es auch. Als Paul fünf Monate alt war, steckte er sich mit Staphylokokken an, die gerade in der Stadt grassierten. Sylvia musste angsterfüllt zusehen, wie das Fieber des Babys auf über 40 Grad stieg und nicht wieder sank. Stündlich telefonierte sie mit dem Arzt, denn die Krankenhäuser waren alle überfüllt. Sylvia konnte nichts anderes tun, als Paul mit kalten Umschlägen und viel Wasser zu kühlen. Sie hielt ihn die ganze Nacht im Arm.

Am nächsten Morgen war Pauls Fieber sogar noch höher. Verzweifelt rief Sylvia den Arzt an und telefonierte immer und immer wieder mit ihm. »Ich verspreche, dass ich Ihnen sofort Bescheid gebe, wenn ein Platz frei wird«, versuchte er sie zu beruhigen. »In der Zwischenzeit machen Sie ihm am besten weiterhin kalte Umschläge.« Sie legte auf und trug Paul in das kleine Schlafzimmer ihrer Wohnung. Das Baby war bereits im Delirium und rollte sein Köpfchen hin und her, so als ob es Schmerzen abschütteln wollte.

Verzweifelt ließ sich Sylvia in einen Schaukelstuhl fallen. »Bitte, lieber Gott, lass ihn nicht sterben«, flehte sie laut und fügte hinzu: »Oma, hilf mir. Ich weiß, dass du Paul verloren hast, hilf mir bitte, dass ich meinen Paul nicht auch verliere.«

Kaum hatte Sylvia die Worte gesagt, fühlte sie einen kühlen Luftzug. Paul öffnete seine Augen und fing an zu gurren und zu blinzeln. Er schien auf etwas hinter ihrer rechten Schulter zu schauen. »Großmutter, du bist es!«, rief Sylvia aus. Während ihre Worte den Raum erfüllten, flog eine Trauerkarte, die schon jahrelang im Spiegel ihrer Anziehkommode steckte, in die Luft und landete genau vor ihren Füßen. Auf der Karte stand: »Ada C. Coil – gestorben am 13. Juli 1954.«

Sylvia schluchzte hemmungslos, als plötzlich das Telefon klingelte. Es war der Arzt. Für Paul war ein Bett frei geworden, und sie sollte ihn sofort ins Krankenhaus bringen. 15 Minuten später war Sylvia zur Stelle und wartete stundenlang, in der Hoffnung, niemanden zu stören. »Wenn das Baby stirbt, dann ist es dein Fehler«, hatte Gary sie gewarnt. In unverantwortlicher Weise gab er ihr die Schuld an Pauls Krankheit.

Aber Paul starb nicht. Nach 26 Stunden auf der Intensivstation fing er an, sich zu erholen. Nach einer Woche durfte er wieder nach Hause, und es dauerte nicht lange und eine große Veränderung stellte sich ein. Er schlief die Nacht über durch, und so bekam auch Sylvia die dringend benötigte Bettruhe. Langsam lüftete sich ihre schwere Depression.

Als Gary ohne große Umschweife darauf bestand, dass sie einen größeren finanziellen Beitrag zur Familie leisten müsse, wusste Sylvia, dass der Normalzustand wieder eingekehrt war. Sie gehorchte wie immer und arbeitete zu Weihnachten als Bonbon-Verkäuferin, und im nächsten Sommer verkaufte sie Wohnwagen. Ihr Bankkonto stieg schnell an, und als sie ein paar hundert Dollar gespart hatten, meinte Gary, dass ein eigenes Haus her müsse, um den wachsenden Wohlstand auch nach außen hin zu demonstrieren. In der Nähe wurde eine kleine Siedlung mit Fertighäusern errichtet. Das Paar sah sich die Modellhäuser an und wählte eines aus, das Gary gefiel. Der Kredit wurde beantragt, und Gary dirigierte Sylvia wichtigtuerisch durch die Unterlagen. Einen Monat später war ihr Haus fertig, und die Dufresnes besichtigten es zum ersten Mal im fertigen Zustand.

»Irgendetwas stimmt hier nicht«, sagte Sylvia, als sie das Haus betraten.

»Was meinst du?«, fragte Gary und klopfte gegen die Wand. »Mir scheint alles in Ordnung zu sein.«

»Nein, es ist nicht in Ordnung, überhaupt nicht. Irgendetwas stimmt hier nicht, wir gehören hier nicht hin«, sagte Sylvia fast außer sich.

»Wir gehören hier so lange hin, wie wir in jedem Monat 104 Dollar aufbringen können.«

»Ich meine es ernst«, wiederholte Sylvia. »Dies ist nicht unser Platz.«

»Komm mir jetzt nicht mit deinen Gespenstergeschichten. Wir haben dieses Haus gekauft, und wir werden hier auch einziehen.«

»Die Zeit ist noch nicht gekommen, in der man dir glaubt«, erklärte Francine.

Sie zogen also in das Haus, und vom ersten Tag an liefen die Dinge schief. Sylvia hatte für Paul ein Zimmer auf der oberen Etage ausgesucht. Es war das hellste und angenehmste im ganzen Haus und empfing die Morgensonne. Sylvia hatte großen Spaß daran, die Inneneinrichtung zusammenzustellen. Große Regale für die Teddybären und anderes Spielzeug sowie hellblaue Möbel, die zu den gelben und weißen Tapeten passten. Sie dachte, dass es ein sehr schönes Zimmer für ein Baby sei, und stellte sich vor, wie Paul vergnügt in seiner neuen Umgebung aufwachen würde.

Unglücklicherweise hatte Paul niemals die Gelegenheit dazu, denn er weigerte sich schon, überhaupt darin zu schlafen. Kaum hatte ihn Sylvia in das frisch gestrichene Bettchen gelegt, begann er auch schon zu schreien und flehte, wieder auf den Arm genommen zu werden. Gary arbeitete in der Nacht und ließ Sylvia allein mit Paul und Thor, ihrem deutschen Schäferhund. Das Baby schlief also vom ersten Tag an mit seiner Mutter im gleichen Zimmer, und wenn es nach Thor gegangen wäre, so hätte er es auch getan. So aber lag der Hund nur vor Sylvias Schlafzimmertür.

Sylvia fehlte die Energie, um ihren dunklen Vorahnungen in Bezug auf das Haus weiter nachzugehen. Es schien, als fühlte sie sich jeden Tag ein wenig unwohler. Eines Nachmittags, als ihr Unterricht vorüber war und sie Paul vom Babysitter abgeholt hatte, war sie total erschöpft. Müde setzte sie ihr Kind in den Laufstall und ging in die Küche, um das Abendessen zu bereiten. Ohne Vorwarnung wurde ihr plötzlich ganz schwindelig. Es war das Letzte, an das sie sich erinnerte.

Wie lange sie bewusstlos gewesen war, konnte sie nicht sagen. Ein verärgerter Gary hob sie vom Fußboden auf, als er während seiner Pause zum Abendessen kam. Am nächsten Tag war Sylvia zu krank, um arbeiten gehen zu können. »Ich brauche nur ein wenig Ruhe«, meinte sie zu Gary. »Morgen bin ich wieder fit.« Aber als der Morgen da war, fühlte sie sich noch schwächer. Zehn Tage lang lag sie auf dem Sofa und war so krank, dass jede Kopfbewegung eine große Übelkeit hervorrief.

Als sie schließlich erkannte, dass Ruhe allein sie nicht wieder gesund machte, bat Sylvia eine Nachbarin, sie zum Arzt zu fahren. Der Doktor war ein alter Freund und stand extra auf, um sie herzlich zu begrüßen, als sie in sein Behandlungszimmer trat.

Sie ließ sich ihm gegenüber in einen Stuhl fallen und zwang sich, zurückzulächeln. Es tat ihr gut, ein Gesicht zu sehen, das sie seit ihrer Kindheit kannte.

Aber der Doktor war alles andere als erfreut, als er ihren Gesundheitszustand sah.

»Was ist los mit dir?«, fragte er.

Sie versuchte, ihm auf humorvolle Art zu antworten. »Ich weiß nicht, Jim. Es scheint, als entwickelte ich ein eigenes Farbsystem für mich.«

»Wie meinst du das?«

»Nun«, begann Sylvia zögerlich, »mein Urin ist schwarz und mein Stuhl ist weiß. Oh, ja, und meine Augen. Hast du gesehen, dass sie ganz gelb werden?«

Während sie weitersprach, griff Jim zum Telefonhörer und wählte eine Nummer.

»Ich habe einen Notfall«, informierte er jemanden am

anderen Ende. Sie wechselten noch ein paar Worte, deren Sinn sie nicht verstand, und dann hängte er auf.

»Und was wird aus mir?«, fragte sie. Sie fühlte sich verletzt, dass er einem anderen Patienten seine Aufmerksamkeit schenkte.

»Ich fürchte, du bist der Notfall.«

Es dauerte keine Stunde, und Sylvia lag im Krankenhaus. Am Ende des Tages war sie von fünf verschiedenen Ärzten untersucht worden. Ihre Diagnose war eine akute Hepatitis. Zuerst war sie zu euphorisch, um sich Sorgen zu machen, denn man hatte ihr eine Spritze gegen die Übelkeit gegeben. Zum ersten Mal seit – wie es schien – Wochen war ihr Magen ruhig. Aber in den nächsten Tagen wurde die Hitze in ihrem Körper unerträglich, und große Bereiche ihrer Haut waren rau vom vielen Kratzen. »Salze aus der Galle kommen an die Oberfläche«, erklärte ihr eine Krankenschwester. Sylvia hatte noch nie etwas von Salzen aus der Galle gehört. Sie wusste nur, dass sie große Schmerzen hatte.

Als sie mitbekam, dass sie operiert werden sollte, fragte sie Francine: »Werde ich sterben?«

»Jetzt noch nicht, zu viele Dinge sind für dich geplant«, war ihre Antwort.

Im Angesicht von noch mehr Arbeit, mehr Unglücklichsein und mehr Schmerzen hätte Sylvia am liebsten losgeheult. Der Tod schien eine gnädige Alternative zu sein.

Der Eingriff dauert fast fünf Stunden. Ein Teil von Sylvias Leber, ihrem Verdauungstrakt und ihrer Gallenblase wurde entfernt. Sie wachte plötzlich mit großen Schmerzen auf. Keine Medikamente schienen anzuschlagen. Sie begann zu beten, und ihre Augen konzentrierten sich auf das Licht über ihrem Bett. Als sie dort eine Wesenheit wahrnahm, drehte Sylvia vorsichtig den Kopf. Sie fragte sich, was sie als Nächstes mit ihr anstellen würden.

Aber neben ihr war kein Arzt, sondern Oma Ada. »Bist du es wirklich?«, flüsterte Sylvia mit heiserer Stimme von all den Schläuchen, die während der Operation in sie eingeführt worden waren.

»Natürlich bin ich es, Liebling. Denkst du, ich lasse dich das hier allein durchstehen?«

»Oma, ich halte die Schmerzen nicht mehr aus.«

»Es wird alles gut werden, denn sie haben jetzt die richtigen Medikamente für dich gefunden.«

»Ich habe so viele Fehler gemacht, nichts ist so geworden, wie ich es mir vorgestellt habe. Ich habe dir so viel zu erzählen.«

»Eines Tages wirst du mir alles erzählen können«, tröstete sie Ada. Genau in diesem Augenblick kam eine Krankenschwester ins Zimmer und ging auf Sylvias Bett zu.

»Meine Großmutter ist hier«, informierte sie Sylvia.

»Besuche sind nicht gestattet«, sagte die Krankenschwester und neigte sich nach vorn, um Sylvias Puls zu fühlen.

»Sie verstehen mich nicht, meine Großmutter ist tot.«

»Natürlich ist sie das«, stimmte die Krankenschwester zu und gab Sylvias Arm einen freundlichen Klaps.

»Sie glaubt mir nicht, Oma.«

»Natürlich glaube ich Ihnen«, beschwichtigte sie die Krankenschwester.

»Schließ einfach deine Augen«, beruhigte Ada ihre Enkelin. »Alles wird gut werden.«

Als Sylvia aufwachte, war sie immer noch in ihrem Krankenhauszimmer. Bill weinte, Celeste fummelte an ihren Händen und Gary starrte aus dem Fenster. Sylvia drehte sich zu Sharon, die neben ihr auf dem Bett saß. »Ich habe gerade Oma gesehen.« Die vier schauten weg, schauten sich gegenseitig an, schauten überall hin, nur nicht auf Sylvia. »Wirklich, ich habe sie gesehen. Ich habe sogar mit ihr gesprochen«, insistierte Sylvia, frustriert, dass ihr niemand glaubte. Tatsächlich hatten sie den Vorfall als ein Zeichen gedeutet, dass Sylvia im Sterben lag. Sie hatten geglaubt, Ada sei gekommen, um Sylvia abzuholen.

Sieben Tage vergingen, und Sylvia hing immer noch an den Maschinen. Noch nicht einmal ihr Magen funktionierte ohne Schlauch, während ein anderer Apparat die Galle aus ihrem Körper absaugte. Gary weigerte sich, ins Krankenhaus zu kommen, ihm war der Geruch zu unangenehm. Dafür kam Bill jeden Tag. Er kam meistens genau dann, wenn Sylvia am Brechen war. Er machte daraus einen Spaß und meinte, sie würde immer extra alles für ihn aufheben, aber in Wahrheit hatte er große Angst. Sein kleines Mädchen wurde jeden Tag schwächer.

Wenn sie allein in ihrem Krankenzimmer lag, dachte Sylvia über ihre Situation nach. Wie wundervoll es wäre, einfach dorthin hinüberzugleiten, wo ihre Großmutter war. Der Tod hatte ihr nie Angst gemacht, und nun schien die Aussicht zu sterben die reine Glückseligkeit zu sein – bis ihr Paul einfiel. Wenn sie tot war, würde er bei Gary sein, der ihn niemals gewollt hatte. Sie dachte auch an Francine und wie diese immer darauf bestand, dass Sylvia eine Arbeit zu erledigen habe. Was auch immer es sein mochte, Sylvia wurde klar, dass sie weitermachen musste, und das hieß, so schnell wie möglich gesund zu werden.

Vorsichtig nahm Sylvia einen Löffel Pudding. Als sie ihn heruntergeschluckt hatte, realisierte sie, wie nutzlos das Ganze war. Wie konnte sie sich stärken, wenn alles durch einen Magenschlauch wieder nach draußen befördert wurde? Als der Arzt später auf einem seiner Rundgänge auch an ihrem Bett vorbeikam, forderte sie ihn auf, sofort alle Schläuche zu beseitigen.

»Sylvia, Sie müssen noch etwas Geduld haben«, sagte er und versuchte sie zu beruhigen.

»Wenn ich noch einen Tag länger Geduld habe, werde ich tot sein. Ich werde niemals gesund werden, wenn alles, was hereinkommt, gleich wieder hinausgeht«, argumentierte sie. Dann drohte sie: »Wenn Sie diese Schläuche nicht herausziehen, werde ich es selbst tun.« Die Schläuche wurden also entfernt, bis auf den, der die Gallenflüssigkeit abtransportierte. Fast schlagartig fühlte Sylvia, wie es ihr besser ging.

Während ihr Gesundheitszustand immer besser wurde, hörte Sylvia eines Nachmittags die Krankenschwestern über eine Frau sprechen, die keine Besucher hatte. Sylvia entschloss sich, ihr einen Besuch abzustatten. Sie fuhr mit dem Rollstuhl den langen Flur hinab und trug ihren Gallenschlauch und eine Flasche mit sich.

Als sie auf der Türschwelle innehielt, um tief durchzuatmen, fiel ihr Blick auf strahlendes rotes Haar, das sich über ein Kopfkissen ergoss. »Hallo, ich bin Sylvia«, stellte sie sich vor und kam mit dem Rollstuhl näher.

Die Frau drehte sich kraftlos um. Sie hatte ein ziemlich schönes Gesicht, das fast so blass war wie das Bettlaken. »Ich bin Maureen«, antwortete sie und lächelte einladend.

Schnell stellte sich heraus, dass Maureen nur ein Jahr älter war als Sylvia. Maureen war verheiratet, aber ihr Mann hatte sie verlassen. Sie hatte vier Kinder und eine Mutter, die sich darüber ärgerte, dass sie sich um sie kümmern musste, während ihre Tochter im Krankenhaus lag.

»Die Krankenschwester hat mir erzählt, dass du hier wegen einer Lungenoperation bist«, sagte Sylvia.

»Ja, ein Lungenflügel wurde bereits entfernt. An der anderen werde ich heute noch mal operiert.«

Sylvia wusste fast augenblicklich, wie die Operation ausgehen würde; es war deutlich, dass sie Maureen zu einem bestimmten Zweck aufgesucht hatte. Sie rollte ihren Stuhl an Maureens Bett und nahm ihre Hand. Sie sprachen stundenlang miteinander, und Sylvia gab die Weisheit weiter, die sie im Laufe der Jahre von Francine empfangen hatte.

»Es macht mir Angst, ans Sterben zu denken«, vertraute Maureen Sylvia an. »Hast *du* jemals Angst?«

»Nein, überhaupt nicht. Ich kenne keine Angst, weil ich weiß, was mich auf der anderen Seite erwartet«, erklärte Sylvia. Sie hielt inne und sagte: »Auf das Sterben sollte man sich freuen, anstatt Angst davor zu haben.«

»Du meinst, es gibt wirklich einen Himmel?«

»Himmel, Paradies, Nirvana – wie auch immer du es nennen willst. All diese Worte beschreiben denselben Ort, unsere ewige Heimat, in der wir Gott und einander erfahren, ohne in Raum und Zeit begrenzt zu sein. Schönheit und Weisheit warten dort auf uns. Alle Schmerzen und traumatischen Ereignisse des Lebens verblassen zu einer verschwommenen Erinnerung. Wir leben, um unsere Seele zu vervollkommnen.« Sylvia spürte ihre Liebe zu Francine stärker als je zuvor.

»Ich glaube nicht, dass meine Seele sehr entwickelt ist«, gab Maureen zu.

»Nun, meine ist es auch nicht, aber wir geben beide unser Bestes, nicht wahr?«

Maureen nickte. »Ich habe es zumindest immer versucht.«

»Und nur darum geht es, sein Bestes zu geben und die Lektionen zu lernen. Im Jenseits müssen wir ebenfalls bestimmte Lektionen lernen, aber dort sind mit diesen Lektionen keine Schmerzen verbunden. Du kannst mir glauben, sterben ist wie nach Hause kommen – in ein Zuhause, das besser und wundervoller ist als jedes Zuhause in dieser Welt jemals sein könnte.«

»Oh, es tut so gut, das zu hören«, seufzte Maureen und lehnte sich zurück. Ein großer innerer Frieden schien sich in ihr auszubreiten.

»Ja, es ist tatsächlich sehr schön dort, wirklich himmlisch – so himmlisch, dass wir, wenn wir eine klare Vision davon hätten, sofort dorthin gehen wollten anstatt noch länger zu warten. Wir hätten keine Angst mehr, diese Welt zu verlassen, sondern wären vielmehr traurig, dass wir noch hier bleiben müssen, obwohl wir wissen, dass im Jenseits alles besser ist.«

Sylvia blieb bei Maureen während der ganzen Operationsvorbereitungen. Sie hielt ihre Hand so lange, bis die Arzthelferinnen kamen, um sie in den Operationssaal zu fahren. Als ihr Bett aus dem Zimmer geschoben wurde, drückte Maureen noch ein letztes Mal Sylvias Hand. »Ich werde dich niemals vergessen«, versprach sie ihr. »Wenn du nach Hause ins Jenseits kommst, werde ich da sein und dich begrüßen.«

Sylvia wurde schließlich nach Hause entlassen, aber trotz Garys Ungeduld war sie für einen weiteren Monat krankgeschrieben. In der Nacht war sie mit Paul allein im Haus. Ihr kleiner Sohn weigerte sich immer noch, in seinem Zimmer zu schlafen. Selbst Thor war nicht dazu zu bewegen, nach oben zu laufen. Er stellte seine Nackenhaare auf, wenn jemand versuchte, ihn dazu zu zwingen.

Es war inzwischen einsam in dem Haus geworden. Gary kam nur noch zum Essen und Schlafen nach Hause. Eines Abends kam Sharon, um über Nacht zu bleiben. Die beiden jungen Frauen hatten gerade zu Abend gegessen, als Sylvia in das Schlafzimmer ging, das sie mit Gary teilte, um die Fernsehzeitschrift zu holen. An der Wand über der Frisierkommode waren auf einmal drei geheimnisvolle Zeichen: ein blau leuchtender Stern, ein Halbmond und etwas, das wie ein Sonnenrad aussah. Obwohl sie mit metaphysischen Phänomenen vertraut war, fühlte sie sich von den Erscheinungen bedroht. Ihr panischer Aufschrei ließ Sharon herbeistürzen.

Die zwei Frauen nahmen ihren ganzen Mut zusammen und näherten sich den Zeichen. »Vielleicht ist es eine

Reflektion von etwas«, meinte Sharon. Sie schien nicht so erschüttert wie Sylvia zu sein.

»Aber von was?«, entgegnete Sylvia und schaute sich im Zimmer um. Da Gary am Tag schlafen musste, hatten sie schwarze Vorhänge angebracht, die kein Licht in den Raum ließen. Ratlos wie sie waren, hingen Sylvia und Sharon noch zusätzlich Decken über die Vorhänge und stopften die Türritzen zu, aber die Markierungen blieben. Bei Tageslicht verschwanden sie, aber später in der Nacht waren sie wieder deutlich sichtbar.

»Warum fragst du nicht Francine, was es mit dem Ganzen auf sich hat?«, schlug Sharon schließlich vor.

Sylvia lachte nervös. Warum hatte *sie* nicht daran gedacht?

»Euer Haus steht auf einem indianischen Beerdigungsplatz«, erzählte Francine. »Sie ärgern sich darüber, dass ihr in ihren Bereich eingedrungen seid. Ihr werdet in diesem Haus nicht glücklich sein.«

Sylvia bezweifelte, dass sie überhaupt irgendwo glücklich sein würde, aber dennoch berichtete sie Gary, was ihre Geistführerin ihr erzählt hatte.

»Das ist verrückt«, meinte er. »Die Zeichen – wenn sie überhaupt existieren – sind Lichterscheinungen, die von irgendwoher kommen, und das mit dem Beerdigungsplatz klingt sehr einfältig. Ich glaube nicht daran.«

Sylvia wusste, dass das Sonnenrad ein indianisches Symbol war. Am nächsten Tag fand sie in der Bücherei eine alte Landkarte und ein Verzeichnis der Konzessionen. So weit sie es aus den Unterlagen entnehmen konnte, stand ihr Haus tatsächlich mitten auf einem Beerdigungsplatz.

»Na und?«, war Garys Antwort, als sie ihm erzählte, was sie herausgefunden hatte. »Überall sind doch Menschen begraben.«

»Kann schon sein«, räumte Sylvia ein, »aber das Entscheidende ist, dass wir kein Recht haben, hier zu sein.« Gary wandte sich wieder dem Fernsehapparat zu, er wollte sich offensichtlich nicht weiter mit diesem Thema befassen.

Nun folgten in rascher Folge Ereignisse, die schließlich zu ihrem Auszug führten. Ein paar Tage später traf ein Tornado ihr Haus – und zwar nur ihr Haus. Es war das einzige, das etwas abbekam. Zum Glück war der Schaden gering.

»Hast du nicht auch das Gefühl, dass man versucht, uns etwas mitzuteilen …?«, fing Sylvia an, konnte ihren Gedanken aber nicht zu Ende führen. Gary hatte ihr demonstrativ den Rücken zugekehrt und sich wieder in seine Zeitung vertieft.

Dann, wieder nur ein paar Tage später, wurde Gary vom Dienst suspendiert. Es dauerte nicht lange und er fand wieder Arbeit als Sachbearbeiter bei einer Versicherung, aber der Job interessierte ihn nicht wirklich. Einen Monat später, am gleichen Tag, an dem er wieder entlassen wurde, fing das Haus ohne ersichtlichen Grund an zu brennen. Es kam zu einigem Schaden, aber – wie schon bei dem Tornado – niemand wurde verletzt. Am nächsten Tag wurde Thor ohne Vorwarnung buchstäblich durch die Fliegentür geworfen. An jenem Abend führte Gary ein Ferngespräch mit einem alten Freund in Kalifornien.

Don war zur gleichen Zeit aus dem Polizeidienst ausgeschieden wie Gary und arbeitete gegenwärtig für das Sunnyvale Police Department. »Komm her«, schlug er vor, »ich bin mir sicher, dass ich dich hier unterbringen kann.« Zum Schluss sagte er: »Hol Sylvia mal an den Apparat, Barbara möchte gern mit ihr sprechen.«

»Es ist wunderbar in Kalifornien, man braucht hier nie mehr Schnee zu schippen«, erzählte Barbara begeistert.

»Was hältst du davon?« Sylvia war überrascht, dass ihr Gary diese Frage stellte, nachdem sie aufgelegt hatte.

»Ich würde überall hingehen, nur um aus diesem Haus herauszukommen.«

»Okay!«, rief er aus.

Sechs Wochen später hatten sie das Haus und einen Großteil der Möbel verkauft. Sie gaben den Hund als Fracht auf und fuhren in Richtung Westen. Nur einmal drehte Sylvia sich um und warf einen Blick zurück auf die Familie und die Freundinnen, die sie hinter sich ließ. Ganz in der Ferne sah sie dabei den wirbelnden Kegel eines Tornados. Dieser Anblick reichte ihr. Es gab kein Zurück mehr.

6

Nirvana

»Deine Ehe – sie wird nicht mehr lange halten. Eine andere Frau wird in dein Leben treten. Sie ist ein wenig älter als du, und ihr versteht euch viel besser.«

Es war Francine, die diese Worte sprach. Sylvia nahm den attraktiven, dunkelhaarigen Mann, der ihr gegenüber saß, nicht wahr, sie war in Trance.

Später, als sie wieder bei Bewusstsein war, sah das Medium, wie nachdenklich der Mann geworden war. »Waren es schlechte Neuigkeiten?«, fragte sie vorsichtig.

»Wissen Sie es nicht? Erinnern Sie sich an gar nichts?« fragte er Sylvia und schaute sie neugierig an.

»Ich erinnere mich nie an etwas. Sobald ich Francine bitte, meinen Körper zu übernehmen, bin ich nicht mehr da. Es sind zwar meine Lippen, die sich bewegen, aber ich habe keine Ahnung, was sie sagen. Die, die jetzt zu Ihnen spricht, ist irgendwo da draußen im Raum. Wenn Francine meinen Körper wieder verlässt, kehre ich ›nach Hause‹ zurück.«

»Haben Sie keine Angst davor, einmal nicht wieder zurückzukehren?«

»Nein, diese Angst habe ich wirklich nicht. Francine ist meine beste Freundin. Sie würde nie etwas tun, was mir Angst machen oder schaden würde. Und davon abgesehen, wäre sie bestimmt nicht begeistert davon, in *dieser* Welt gefangen zu sein.«

»Ich verstehe nicht, wie Sie das machen.«

»Ich verstehe es selbst nicht wirklich. Es geschah einfach eines Tages, und im Laufe der Jahre habe ich Abkürzungen entdeckt. Aber ich bin mehr an Ihnen interessiert. Sie sind traurig über etwas, das Francine Ihnen erzählt hat, nicht wahr?«

»Ja«, gab er zu. »Es betrifft meine Ehe. Sie sagten – ich meine Francine –, Francine sagte, dass meine Ehe bald zu Ende sein würde.«

»Francine liest Lebenspläne, aber natürlich gibt es so etwas wie den freien Willen. Es ist möglich, dass sie nur einen Aspekt Ihrer Ehe sieht, einen Problembereich, an dem Sie arbeiten können.«

»Ich bin mir nicht sicher, ob ich das will.«

Sylvia lächelte mitfühlend. »Steht es schon so schlimm um Sie beide?«

Er nickte und saß einen Augenblick lang schweigend da. Sylvia fühlte seine Niedergeschlagenheit und konnte sie nachempfinden. Zahlreiche Allgemeinplätze kamen ihr in den Sinn, aber keiner schien angemessen zu sein. Das Baby in ihrem Bauch fing an zu treten. In weniger als sechs Wochen sollte es die Welt seine Ankunft fühlen lassen. Etwas schwerfällig stand Sylvia auf.

Ihr Klient erhob sich ebenfalls. Dal Brown, damals 22 Jahre alt, war der jüngste Einsatzleiter in der Geschichte der Feuerwehr der Stanford-Universität. Für Sylvia war er der attraktivste Mann, dem sie jemals begegnet war. Schade, dass er so unglücklich war. War dies der natürliche Lebensumstand?

»Francine gibt keine Informationen, die Sie nicht hören sollen«, erinnerte ihn Sylvia. »Es ist Ihre Entscheidung, was Sie mit dieser Information anfangen.«

»Aber Sie können auch hellsehen, nicht wahr? Es ist nicht allein Francine?«, fuhr er fort.

»Das stimmt.«

»Nun, können *Sie* mir dann nicht etwas sagen? Francine sprach von einer anderen Frau.«

Sylvia spürte in sich nach, aber überraschenderweise war ihr geistiger Bildschirm leer. Auf einmal erschien neben Dal sehr langsam eine Frau. »Ja, da ist jemand. Sie ist groß, rothaarig ... das ist ja lustig!«

»Was ist lustig?«, wollte ihr Gegenüber wissen.

»Ich meine lustig im Sinn von komisch. Ich kann nämlich ihr Gesicht nicht sehen, obwohl ich immer Gesichter sehe. Warum kann ich bloß das Gesicht dieser Frau nicht sehen?«

»Francine meinte, wir würden gut zusammenpassen«, fuhr er fort.

»Ja, das stimmt, das kann ich bestätigen. Sie wird sehr gut für Sie sein, und ihre Jungen werden Sie auch mögen.«

»Ihre Jungen?«

»Ja, ich sehe, dass sie zwei Söhne hat.« Sylvia machte eine Pause und suchte nach weiteren Anhaltspunkten. »Ich kann ihr Gesicht einfach nicht sehen ... aber es gibt da ein Business, irgendein Business, das ihr zusammen machen werdet. Es wird euch beide sehr glücklich machen.«

»Sehen Sie sonst noch etwas?«

Leicht verwirrt schüttelte Sylvia den Kopf. »Es tut mir Leid, das ist alles, was ich sagen kann.«

Die Tür ging auf und Gary schaute herein. »Wie sieht es aus mit euch beiden? Es wird schon spät.«

»Wir sind fertig«, antwortete Sylvia und griff nach ihrem Mantel. Vor dem Wohnzimmer warteten die anderen Feuerwehrmänner, um sich zu verabschieden. Sie hatte an diesem Abend für jeden seine Zukunft gelesen. Auf dem Weg nach Hause fragte Gary: »Na, wie ist es gelaufen?«

»Das solltest du eigentlich selbst wissen«, antwortete sie müde. »Ich kann deine Frage nicht beantworten. Es war eine Trance und kein Reading. Du hast doch viel mehr mitbekommen als ich, denn du hast doch schließlich jeden herauskommen sehen.«

»Sie waren alle sichtlich beeindruckt, jeder Einzelne von ihnen. Du warst das Beste am ganzen Abend. Die Jungens stehen echt auf all die Gespenstergeschichten.«

Sie lächelte ironisch, als sie den überraschten Tonfall in seiner Stimme hörte. Es war immer das Gleiche. Sylvia unterdrückte ein Seufzen. Mangelnde Anerkennung in den eigenen Reihen war jedoch das Geringste ihrer Probleme. Gary gefiel es, dass auch er durch ihre Fähigkeiten indirekt bewundert wurde. Dies war eins der wenigen positiven Zeichen ihrer Beziehung.

Wie schon sooft, ließ sie erneut die zwei Jahre seit ihrer Ankunft in Kalifornien vor ihrem geistigen Auge Revue passieren. Durch den Umzug hatte sich nichts verändert, denn Garys Pechsträhne hielt an. Don Crowther konnte ihm keinen Arbeitsplatz bei der Polizei in Sunnyvale verschaffen. Eine Zeit lang verdiente Sylvia das Geld für die Familie, indem sie an der Grundschule St. Albert in Palo Alto Unterricht gab.

Eines Morgens, sechs Wochen nach ihrer Ankunft in Kalifornien, öffnete Sylvia die Haustür und schaute direkt in die strahlenden Gesichter von Bill, Celeste und Sharon. Bill hatte seinen Posten als Vizepräsident seiner Firma niedergelegt, und die Shoemakers hatten ihr Haus verkauft und waren nach Kalifornien gezogen. Sie hatten sich vorher nicht angekündigt, weil sie ihre Tochter überraschen wollten. Sylvia betrachtete das Ganze mit gemischten Gefühlen. Obgleich sie sich oft schuldig gefühlt und sich Sorgen gemacht hatte, weil sie ihre Familie in Kansas City zurückgelassen hatte, so war sie auch erleichtert gewesen, nicht mehr so in ihre Probleme verwickelt zu sein. Nun war die Ruhepause, die die räumliche Trennung gebracht hatte, vorbei. Für länger als ein Jahr lebten die beiden Familien zusammen, und Sylvia musste sehen, wie sie die Anforderungen von Mann, Kind, Eltern und Schülern unter einen Hut brachte – denn sie war wie immer bemüht, es allen recht zu machen. Die Shoemakers zogen aus dem Haus von Gary und Sylvia erst aus, als die beiden Familien ein Doppelhaus gekauft hatten, um Seite an Seite zu leben.

Für Sylvia gab es jedoch eine Atempause. Einmal in der Woche floh sie in eine andere Welt. Sie hatte sich in den Meisterkurs über englische Literatur an der Universität von San Francisco eingeschrieben. So anstrengend die Zeit auf dem College für das junge Mädchen gewesen war, so sehr genoss die erwachsene Frau nun das Studium für Fortgeschrittene. Schon bald fiel Bob Williams, ihrem Lehrer im kreativen Schreiben, Sylvias Originalität und Begeisterungsfähigkeit auf. Es dauerte nicht lange und beide hatten in der Kaffeebar auf dem Campus hitzige Debatten. »*Ulysses* ist bisher meine liebste Studienarbeit«, verkündete sie eines Abends, sehr zu seiner Überraschung.

»Die meisten Studenten können mit diesem Roman nicht viel anfangen.«

»Oh, nein, mir geht es damit ganz anders!«, rief sie. »Ich weiß genau, worüber James Joyce redet. Der Teil mit dem Turm im Tarot – es ist, als würde er direkt zu mir sprechen.«

»Wirklich?« Williams schaute sie fasziniert an. »Heißt das, Sie verstehen die Tarot-Karten?«

»Ja, natürlich. Jede Karte repräsentiert einen Aspekt unserer Reise auf der Erde. Die Karten sind ein Kompendium des Wissens, sie symbolisieren alle Bereiche der menschlichen Erfahrung.«

»Und der Turm?«

»Nun, herkömmlich steht er für einen plötzlich auftretenden Konflikt oder eine Katastrophe, aber indem er die existierende Ordnung der Dinge – die alten Vorstellungen – durcheinander bringt, steht er auch für Erleuchtung.«

»Sie klingen wie jemand, der die Zukunft vorhersagen kann. Lesen Sie die Karten?«

»Ich liebe das Tarot. Seine Symbole besitzen so viel

Schönheit und es ist so viel Wahrheit darin, aber ich brauche keine Karten, um zu wissen, was geschehen wird.«

Williams verschüttete beinahe seinen Kaffee. »Sie meinen, Sie können richtig hellsehen?«

»Ich würde mich selbst *nicht* als Hellseherin bezeichnen. Zu Hause in Kansas City war ich bekannt wie ein bunter Hund, und keiner störte sich daran, dass ich anders war. Die Menschen gingen einfach davon aus, dass Sylvia bestimmte Dinge wusste. Ich fürchte, hier würde man anders auf mich reagieren. Als wir nach Kalifornien zogen und ich ein neues Leben begann, entschloss ich mich, nicht gleich allen davon zu erzählen.« Sylvia hatte ein ungutes Gefühl, als sie den Gesichtsausdruck des Professors genau studierte. »Ich hoffe, dass *Sie* es nun ebenfalls nicht gleich tun.«

Der Professor versprach, Stillschweigen darüber zu wahren, aber er war neugierig und wollte noch mehr Einzelheiten wissen. Und so erzählte Sylvia ihm schließlich von Francine. »Können Sie zum nächsten Unterricht eine Stunde früher kommen und mir die Zukunft prophezeien?«, bedrängte er sie.

Widerwillig stimmte Sylvia zu. Ein paar Tage später war sie zur verabredeten Zeit zur Stelle. Nicht nur Bob Williams wartete bereits ungeduldig, sondern auch noch zwei seiner Freunde.

In der folgenden Woche ging es im Kurs für kreatives Schreiben weiter um *Ulysses*, und Bob Williams verkündete, dass Mrs. Dufresne über die Symbole des Tarots sprechen und demonstrieren werde, wie eine Weissagung oder Prophezeiung geschieht. Sylvia war wütend, dass er seine Ankündigung nicht mit ihr abgesprochen hatte, aber da 50 Augenpaare auf sie gerichtet waren, ließ sie sich nichts anmerken. Da sie es immer allen Menschen recht machen wollte, konnte sie auch diesmal nicht nein sagen.

Später stellte sich heraus, dass die 50 Kursteilnehmer mindestens weiteren 50 Freunden und Bekannten von ihr erzählt hatten. Es dauerte nicht lange und Sylvia sprach in anderen Kursen und Seminaren, vor Frauenvereinigungen, ja selbst vor den Mitarbeitern großer Unternehmen. Die Nachfrage nach individuellen Readings nahm gewaltig zu, aber irgendwie schaffte Sylvia es wieder, alle zufrieden zu stellen. Nichts Außergewöhnliches oder gar Schreckliches geschah. Freunde und Bekannte akzeptierten sie auch hier im fernen Kalifornien, und viele Menschen profitierten von den Informationen, die sie ihnen geben konnte. An einem bestimmten Punkt kam Sylvia zu dem Schluss, dass Bob Williams anscheinend dazu auserkoren war, ihr Versteckspiel zu beenden und ihre übersinnlichen Fähigkeiten an die Öffentlichkeit zu bringen.

Aber Bobs Rolle ging weit über die eines Lehrers hinaus. Er und Sylvia hatten eine tiefe Beziehung zueinander, und in den nächsten Jahren verbrachte Sylvia ihre ganze freie Zeit mit ihm. Sie passten perfekt zueinander, teilten die gleichen Interessen und verstanden sich blind. Aber das Ganze hatte einen kleinen Makel. Es war wie eine Laune des Schicksals, die ihre vollkommene Verschmelzung verhinderte. Sylvia hatte sie bewusst übersehen, aber schließlich führte sie zu Bobs Tod.

Während der Zeit, die sie miteinander verbrachten, führte Bob Sylvia in die hochinteressante Welt von Haight-Ashbury in San Francisco ein. Es war noch bevor Drogen die Szene ruinierten, als San Francisco noch das Mekka der »Blumenkinder« und ihrer sozialen Reformen war. Unter den Menschen, die sich von San Francisco angezogen fühlten, waren viele spirituelle Sucher, Mystiker und Gurus, von denen Bob die meisten persönlich kannte. Er nahm Sylvia mit zu einem der Orte, wo sich diese Menschen trafen, um ihr zu zeigen, was dort geschah, und sie daran zu erinnern, dass sie noch ein viel größeres Talent hatte. Unter Bobs Obhut fing Sylvia an, sich darüber Gedanken zu machen, wie sie ihre besondere Gabe mehr an die Öffentlichkeit bringen konnte. Mit unbeirrbarem, liebevollem Nachdruck trug er dazu bei, dass sie sich damit einverstanden erklärte, eine Begegnungsstätte ins Leben zu rufen, an der sich hellseherische Begabungen frei entfalten konnten. Es sollte ein Ort werden, wo Hellsichtigkeit – professionell eingesetzt – zu einer ehrbaren Erwerbstätigkeit werden konnte. Dies würde dann ihr gemeinsames Baby sein. Aber die Welt drehte sich weiter, und Bob wurde an einen weit entfernten Ort gerufen.

Bobs Lehrtätigkeit hatte einen festgelegten Rahmen, der ihm keine Möglichkeit bot, sich wirklich weiterzuentwickeln. Bob wollte mehr, zum Beispiel der Leiter eines Fachbereichs sein. Und wie es so geschieht, suchte eine Universität in Australien genau jemanden wie ihn, um den Fachbereich für englische Literatur zu leiten. Bob bewarb sich auf die Stelle und wurde genommen.

Die freudigen Neuigkeiten erschreckten Sylvia. »Bob, geh nicht. Es ist nicht richtig für dich, von hier wegzugehen, denn wenn du es tust, wirst du in einer Holzkiste zurückkommen.« Bob entgegnete: »Dies ist meine große Chance. Ich werde nur ein Jahr lang weg sein, und der Verdienst ist fantastisch. Wenn ich zurück bin, gründen wir eine Stiftung für Hellsichtige. Ich könnte ihr Sponsor sein, genauso, wie wir es besprochen haben.«

»Warum, Bob«, sagte Sylvia, »warum ignorierst du meine Warnung? Du weißt, dass die meisten meiner Prophezeiungen eintreffen. Funktioniert dein Verstand heute etwa nicht?«

»Du hast Recht, aber ich weiß auch, dass die gute Sylvia nicht für sich selbst weissagen kann.«

Zwei Wochen später flog Bob nach Australien. Nach zehn Monaten kehrte er zurück, als eines der ersten Todesopfer von Aids.

In den nachfolgenden Monaten versuchte Sylvia, ihr Leben neu zu regeln. Auch in ihrem unmittelbaren Umfeld gab es einige Veränderungen. Die Dufresnes und die Shoemakers hatten ihr Doppelhaus gekauft, und Gary fand endlich eine Arbeit bei der Feuerwehr der Stanford-Universität. Sylvia unterrichtete an der Highschool in San Jose und freute sich auf die Geburt ihres zweiten Kindes. Sie hoffte, dass die Ankunft des kleinen Babys zu einer Versöhnung mit Gary führen würde.

Christopher Michael Dufresne wurde am 19. Februar 1966 geboren. Er war von Anfang an ein gesundes Kind, und Sylvia blieb die niederschmetternde Depression erspart, die sie nach der Geburt ihres ersten Kindes durchgemacht hatte. Es fiel ihr relativ leicht, alles unter einen Hut zu bringen – die Pflichten als Mutter, die Tätigkeit als Lehrerin, die Teilnahme an Fortbildungskursen und die Readings, in denen sie anderen Menschen die Zukunft las. Sie liebte jede Minute ihrer voll gepackten Tage.

In der Beziehung mit Gary gab es jedoch keine Verbesserung. Die immer noch bestehende Unfähigkeit zu wirklicher sexueller Intimität ließ sie einsam und frustriert zurück. Sie versuchte ihr Gefühl, zu kurz zu kommen, dadurch zu kompensieren, dass sie noch mehr arbeitete, noch mehr tat und verdiente. Monate verstrichen und schließlich Jahre. Dann wurde ihr eines Tages schlagartig klar, dass sie *niemals* genug tun konnte, um ihren Mann zufrieden zu stellen. Sie befand sich in einer Situation, in der sie nicht gewinnen konnte.

Also fing Sylvia an, über ihr Leben Bilanz zu ziehen. Sie war inzwischen 35 Jahre alt und stand auf eigenen Beinen – sowohl ökonomisch als auch emotional. Warum sollte sie eine Ehe fortführen, die nur dazu diente, ihr Selbstwertgefühl zu untergraben?

An diesem Tag entschied sich Sylvia, aus ihrem bisherigen Leben auszubrechen.

In den Wochen, die folgten, riefen die Shoemakers fast pausenlos an, um ihr kleines Mädchen dazu zu bewegen, wieder nach Hause zu kommen. »Wie könnte ich?«, fragte sie. »Zwischen euch und Gary ist nur eine dünne Wand.« In Wahrheit war Sylvia dankbar für diese Entschuldigung. Bill und Celeste waren durch ihre plötzliche Entscheidung wie am Boden zerstört. Für sie war ein Traum wahr geworden, seitdem sie mit ihrer Tochter und ihren Enkelsöhnen praktisch im gleichen Haus lebten. Sie weigerten sich, daran zu glauben, dass Sylvia und Gary ernsthafte Probleme hätten, und nutzten jede Gelegenheit, sie dazu zu drängen, wieder zu ihm und zu ihnen zurückzukehren.

Sylvia, Paul und Chris hatten vorübergehend Unterschlupf bei der frisch verheirateten Sharon gefunden, aber als sich ihr Zusammenwohnen immer mehr in die Länge zog, lagen die Nerven blank. Sylvia verbrachte jeden freien Moment damit, ein preisgünstiges Haus zu finden, in dem Kinder erlaubt waren und das einen eingezäunten Bereich hatte, wo die Jungs sicher spielen konnten. Auch ein geeigneter Babysitter sollte in der unmittelbaren Nachbarschaft zu finden sein. »Werde ich ein solches Haus finden?«, fragte sie Francine in ihrer Verzweiflung.

»Das perfekte Zuhause wartet schon auf dich«, versicherte ihr Francine, machte aber keine genaueren Angaben. Sylvia fing an zu glauben, ihre Geistführerin meinte damit das Jenseits.

Eines Morgens, nachdem sie sich gerade mehrere Hausobjekte angeschaut hatte, wurde sie bei ihrer Rückkehr von einer neugierigen Sharon erwartet. »Ein Mann mit einer sehr interessanten Stimme hat angerufen.«

»Nun, wenn es nicht Daddy gewesen ist, dann muss es jemand sein, der ein Reading möchte. Ich kann erst wieder die Zukunft lesen, wenn ich meinen Platz gefunden habe. Ich dachte, du würdest das den Anrufern erzählen«, erinnerte sie ihre Schwester.

»Nun, es geht in diese Richtung, aber dieser Typ wollte dir eigentlich nur sagen, dass du Recht gehabt hast. Er hat sich von seiner Frau getrennt.«

»Wie ist sein Name?«, fragte Sylvia und ließ sich müde in einen Sessel fallen. *Warum nur sind alle immer überrascht, dass meine Vorhersagen eintreffen?*, wunderte sie sich abwesend.

Sharon inspizierte einen Zettel neben dem Telefon. »Er sagte, sein Name sei Dal – Dal Brown.«

»Dal Brown!« Sylvia war sofort hellwach. »Dal Brown hat seine Frau verlassen? Hat er dir seine Nummer gegeben?«

»Natürlich, was denkst du?« Sylvia betrachtete die Nummer für einen Moment, griff dann rasch zum Telefon und wählte. Kurz darauf sprachen sie und Dal angeregt miteinander.

»Ich dachte immer, ihr seid das Paradebeispiel für ein glücklich verheiratetes Paar«, sagte Dal. »Gary gab mir immer Ratschläge, wie ich mit Margaret umgehen sollte.«

»Dann ist es kein Wunder, dass eure Ehe in die Brüche gegangen ist!«, rief Sylvia aus und bemerkte, dass sie das erste Mal seit Wochen wieder lachte. »Warum treffen wir uns nicht mal, um zusammen Essen zu gehen?«

»Ich glaube, das wäre nicht richtig. Ich habe die Beziehung erst gestern beendet«, erklärte Dal.

»Okay, wie wäre es dann mit einer Affäre?«

Sylvia machte natürlich nur Spaß. Aber tat sie das wirklich? Sylvia und Dal gingen an diesem Abend zusammen aus und trennten sich nie wieder. Es war die Art von Verbindung, von der sie immer geträumt hatte, ein wahres Verschmelzen der Seelen und der Körper. Am nächsten Tag zog Sylvia mit ihren beiden kleinen Söhnen in Dals neue Wohnung.

Gary war wütend und ebenso waren es Celeste und Bill. Solange sie noch mit Gary verheiratet gewesen war, gehörte sie immer noch ihren Eltern. Dal war ein Unbekannter, jemand, der sie ihnen irgendwie entfremden konnte. Sie kämpften mit allen Mitteln und gingen sogar so weit, dass sie Gary bei dem Versuch unterstützten, ihr die Kinder wegzunehmen. Eines der wenigen Male in ihrem Leben widersetzte sich Sylvia ihren Eltern und hielt an ihrem Entschluss fest, mit Dal zusammenzubleiben.

Am 4. Januar 1972 – genau am ersten Tag, als sie beide rechtlich gesehen wieder frei waren – heirateten Sylvia und Dal in Reno. Es war eine freudige Angelegenheit, die sich in jeder Hinsicht von ihrer ersten Eheschließung unterschied. Sylvia traute ihren Ohren nicht, als Dal verkündete: »Du hast zu lange und zu hart gearbeitet. Es ist an der Zeit, dass sich jetzt mal jemand um *dich* kümmert.«

Er bestand darauf, dass Sylvia für ein paar Monate zu Hause blieb. Zum ersten Mal in ihrem Leben als Erwachsene hatte sie Raum und Zeit für sich selbst, wertvolle Stunden, in denen sie lesen und nachdenken, die Beziehung zu ihren Freundinnen pflegen oder das Alleinsein genießen konnte. Aber am besten von allem war, dass sie nun die Gelegenheit hatte, sich wirklich um die Kinder zu kümmern. Im Herbst ging sie dann wieder zur Schule und arbeitete als Aushilfslehrerin.

Ein paar Monate später hörten Dal und Sylvia den Vortrag einer Hellseherin, die in der Gegend um San Francisco herum sehr bekannt war. Je länger der Abend dauerte, desto mehr spürte Dal Sylvias wachsende Anspannung. Als die Hellseherin zum Schluss um Fragen aus dem Publikum bat, hob Sylvia wiederholt die Hand. Zu ihrer Enttäuschung konnte sie jedoch kein einziges Mal eine Frage stellen.

Nachdem der Vortrag zu Ende war, gesellten sich die Browns im Auditorium zu den Menschen, die noch blieben und angeregt diskutierten. Dal fragte seine Frau: »Wie hat dir der Vortrag gefallen?«

»Ich fand ihn furchtbar, richtig furchtbar!«

»Aber sie schien doch zu wissen, wovon sie sprach.«

»Ja«, stimmte Sylvia zu, »die meiste Zeit über wusste sie das, aber man sollte die Leute hinterher nicht so hängen lassen.«

»Was meinst du damit?«, fragte er verwirrt.

»Mir ist es oft aufgefallen. Diese Frau zum Beispiel, die gefragt hat, ob sie und ihr Mann eine Chance haben, dass ihre Ehe doch noch funktioniert.«

»Du meinst die dicke, blonde Frau, deren Mann in einem früheren Leben ihr Sohn gewesen ist?«

»Genau die meine ich. Die Hellseherin zeichnete den beiden ein Bild der Hoffnungslosigkeit. Man darf sich einfach nicht jemanden aus dem Publikum schnappen und ihm dann so etwas erzählen.«

»Wenn ich mich recht entsinne, hat mir aber auch

Francine damals nicht nur positive Neuigkeiten übermittelt«, erinnerte er sie.

Sylvia grinste. »Wenn ich mich recht entsinne, gab sie dir aber auch einen Funken Hoffnung.«

»Ja, das tat sie wirklich«, stimmte Dal zu und legte den Arm um seine Frau.

»Ich meine es ernst, Dal.«

»Ich meine es auch ernst. Nebenan ist eine Kaffeebar. Wollen wir uns hinsetzen und einen Kaffee trinken – oder brauchst du heute Abend noch etwas Stärkeres?«

»Glaubst du, ich bin noch nicht stark genug?«

»Gut, also Kaffee«, stimmte er ihr zu und öffnete ihr die Tür. Nachdem sie bestellt hatten, bohrte Dal noch ein wenig bei ihr nach. »Glaubst du nicht auch, ein Medium sollte eine negative Botschaft, die es erhält, weitergeben?«

»Natürlich sollte ein Medium das tun. Ich glaube, ich bekomme nur deshalb eine Information, weil ich sie weiterleiten soll. Ich glaube aber auch, dass ein Medium eine große Verantwortung hat. Manchmal geht es nur darum, jemandem Ratschläge zu erteilen. Und abgesehen davon, nur weil ihr Ehemann im früheren Leben ihr Sohn gewesen ist, heißt das noch lange nicht, dass sie in diesem Leben nicht als Mann und Frau zusammenleben können. Es bedeutet einfach nur, dass es einen bestimmten Problembereich gibt, über den man sich bewusst sein sollte. Das Medium hätte die Frau in dieser Hinsicht beraten können, aber stattdessen gab es ihr das Gefühl, dass ihre Ehe ein hoffnungsloser Fall sei.«

»Hast du selbst jemals in Betracht gezogen, ein Medium zu sein?«

»Also wirklich, Dal!« Sylvia starrte ihn enttäuscht an. »Was glaubst du, habe ich mein ganzes Leben getan?«

»Ich meine, richtig Geld damit zu verdienen?«

Sylvia hörte kurz in sich hinein und dachte an die glorreichen Jahre mit Bob. Die vielen Stunden, die sie damit verbracht hatten, eine Stiftung für Hellsichtigkeit zu gründen, um der hellseherischen Tätigkeit eine professionelle Basis zu geben. Sie war jeden Tag mit Bob zusammengewesen – und dann hatte das Schicksal alles zerschlagen. Sie weinte leise vor sich hin, aber tief in ihrem Innern hörte sie, wie Bob sie weiterhin dazu ermunterte, dieses Ziel nicht aus den Augen zu verlieren. Ihre Sehnsucht nach Bob wurde unerträglich. Sylvia *musste* einen Teil von ihm wiederhaben, und so schuf sie aus Liebe zu Bob ihr gemeinsames Kind mit dem Namen »Nirvana Foundation for Psychic Research« (Nirvana-Stiftung zur Erforschung übersinnlicher Phänomene).

Ada, Sylvias Großmutter mütterlicherseits, im Alter von 30 Jahren. Sie war in Springfield, Missouri, eine bekannte und praktizierende Hellseherin.

Oma Adas Familie, von links nach rechts: Marcus jun. (hatte Kinderlähmung, wir nannten ihn nur »Bruder«), Marcus sen., Celeste (Sylvias Mutter), Paul (ebenfalls hellsichtig, starb mit 21 und erzählte Celeste, dass sie eine Tochter haben würde, die den Namen Sylvia tragen müsse) und Ada.

Oma Adas Bruder, Henry Kaufholtz, war Medium und Spiritualist und lebte in Florida und Oklahoma.

Sylvia im Alter von zweieinhalb Jahren.

Sylvia im Alter von sechs Jahren mit ihrer Mutter.

Sylvia im Alter von sieben Jahren mit der kleinen Sharon. Bis ins Erwachsenenalter hat sich Sylvia um ihre jüngere Schwester gekümmert.

Sylvia mit 14 und ihre Schwester Sharon mit acht Jahren.

Sylvia mit 20 Jahren, zusammen mit ihrem Vater Bill Shoemaker beim Vater-und-Tochter-Tanz am St. Theresa's College.

Sylvias erstes Haus mit Ehemann Gary in Kansas City. Es stand auf einer indianischen Beerdigungsstätte. Seltsame Bilder erschienen an den Wänden, der Hund wurde aus der Tür geschleudert, ein Tornado traf es (als einziges Haus der Siedlung), und nachdem sie ausgezogen waren, ist es niedergebrannt.

Als Sylvia 1964 nach Kalifornien zog, landete sie wieder in einem Haus, in dem es spukte. Aber mit Hilfe von Francines Anweisungen führte sie ihre erste »Haussegnung« durch und brachte Frieden an diesen Ort.

Paul Dufresne, Sylvias ältester Sohn, im Alter von sieben Jahren. Er hält seinen kleinen Bruder Christopher, der damals ein Jahr alt war. Beide Jungen wurden später fast zwei Meter groß.

Sylvias jüngster Sohn Christopher Dufresne erbte ihr hellseherisches Talent und begann im Alter von 16 Jahren, anderen die Zukunft zu lesen.

Ein Familienporträt aus dem Jahre 1994. Links auf dem Bild ist Pauls Familie: Nancy, Jeffrey (ein Jahr alt), Paul, dann Sylvia in der Mitte. Rechts ist die Familie von Christopher: Chris, Angelia (anderthalb Jahre alt) und Gina.

Angelia Sylvia Dufresne im Alter von fünf Jahren, Sylvias Enkelin von Christopher und Gina. Sie gab sich selbst den Namen »Eya« und ist sehr stark hellsichtig. Sie ist die Reinkarnation von Oma Ada, die wiedergeboren wurde, um die spirituelle Arbeit weiterzuführen, die Sylvia begonnen hat.

William Christopher Dufresne im Alter von fünf Monaten (und bereits 11 Kilo schwer!), Sylvias Enkel von Christopher und Gina, benannt zu Ehren von Sylvias Vater.

Jeffrey Dufresne mit viereinhalb Jahren, Sylvias Enkel von Paul und Nancy.

Christopher Dufresne im Alter von 32 Jahren, ein begabter Hellseher in der Tradition der Familie, arbeitet täglich Seite an Seite mit Sylvia. Sylvias älterer Sohn Paul ist ein erfolgreicher Hypotheken-Banker.

Die Montel Williams Show. Sylvia zeichnet jedes Jahr neun Sendungen mit Montel auf. In dieser war die »Hellseher-Dynastie« vereint: Chris, Angelia und Sylvia.

Das Winchester Mystery House in San Jose (Kalifornien) ist Sylvias »Lieblingsplatz«, wenn es darum geht, nach Gespenstern zu suchen. In dem Anwesen gibt es drei erdgebundene Seelen, die dort wohnen und sich beharrlich weigern, den Ort zu verlassen.

Gespensterbild von Johnny Johnson. Sylvia nahm im Auftrag der Fernsehsendung *That's Incredible* Kontakt mit dem Gespenst auf, das ein Spielzeuggeschäft in Kalifornien heimsuchte. Der Fotograf fing Johnny mit einer Infrarot-Kamera ein. Er ist der Mann oben links, der sich anlehnt. Sylvia ist der helle Fleck unten rechts.

Die Vereinigung von Novus Spiritus. Sylvia gründete eine neue Kirche, um den all-liebenden Gott zu feiern und zu preisen. Dies Bild zeigt die erste Gruppe von Priestern bei ihrer Ordination.

Sylvia und Chris. Dieses Bild ziert den Titel seines Buchs *My Life with Sylvia Browne.*

Sylvia tanzt mit Chris auf der Feier zu ihrem 60. Geburtstag im Jahre 1996, die Chris und Gina für sie veranstalteten.

Sylvia hält jedes Jahr im ganzen Land Vorträge. Hier bekommt sie während eines Vortrags in Manhattan überraschend Besuch von Montel.

Sylvia und Montel Williams sind »verwandte Seelen«. Sylvia sagt, Montel sei ein Engel von Gott, der ihr dabei geholfen hat, eine neue spirituelle Botschaft in die Welt zu bringen. Montel ist ein Instrument Gottes, indem er Menschen in seiner Fernsehsendung hilft und auch hinter den Kulissen viele Bedürftige unterstützt.

Sylvia auf einem Foto, das im Mai 1998 aufgenommen wurde. Es sind keine Anzeichen zu sehen, dass sie es in ihren 60er Jahren langsamer angehen lassen will.

7

Das Jenseits

Die Existenz der Nirvana Foundation begann mit einem kurzen Hinweis im Kleinanzeigenteil:

Ehepaar bietet Kurse zur Entwicklung übersinnlicher Fähigkeiten an.

Zum ersten Kurs kamen 22 Interessenten in die winzige Wohnung der Browns in San Jose. Die 22 erzählten weiteren 22 davon, und bald schon platzte die Wohnung aus allen Nähten. Irgendwie schafften Sylvia und Dal es, ihr Geld zusammenzukratzen und ein kleines Ladenbüro zu mieten. Da Sylvia es sich zur Aufgabe gemacht hatte, das Weiterleben der Seele nach dem Tod zu erforschen, nannte sie ihre Stiftung »Nirvana« – was so viel bedeutet wie »Himmel« oder »das Jenseits«. Fest entschlossen, das Ganze auf eine gemeinnützige Grundlage zu stellen, nahm das Paar einen Kredit über 2400 Dollar auf, um die Anwaltskosten abdecken zu können.

Sylvia legte großen Wert auf Glaubwürdigkeit. »Ich möchte nichts mit Glaskugeln und all dem Schnickschnack zu tun haben«, erklärte sie. »Ich bin nicht Madame Lazonga.«

»Es gibt keine Möglichkeit, ein Medium amtlich zu bescheinigen«, erklärte ihr Rechtsanwalt. »Der einzige ›Beweis‹ für Ihre Fähigkeiten ist Ihr Ruf.« Sylvia nickte, denn sie hatte das Gefühl, endlich den richtigen Schritt getan zu haben.

Ihr Vertrauen bestätigte sich umgehend. Die Menschen standen Schlange, damit Sylvia ihnen die Zukunft las. Das kleine Büro erwies sich schnell als zu klein. In der Anfangszeit verlangte Sylvia fünf Dollar und benutzte Tarot-Karten. Den Menschen war oft nicht klar, dass die Karten nur dazu dienten, den Bewusstseinszustand zu verändern und einen Fokus herzustellen. In einer Sitzung erzählte Sylvia einer Klientin, dass sie Halsbeschwerden habe. »Ja, das stimmt«, antwortete die Frau, »aber welche Karte zeigt das an?« Es dauerte nicht lange, und Sylvia erkannte, dass sie die Karten nicht länger brauchte. Sie konnte die Probleme ihrer Klienten direkt ansprechen.

Obwohl sie nun die meiste Zeit damit verbrachte, den Menschen ihre Zukunft zu lesen, galt Sylvias wahres Interesse der Forschung. Kurz nachdem die Stiftung ins Leben gerufen worden war, versammelte sich eine kleine Gruppe, um Sylvias erste »öffentliche« Trance mitzuerleben. Jede der anwesenden Personen hatte mindestens eine Frage an Francine.

Der Abend begann damit, dass Sylvia es sich auf dem Sofa bequem machte. Dal setzte sich neben sie und bildete eine Art schützenden Puffer gegenüber plötzlichen Erschütterungen, Geräuschen oder anderen Störungen, denn Sylvia verließ ihren Körper tatsächlich, um Francine Platz zu machen. Es konnte gefährlich für Sylvia werden, würde ein lautes Geräusch genau in dem Moment auftreten, wenn Francine in ihren Körper hinein- oder wieder aus ihm herausging. Dal fing an zu zählen: »1010, 1009, 1008, 1007…« Langsam, kaum wahrnehmbar, veränderte sich Sylvias Gesicht. Ihre Gesichtszüge wurden irgendwie breiter, und die Rehaugen, die fast schon Sylvia Brownes Markenzeichen sind, wurden ein wenig kleiner und durchdringender.

Langsam und zögernd kam eine junge Frau, die gerade mal Anfang 20 war, nach vorn. »Kannst du dich selbst beschreiben?«, fragte sie die Geistführerin.

»Ja.«

Aus der prompten Antwort war ein leises Kichern herauszuhören. »*Wirst* du dich auch selbst beschreiben?«

Also fing Francine – die das erste Mal vor so vielen Jahren einem verängstigten Kind erschienen war – an, der wissbegierigen Gruppe etwas über sich zu berichten. Sie erzählte den Anwesenden auch, dass ihre Informationen aus drei verschiedenen Quellen stammten – der Akasha-Chronik, individuellen Geistführern und direkten Mitteilungen der Gottheit.

»Die Akasha-Chronik ist eigentlich das Gedächtnis Gottes«, erzählte sie ihnen. »Sie befindet sich in einer Art Bibliothek, und in ihr wird das Leben jedes einzelnen Menschen lückenlos gespeichert. Es ist wie ein epischer Film, in dem alle Ereignisse – die vergangenen, die gegenwärtigen und die zukünftigen – vorkommen.

Zweitens, jeder Mensch hat einen Geistführer, der den

Lebensplan der Person, die er führt, genau kennt. Ich kann ihn bitten, mir detaillierte persönliche Informationen zu geben.« Francine erklärte ihren Zuhörern: »Der Geistführer ist der beste Freund und Begleiter, den man auf Erden haben kann, denn er hat den totalen Überblick über die Motivationen, Wahrnehmungen und Lebensinhalte der betreffenden Person. Die Kirchen nennen dieses Wesen ›Schutzengel.‹

Informationen aus der dritten Quelle – der Gottheit selbst – kommen in anderer Form«, fuhr Francine unbeirrt fort. »Im Jenseits steht jedes Wesen in direkter Verbindung mit Gott. Jede Seele spürt Seine Gegenwart auf sehr direkte Weise. Wenn ich Informationen brauche, um Sylvia zu führen, gehe ich zu bestimmten Gruppen von Wesenheiten, die mit großem Wissen und großer spirituellen Einsicht für Gott sprechen. Manchmal wende ich mich aber auch direkt an Gott und bitte Ihn um Führung – und Er antwortet mir immer. Diese Art von Information ist bekannt als ›inneres Wissen‹. Es steht allen zur Verfügung, die darum bitten.«

Die Anwesenden ließen diese Informationen kurz in sich einsinken, und dann sprach eine andere Frau. »Aber wie funktioniert das mit dem inneren Wissen und was ist ein Geistführer genau? Wer bist *du*, Francine?«

»Inneres Wissen, das sind Informationen, die uns der Heilige Geist direkt zur Verfügung stellt. Sie erscheinen in unserem Bewusstsein, ohne auf einen bestimmten körperlichen Sinn angewiesen zu sein. Es handelt sich um eine direkte Wissensübertragung, sodass du einfach etwas weißt, ohne zu wissen, woher du es weißt. Diese Information sollst du mit anderen teilen, denn sonst hätte Gott sie dir nicht gegeben.

Ein Geistführer ist einfach ein Wesen, so wie jeder von euch. Ich bin genau wie ihr. Meine Aufgabe – und die Aufgabe aller Geistführer – besteht darin, den Menschen auf der Erde dabei zu helfen, sich selbst zu vervollkommnen. Wir geben dabei die Hilfe weiter, die uns selbst zuteil geworden ist. Viele von euch in diesem Raum werden sich eines Tages dafür entscheiden, Geistführer zu sein, wenn sie den Übergang ins Jenseits vollzogen haben.«

Ein weißhaariger Mann Ende 70 fragte: »Was genau ist dieses Jenseits?«

Francine hielt kurz inne, so als ob sie nach Worten suchen müsse. »Es ist einfach eine andere Dimension«, antwortete sie schließlich mit sanfter Stimme, die sich klar von Sylvias tiefer, rauchiger Stimme unterschied. »Es ist das Paradies, der Himmel, die letztliche Wirklichkeit des Daseins. Es ist die lebendige Welt im Gegensatz zu eurer sterblichen. Ihr befindet euch in einem vorübergehenden Zustand der Nicht-Realität. Die mickrige Zeitspanne von 100 Jahren ist ein winziger Tropfen im großen Ozean der Unendlichkeit.«

Je mehr sie sich in ihr Thema vertiefte, desto mehr kam Francines Persönlichkeit zum Vorschein. Obgleich sie sich von Sylvias überschwänglicher Offenheit total unterschied, hatte ihre Stimme eine eher stille Überzeugungskraft. »Viele von uns begeben sich zu einer bestimmten Zeit auf eure Existenzebene, um dort ein oder mehrere Leben zu führen, um Negativität kennen zu lernen. Im Jenseits gibt es keine Negativität und auch nicht auf irgendeiner anderen Ebene wahrer Existenz. Da Negativität jedoch Teil des Wissens ist und der ganze Sinn der Schöpfung darin besteht, Wissen und Erfahrung anzusammeln, entscheiden sich fast alle von Gottes Geschöpfen irgendwann einmal dazu, im Rahmen ihrer ständigen Weiterentwicklung auch auf die Erde zu kommen.

Mit anderen Worten«, sagte Francine mit Nachdruck in der Stimme, »die wahre Realität der Existenz befindet sich auf einer Ebene mit höherer Energiefrequenz, die ›das Jenseits‹ genannt wird. In dieser Dimension jenseits des Erfahrungsbereichs unserer fünf Sinne wohnen wir auf alle Ewigkeit, unterbrochen von kurzen Aufenthalten auf Ebenen der Unwirklichkeit. Wir leben eine Zeit lang auf diesen Ebenen, um Negativität zu erfahren, damit sich unsere Seele weiter entfalten kann. Das Jenseits ist unser – und damit auch dein – *wahres* Zuhause.«

Der ältere Mann, der mit der Antwort sichtlich zufrieden war, fragte weiter: »Aber *wo* ist das Jenseits?«

Viele der Anwesenden spitzten nun die Ohren, denn diese Frage schien jedem auf der Zunge zu brennen.

»Das Jenseits ist unmittelbar hier«, sagte Francine und überraschte damit alle. »Das Jenseits überlagert eure Existenzebene und liegt ungefähr einen Meter höher. Dies ist auch der Grund, warum man ›Gespenster‹ oder ›Geister‹ oft knapp einen Meter über dem Erdboden schweben sieht. Eure Ebene teilt sich mit dem Jenseits den gleichen Raum. Da wir jedoch auf einer höheren Schwingung vibrieren, seid ihr nicht in der Lage, unsere Existenz zu sehen oder wahrzunehmen. Ihr seid für uns ebenfalls eine Art von ›Geistern‹, aber wenn wir uns konzentrieren, können wir unsere Sinne so ausrichten, dass wir euch in einen klaren Fokus bringen können.

Da im Jenseits andere physikalische Gesetzmäßigkeiten herrschen, haben wir mehr Raum zum Leben. Ohne an Umfang und Größe einbüßen zu müssen, passen bei uns bequem viele Hundert Menschen in ein kleines Zimmer. Unsere physikalischen Gesetze erlauben uns dies, ohne dass wir mikroskopisch klein werden müssen, da sich der Raum auf unserer Ebene total von eurem Raum unterscheidet. Als Folge davon haben wir mehr Wesenheiten auf unserer Ebene – ungefähr sechs Milliarden –, aber wir haben auch viel mehr Platz und sind in keiner Weise überbevölkert. Wir haben genug Land, genug Wasser und materielle Dinge im Überfluss.«

Als ob sie die nächste Frage vorausahnte, fuhr Francine fort: »Wenn du dir das Schönste vorstellst, was du jemals gesehen hast, und es mit 100 multiplizierst, dann bekommst du annähernd ein Bild davon, wie schön es im Jenseits aussieht. Die Farben sind leuchtender und die Blumen prachtvoller und größer als auf eurer Ebene. Alle Schönheiten der Natur existieren auch bei uns – Berge, Küsten, Seen, Bäume. Alle Tiere, die ihr auf der Erde habt, existieren auch hier, nur gehen sie hier freundlich miteinander um. Hier gibt es keine Aggressivität oder Feindschaft.

Es ist vielleicht interessant für euch zu wissen, dass eure Haustiere auch ins Jenseits kommen, wenn sie sterben. Wenn du einen Hund oder eine Katze geliebt hast, so werden sie dich erwarten, wenn du nach Hause kommst. Die gute Sylvia hat ein großes Gebiet, wo all ihre Haustiere leben, die sie während ihrer Inkarnationen auf der Erde gehabt hat. Wenn sie nach Hause kommt, gibt es immer ein großes Wiedersehen.

Wir haben wunderschöne Plätze und Springbrunnen, Höfe und Parkanlagen, aber auch Gärten und Meditationsbereiche. Obgleich unsere Architektur vorherrschend klassischer griechischer oder römischer Stil ist, haben wir auch Bereiche, die den persönlichen Lebensstil eines Wesens ausdrücken, wie zum Beispiel ein Schloss, ein Landhaus, eine Blockhütte oder eine Hazienda.«

Ein Jugendlicher, der nicht weit von Sylvia auf dem Fußboden saß, rückte ein wenig näher heran. »Gibt es andere bewohnte Planeten?«, wollte er wissen.

»Es gibt Millionen von Planeten wie euren, auf dem Wesen in allen möglichen Formen und Größen existieren«, erzählte sie ihm. »Wie euer Planet, so haben auch sie ein ›Jenseits‹. Es gibt Millionen jenseitiger Dimensionen, und jede ist so schön wie das Jenseits eurer Erde. Wir existieren alle in der gleichen Dimension und reisen durch Willenskraft hin und her.«

Der Junge saß einen Moment lang schweigend da und stellte sich vor, was Francine eben gesagt hatte. Dann stellte er ihr eine weitere Frage: »Haben wir alle im Jenseits einen Körper?«

»Ja, das kann ich dir versichern«, sagte Francine, »und du suchst ihn dir selbst aus. Du kannst dir dabei all die körperlichen Eigenschaften geben, die dir gefallen. Haare, Gewicht, Größe, Aussehen, Augenfarbe – du bestimmst einfach alles.«

Eine gut gekleidete Frau Ende 30 sprach als Nächste.

»Welche Fähigkeiten haben wir im Jenseits, die wir hier nicht haben?«

»Es gibt drei große Bereiche«, erklärte Francine. »Im Jenseits können die Wesen telepathisch miteinander kommunizieren. Normalerweise tun sie dies, wenn sie sich in kleinen Gruppen unterhalten. Aber in größeren Ansammlungen benutzen wir Sprache, damit kein zu großes Durcheinander entsteht. Obwohl von Zeit zu Zeit alle Sprachen gesprochen werden, ist die Hauptsprache Aramäisch. Wir haben uns für Aramäisch entschieden, weil es eine alte und einfache Sprache ist, mit der man sich gut ausdrücken kann.

Wir haben außerdem die Fähigkeit, uns an mehreren Stellen gleichzeitig aufzuhalten. Vielleicht wollen wir jemanden besuchen, aber gleichzeitig unsere Arbeit weiterführen. Wir konzentrieren uns dann einfach darauf, an dem gewünschten Ort zu sein. Es geht ganz einfach, und viele Wesen halten sich gleichzeitig an mehreren Orten auf, um anderen Hilfestellung zu geben. Unser Herr Jesus Christus kann an Millionen von Orten gleichzeitig erscheinen, wenn er es will.

Uns steht das gesamte Wissen zur Verfügung. Wir erinnern uns nicht nur daran, was wir auf der Erde und hier im Jenseits gelernt haben, wir haben auch Zugriff auf die Akasha-Chronik, in der alles vergangene, gegenwärtige und zukünftige Wissen für den Planeten gespeichert ist, den ihr Erde nennt.«

Die Finger der Fragestellerin bewegten sich schnell, während sie sich Notizen in ein kleines Buch machte. Dann schaute die Frau hoch, mit einem ungläubigen Ausdruck im Gesicht. »Behalten wir im Jenseits unsere irdische Identität? Ich hänge sehr an meiner.«

»Ja«, versicherte ihr Francine. »Deine Persönlichkeit, deine Individualität setzt sich aus allen Erfahrungen zusammen, die du im Jenseits und auf der Erde gemacht hast. Deine Erfahrungen, seien sie gut oder schlecht, beeinflussen dich als Person. Wenn du in vergangenen Leben an vielen verschiedenen Orten auf der Welt gelebt hast, so tragen deine Erfahrungen zu der Persönlichkeit bei, die du heute im gegenwärtigen Leben bist.

Wenn du ins Jenseits kommst, ist deine Persönlichkeit noch intakt und zeigt sich von ihrer besten Seite. Stell dir vor, wie du in der glücklichsten Zeit deines Lebens gewesen bist, wo du deine Persönlichkeit voll entfaltet und Glück und Freude ausgestrahlt hast. Nimm dieses Gefühl und multipliziere es mit 100, dann bekommst du eine Ahnung davon, wie du dich ständig im Jenseits fühlst.«

»Aber was ist mit den Menschen, die wir hier auf der Erde nicht mögen?«, fragte jemand. »Werden wir diese Person plötzlich mögen, wenn wir im Jenseits sind?«

Diese Frage schien allen im Raum aus der Seele zu sprechen. Francine beantwortete sie ohne zu zögern. »Vorlieben und Abneigungen sind ein Teil der individuellen Persönlichkeit und haben direkt etwas mit den persönlichen Erfahrungen zu tun. Wenn jemand einen anderen Menschen nicht mag, so liegt das gewöhnlich daran, dass er mit diesem Menschen eine negative Erfahrung gemacht hat. Abneigung ist kein natürlicher Wesenszug, sie entsteht nur aufgrund von persönlichen Erfahrungen.

Wenn jemand beispielsweise eine starke Abneigung, ja

vielleicht sogar Hass in Bezug auf seinen Onkel spürt, so liegt das vielleicht daran, wie der Onkel sich dieser Person als Kind gegenüber verhalten hat. Vielleicht ist die Abneigung völlig gerechtfertigt. Auf eurer Existenzebene können Gefühle entweder durch Vergebung verändert werden oder sie bleiben bestehen. Im Jenseits jedoch erweitert sich unser Bewusstsein immens. Wir verstehen, warum uns der Onkel so schlecht behandelt hat. Vielleicht stand der Onkel unter zu starkem Druck, oder unsere Seele brauchte diese Lernerfahrung. Was auch immer der Grund gewesen sein mag, unser Wissen gibt uns einen ganz anderen Überblick. Wir lieben alle Seelen der Schöpfung, weil jede ein Teil Gottes ist, genau wie wir.

Vielleicht müssen wir mit einer Person nicht gleich die dicksten Freunde werden, aber dennoch lieben wir die Seele dieser Person. Jedes Wesen kann frei wählen, mit welchen anderen Wesen es zusammen sein will. Wir haben alle unsere engen Freunde und Freundinnen, das ist ein wesentlicher Teil unserer Persönlichkeit. Aber ich kenne keinen, der auf unserer Ebene einen anderen Menschen hasst oder ablehnt. Es herrscht einfach zu viel Liebe und Harmonie.

Die Hauptursache für diese Liebe und Harmonie liegt darin, dass das Ego hier keinen Spielraum hat. Im Jenseits gibt es keine Konkurrenz, alle arbeiten zusammen für das gemeinsame Wohl. Stolz und Eifersucht haben für uns keine Bedeutung mehr, weil wir gelernt haben, dass der wahre Sinn unserer Existenz darin liegt, zu lieben und immer mehr über Gott zu wissen. Es ist leicht, einem anderen auf unserer Seite zu helfen, weil es hier keine Negativität gibt, die uns verwirrt.«

Es gab ein leises Gemurmel, als die Anwesenden die Antwort diskutierten, und dann erhob ein Mann seine Stimme. »Aber wie sieht es mit *dieser* Welt aus? Hier gibt es so viel Negativität, mit der wir fertig werden müssen. Ist es in Ordnung, auf bestimmte Menschen und Situationen wütend zu werden?«

»Es ist nicht nur erlaubt, sondern sogar *richtig*«, antwortete Francine überraschend. »Ihr seid schließlich noch nicht im Jenseits, sondern weiterhin Menschen. Wut ist nach außen gerichtete Depression. Sie ist deshalb nach außen gekehrt, weil du nicht einfach aufstehen und der sein kannst, der du bist, da du Angst hast, von deiner Umgebung abgelehnt zu werden. Und dennoch, was bewunderst du im Leben? Die exzentrischen Menschen, die tun und lassen, was sie wollen?

Niemand kann dich aussaugen, wenn du es nicht zulässt. Du bist wütend, hast aber das Gefühl, nicht das sagen zu können, was du gerne sagen würdest. Stattdessen lässt du dich von anderen volljammern und wunderst dich, warum du hinterher so erschöpft bist. Dir fehlt die innere Stärke, um aufzustehen und zu sagen: ›Mir gefällt das Ganze nicht. Es stört mich. Ich brauche so etwas nicht.‹ Würden diese Worte den anderen verletzen? *Nein*, du verletzt dich selbst, wenn du es *nicht* sagst.

Wenn du mit jemandem ein oder zwei Jahre verbringst und die Beziehung sich nicht bessert, verschwendest du nur deine Zeit, wenn du weiterhin an ihr festhältst. Du hast das Recht, dich einer aussichtslosen, schmerzenden

Situation zu entziehen. Du musst nicht erst warten, bis du wieder im Jenseits bist, um glücklich zu sein, obwohl das Glück, das du auf der Erde erfahren kannst, nichts ist im Vergleich zu den Freuden, die du im Jenseits erfährst.«

Jetzt rückte ein junges Mädchen, das ebenfalls auf dem Fußboden saß, näher heran. »Wie sieht es mit sozialen Aktivitäten aus, Francine? Habt ihr im Jenseits Partys?«

»Oh, ja, natürlich haben wir die«, versicherte ihr Francine. »Wir haben zahllose soziale Aktivitäten, und zwar so viele und so unterschiedliche, dass für jeden Geschmack etwas dabei ist. Es gibt Musik und Tanz in großen Ballräumen, Vorträge und Debatten über fast jedes Thema in großen Foren, Kunstvorführungen und Galerien mit fast jeder Art von Kunst, Sportveranstaltungen und wissenschaftliche Ausstellungen, Modeschauen und Designausstellungen – alles, was man sich nur vorstellen kann. Ob man bei diesen Aktivitäten nur Zuschauer sein will oder direkter Teilnehmer, bleibt jedem selbst überlassen.

Aber es gibt nicht nur große Konzerte, sondern auch kleinere Veranstaltungen wie Lesungen und Kammerkonzerte. Man kann auch Wellness-Center besuchen oder Wildnisgebiete auskundschaften, es gibt Schwimmen, Segeln, Bergsteigen und Tennis. Obgleich es nicht notwendig ist zu essen, bereiten sich manche Feinschmeckergerichte zu, und fast alle lieben es, sich gegenseitig einzuladen und zusammenzusitzen.

Wenn du nach Hause ins Jenseits kommst, ist es schwer, sich regelmäßigen sozialen Aktivitäten zu entziehen. Obwohl man nicht an Gemeinschaftsaktivitäten partizipieren muss, tun es die meisten, weil sie Spaß daran haben. Ich selbst bin zum Beispiel ein Party-Girl. Ich liebe es zu feiern und zu tanzen und gehe regelmäßig auf die Partys, zu denen ich eingeladen werde. Wenn ich nicht bei ihr bin, macht Sylvia oft einen Witz und meint, ich sei wohl wieder auf irgendeiner Party. Ich liebe es zu feiern, wie die meisten von uns hier.«

Es dauerte eine Zeit, bis die Anwesenden die Antwort verdaut hatten, so sehr unterschied sie sich von der traditionellen Sichtweise des »Himmels«. Schließlich brach die hübsche blonde Mutter der Jugendlichen das Schweigen. »Was kann jeder im Jenseits auf ewig tun?«

Es hatte tatsächlich den Anschein, als sei Francine von dieser Frage überrascht. »Du kannst arbeiten, dich mit anderen treffen, lernen und das Dasein genießen«, antwortete sie. »Es ist in diesem Zusammenhang wichtig zu wissen, dass wir im Jenseits alle 30 Jahre alt sind. Dies ist das perfekte Alter, denn mit 30 hast du die ideale Kombination aus Jugend und Reife. Die Ältesten scheinen älter zu sein, aber das liegt daran, dass sie Weisheit und persönliches Wachstum ausstrahlen. Unser Zeitgefühl unterscheidet sich fundamental von eurem. Eure Lebensspanne dauert für uns nur ein paar Minuten, und wir leben in solch einer Fülle, dass die Ewigkeit für uns als ein glückseliger Zustand besteht.«

Als Nächstes ergriff ein Mann Ende 20 das Wort. Er saß weiter hinten im Raum und hielt die Hand der Frau, die neben ihm saß. »Heiratet man im Jenseits?«, fragte er.

»Da wir manchmal mehrere Leben auf der Erde führen, haben wir in den einzelnen Inkarnationen unterschiedliche Ehemänner oder Ehefrauen. Es ist nicht wahrscheinlich, dass jemand dauerhaft mit so vielen Personen verbunden sein will. Hingegen geschieht es häufig, dass wir mit unserem Seelenpartner verschmelzen.«

Die junge Frau, die neben ihm saß, lehnte sich vor und fragte: »Was bedeutet der Ausdruck ›Seelenpartner‹ eigentlich?«

»Die Bedeutung wird auf eurer Existenzebene oft falsch verstanden«, räumte Francine ein. »Am besten, ich erkläre zuerst einmal den Unterschied zwischen einem ›Seelenpartner‹ und einer ›verwandten Seele‹.

Als wir von der Gottheit geschaffen wurden, waren wir grundlegend und an sich heil – zum größten Teil jedenfalls. Ich sage zum größten Teil, weil der Seelenpartner eigentlich die andere Hälfte von uns selbst ist – es sei denn, wir wurden als einzelnes Wesen geschaffen, um diesen Einzelzustand zu erfahren. Der Seelenpartner kommt wieder mit dir zusammen, wenn ihr beide beschlossen habt, dass es an der Zeit ist, eure Zweiheit zu leben. Es handelt sich dann um eine Heirat für alle Ewigkeit.

Seelenpartner existieren so lange als Einzelwesen, bis sie die Erfahrungs- und Entwicklungsebene erreicht haben, die sie auf diese Weise erreichen wollten. Sobald sie mehr oder weniger das gelernt haben, was sie sich vorgenommen haben, kommen sie zusammen. Dieser Prozess kann ganze Äonen in Anspruch nehmen, es hängt von den betreffenden Individuen ab. Manche haben diesen Prozess des Lernens bereits abgeschlossen und sind nun wieder vereint, während andere sich noch entwickeln. Wenn die richtige Zeit gekommen ist, werden sie zusammenkommen.

Ob ein Wesen einen Seelenpartner hat oder nicht, hängt also davon ab, ob es als Einzelseele geschaffen wurde oder nicht und ob der Zeitpunkt gekommen ist, auf dieser Existenzebene zusammenzukommen.

Verwandte Seelen sind Seelen, die eine sehr große Liebe füreinander verspüren. Die meisten von uns haben buchstäblich Millionen verwandter Seelen, mit denen wir in Verbindung sein können, aber wir haben normalerweise nur einen Seelenpartner. Wenn du zum Beispiel in deinem gegenwärtigen Leben eine tiefe Freundschaft mit jemandem hast, dann seid ihr im Jenseits sehr wahrscheinlich verwandte Seelen. Alle engen Freunde im Jenseits sind verwandte Seelen. Unsere Seelen verschmelzen hier auf bestimmte Weise miteinander, die nichts mit Sexualität zu tun hat. Es handelt sich um einen Akt, bei dem ein Wesen in ein anderes eintritt und das Verschmelzen von Geist und Körper erfährt, das sehr intensiv und angenehm ist. Der mentale Genuss ist unbeschreiblich.«

Die Frau zögerte einen Moment lang. Ihr blasses Gesicht zeigte ein wenig Farbe, als sie fragte: »Gibt es im Jenseits Sex?« Die Anwesenden reagierten auf diese Frage unterschiedlich, einige lehnten sich neugierig nach vorn, andere fühlten sich unangenehm berührt und wieder andere lachten. Sylvia lag weiterhin mit dem Rücken auf dem Sofa. Nur ihre Lippen bewegten sich, während Francine sprach.

»Ja, wir haben im Jenseits Sex. Wir nennen es Verschmelzen. Es ist nicht leicht zu erklären, denn es geschieht sowohl spirituell als auch körperlich. Es gibt nichts in eurer Dimension, was damit vergleichbar wäre. Wenn du den intensivsten und lustvollsten Orgasmus, den du jemals hattest, mit 100 multiplizierst, dann bekommst du eine Ahnung davon, wie sich ein Orgasmus auf unserer Seite anfühlt. Unsere Orgasmen dauern auch viel länger. Stell dir einen Orgasmus auf eurer Existenzebene vor, der mehrere Stunden lang anhält.

Auf meiner Seite nehmen alle an dem gegenseitigen Verschmelzen teil, und zwar unabhängig davon, ob wir eine Einzelseele sind, unseren Seelenpartner gefunden haben oder auf ihn warten. Du musst wissen, dass dieser Akt zwischen Nicht-Seelenpartnern nicht verwerflich ist, weil wir immer nur mit der reinsten Absicht kommen – nämlich aus Liebe.

Eine Moral, wie ihr sie kennt, existiert im Jenseits nicht. Hier ist nichts ›schlecht‹, weil alle Wesen liebevoll und frei vom Ego sind. Wir brauchen daher keine Gesetze.

In unserer Dimension kommen Seelenpartner auf die traditionelle Weise zusammen. Das männliche Wesen macht dem weiblichen Wesen einen Antrag. Wenn sie geneigt ist und wenn beide den Entwicklungsstand erreicht haben, den sie erreichen wollten, nimmt sie seinen Antrag an und beide gehen zum Rat, um einen Segen zu erhalten. Sobald dieser gegeben ist, fangen sie an, zusammenzuleben. Dies alles beeinflusst jedoch in keiner Weise bereits bestehende soziale Gepflogenheiten, Aktivitäten oder Freunde. Viele Seelenpartner sind glücklich, dass sie viel zusammen machen, während andere für eine Zeit lang vielleicht lieber ihren eigenen Interessen nachgehen. Jeder Lebensstil ist weit verbreitet.«

Die Anwesenden schwiegen einen Augenblick und hingen ihren eigenen Gedanken nach. Schließlich stellte ein korpulenter, grauhaariger Mann die nächste Frage: »Arbeitet ihr im Jenseits?«

»Alle Wesen arbeiten im Jenseits, aber das Wort *Arbeit* führt vielleicht in die falsche Richtung, weil es sich wie Schinderei anhört. Wir alle genießen es, auf den Gebieten zu arbeiten, die wir uns selbst ausgesucht haben. Es ist nicht wie bei euch, wo ihr arbeiten müsst, um euren Lebensunterhalt zu verdienen. Wir arbeiten nicht, um zu überleben. Wir arbeiten, weil wir das, was wir tun, lieben und es unser Wissen vergrößert.

Es ist interessant, dass das ganze Wissen, das ihr auf der Erde habt, sowohl neue Erfindungen als auch Wiederentdeckungen uralten Wissens, durch Forschungen im Jenseits gewonnen und durch Implantation in das Gehirn eines Forschers, Wissenschaftlers oder Philosophen auf eure Ebene übertragen wird. Alle Erfindungen, Heilverfahren und neue wissenschaftliche Entdeckungen werden von unserer Ebene auf eure Ebene übertragen, damit ihr sie benutzen und davon profitieren könnt. Selbst Musik, Kunst und neues Design wird von uns aus in Individuen auf eurer Ebene implantiert.

Da bei uns die Zeit nicht in der Art existiert wie bei euch, haben wir viel Freizeit, um unseren Lieblingsbeschäftigungen nachzugehen. Zusätzlich zur ›Arbeit‹ hat jeder hier mindestens ein Hobby.

Natürlich verfolgen wir den Ablauf der Zeit in eurer Dimension, sodass wir die Weltereignisse auf eurer Seite verstehen können, aber auch, was sich in einem speziellen Einzelleben abspielt. Wir müssen eure Zeit kennen, um euren Fortschritt begutachten zu können.

Wenn geliebte Menschen in unsere Ebene überwechseln, fällt es ihnen durch den Zeitfaktor oft nicht leicht, sich auf eure Probleme zu beziehen. Ihnen wird schnell klar, dass ihr bald wieder bei ihnen sein werdet, und eure Probleme scheinen für sie unbedeutend und sehr kurzlebiger Natur zu sein. Ihr habt vielleicht noch viele Jahre vor euch, aber für eure Lieben dauert es nur noch ein paar Minuten, und ihr seid sicher und wohlbehalten wieder zu Hause.

Es ist wie wenn eines deiner Kinder einen Dorn im Finger hat. Du hast Mitgefühl, aber du machst dir nicht zu große Sorgen, weil du weißt, dass der Schmerz bald wieder verschwunden ist und das Kind wieder lachen wird. Aus diesem Grund muss eine ›Kommunikationsführerin‹ wie ich eine intensive Ausbildung absolvieren. Durch sie lernen wir, uns auf die menschliche Erfahrung zu beziehen. Wir vergessen die Negativität der anderen Seite – auf der *du* dich befindest – und müssen uns wieder an sie gewöhnen, um mit einem Medium wie zum Beispiel Sylvia zu arbeiten.

Ärgere dich also nicht, wenn ein geliebter Mensch stirbt und du seine Gegenwart nicht spürst oder keine Botschaft von jenseits des Grabes erhältst. Diese Person ist dann vielleicht sehr mit ihrer eigenen Arbeit beschäftigt und wartet nur kurz, bis auch du nach Hause zurückkehrst.«

Eine kleine Frau Anfang 40, die weiter hinten im Raum saß, sprach als Nächste. »Wenn das Leben ewig ist, warum haben wir dann solche Angst vor dem Tod?«

»Du wirst mit der unbewussten Erinnerung geboren, dass das Leben ewig ist, aber diese Erinnerung wird schnell durch die Natur der Erfahrungen überdeckt, die du auf eurer Ebene machst und die dich dazu zwingen, dich bewusst an das zu erinnern, was du dort erlebst. Lass mich dir ein Beispiel geben. Hast du jemals in einem Haus gelebt, aus dem du nicht ausziehen wolltest, weil du Angst hattest, kein neues zu finden? Oder du befindest dich auf einer langen Reise und denkst: *Werde ich jemals zu meinem Haus zurückfinden?* Oder vielleicht kommst du von einer anderen Reise zurück und denkst: *Ich hatte ganz vergessen, wie schön es zu Hause ist.*

So ungefähr sieht das Leben auf deiner Seite aus. Fühlst du dich nicht oft traurig, wenn dir bewusst wird, dass dein Körper dich von anderen Menschen trennt? Sehnst du dich nicht manchmal danach, eine andere Person in dich hineinziehen zu können? Fühlst du dich nicht oft isoliert? Sobald du dieses Prinzip erkennst und verstehst, wird sich die Angst vor dem Tod auflösen. Und wenn du dann ins Jenseits hinüberwechselst, wird sich im selben Moment deine gesamte Erinnerung schlagartig über dich ergießen. Deine Seele wird dann einen Seufzer der Erleichterung ausstoßen: Es ist alles vorbei und ich bin wieder zu Hause.«

Die Frau seufzte erleichtert. »Das klingt so schön, aber dennoch frage ich mich, worin der letztendliche Zweck von alldem liegt? Warum leben wir eigentlich?«

»Ihr seid alle Boten, die Gott zur Erde geschickt hat, um Sein Wort zu verbreiten. Aber die Botschaft ist verschlüsselt, und ihr müsst den Kode selbst entziffern. Es stimmt, dass Gott in euch existiert, aber ihr *alle* seid genauso ein Teil von ihm. Ihr werdet ewig leben, so wie ihr auch schon immer gelebt habt, und niemand wird sich jemals zurückentwickeln oder verloren gehen.

Im Kern bedeutet Spiritualität, sich selbst zu finden, Gott innen und außen zu finden und den Kampf gegen die Negativität zu führen. Wenn nur einer von euch vorangeht und den Weg für andere erhellt, wird ein wenig Dunkelheit vertrieben. Auf diese Weise könnt ihr die Negativität bekämpfen und schon eine Hand voll von euch kann große Wirkung erzielen.

Jeder von euch ist hier, um seine Seele zu entwickeln. Ihr habt euch aus freien Stücken dazu entschlossen, das Leben auf der Erde zu erfahren, um euch schneller zu vervollkommnen. Ihr seid der Teil Gottes, der sich entwickelt und einen Aspekt von Ihm zur Vollendung bringt. Gott erfährt sich selbst durch seine Geschöpfe.

Betrachtet das Leben als etwas, das ihr überleben werdet. Manchmal macht es Spaß, aber manchmal ist es auch ganz schön nervtötend. Stellt euch das Leben wie eine Ganztagsschule vor, in der es schlechtes Essen gibt und man nirgends hinfahren kann. Auf diese Weise gelingt es euch vielleicht, euren Humor über die ganze Situation nicht zu verlieren.«

Der ältere, grauhaarige Mann lachte herzlich mit den anderen, aber dann fragte er: »Warum braucht Gott mich, um zu lernen? Kann Er nicht alles direkt wahrnehmen?«

»Gott hat zwar alles Wissen, aber Er möchte Sein Wissen auch erfahren. Aus diesem Bedürfnis heraus hat Er Seine Schöpfung geschaffen. Sie ist eine Manifestation

Seiner Macht und Seiner Intelligenz. Du kannst jede Facette Gottes in Seinem Werk wiederfinden. Die vollkommene Liebe unseres Vaters wurde so groß, dass sie anfing, sich selbst zu vervielfältigen. Und indem sie dies tat, wurden wir alle geschaffen. Seit dieser Zeit sind wir der Teil von Ihm, der Seine Schöpfung fühlend erlebt.

Du bist buchstäblich ein Teil Gottes. Von daher erlebt Gott alles, was du erlebst. Wenn du in Schwierigkeiten steckst, so erfährt auch Gott diese Schwierigkeiten. Wenn du eine freudige Facette des Lebens entdeckst, dann nimmt sie Gott auch wahr.

Es stimmt, dass Gott uns braucht, um Erfahrungen zu machen. Dennoch ist es korrekter zu sagen, dass Gott jeder von uns *ist* und daher alles direkt und unmittelbar erfährt. Aber Er hat auch Erfahrungen, die höherer Natur sind und die wir nicht haben. Dies ist wahr, weil Er alles Wissen besitzt und wir im Vergleich zu Ihm nur sehr wenig wissen. Nehmen wir beispielsweise an, du kennst eine Person, die alles über Biologie weiß – sie hat alles gelesen, was es auf der Welt über Biologie zu lesen gibt. Nehmen wir weiter an, dass diese Person über keinerlei praktische Erfahrungen in Biologie verfügt und nicht weiß, wie sich diese Wissenschaft anfühlt und konkret ausdrückt. Durch Wissen allein kann sie zwar viel erfahren, aber nicht so viel wie durch praktische Erfahrung selbst. Menschen sind der fühlende Aspekt des Göttlichen Bewusstseins. Aufgrund Seines unbegrenzten Wissens ist Seine Wahrnehmung unserer Erfahrung viel größer als unsere eigene.«

Der Mann nickte zustimmend und ließ Francines Worte

auf sich wirken, dann fragte er: »Welche Wegweiser markieren unseren Weg? Wie können wir sicher sein, dass wir auf dem richtigen Weg sind?«

»Du bist dann auf dem richtigen Weg, wenn du über dich selbst Bescheid weißt und dich selbst akzeptierst. Du bist mit dir im Reinen. Dir wird immer mehr bewusst, dass du auf spirituelle Weise mit allen Dingen fertig werden kannst. Die Umstände können dich zwar manchmal aus der Bahn werfen, aber tief in dir hast du ein Vertrauen, das dich immer wieder in einen Zustand inneren Friedens bringt. Es ist die intuitive Erkenntnis, dass alles mit dir in Ordnung ist. Du liebst nicht nur andere, sondern hast auch gelernt, dich selbst zu lieben. Dies alles führt zu einem höheren Verstehen und einer höheren Sensibilität, die dir ermöglicht, Geistführer zu hören und ihre Gegenwart zu spüren.«

Im Raum herrschte absolute Stille, in der sich jeder innerlich seine bisherige Entwicklung vor Augen führte. Schließlich ergriff eine Frau Ende 20 das Wort: »Habt ihr im Jenseits Häuser?«

Francine zögerte einen Moment, als ob sie überlegte, wie sie die Frage am besten beantworten könne. »Viele von uns bevorzugen Wohnungen in Gemeinschaftshäusern, weil die Möglichkeiten zum sozialen Austausch dort am größten sind. Ich selbst lebe auch in solch einer Wohnung. Andere jedoch, wie zum Beispiel die Seelenpartner, leben am liebsten in Häusern. Diese Häuser haben jede beliebige Architektur. Manche sind überschwänglich eingerichtet, andere wiederum sehr schlicht. Manche Wesen bauen ihre Häuser auf herkömmliche Art und genießen die handwerkliche Arbeit. Sie sind auf unserer Seite Zimmermänner oder andere Handwerker, die alles machen können.

Andere erschaffen ein Haus, indem sie es sich einfach ausdenken. Nehmen wir beispielsweise an, wir wollen ein neues Forum bauen. Nachdem das Grundstück ausgesucht ist, zeichnen mehrere Architekten in Gedanken die Umrisse des Hauses. Wenn du dabei zuschauen würdest, könntest du tatsächlich sehen, wie sich Linien mitten in der Luft bilden, fast so, als zeichne sie der Architekt auf sein Zeichenbrett. Manchmal sind die Umrisse eines Gebäudes schon fertig, aber dem Erbauer gefällt sein Werk nicht. Er löscht dann einfach die Energielinien und fängt von vorne an.

Sobald der Stil eines Gebäudes erst einmal feststeht, kommen andere Wesen hinzu und erzeugen zusammen die Substanz des Gebäudes – die Wände, das Dach, die Fenster und die Inneneinrichtung. All dies geschieht durch konzentrierte Gedankenprozesse, die sich zu wirklicher Materie verdichten.

Manchmal gehen wir durch den gleichen Prozess, um unsere äußere Erscheinung zu bestimmen. Wenn du – vielleicht nach mehreren Zeitaltern – dein Äußeres verändern willst, stellst du dir die gewünschten Veränderungen nur intensiv vor. So leicht kannst du von schwarzen Haaren und braunen Augen zu einer Blondine mit blauen Augen werden.«

Die Frau nickte und ließ die Antwort kurz auf sich wirken. Dann stellte sie noch eine weitere Frage. »Gibt es bei euch auch so etwas wie eine Regierung?«

»Nein«, antwortete Francine. »Wir haben keine Regierung *per se*, aber wir haben eine Hierarchie, den Rat der Ältesten. Und wir haben verschiedene Ebenen der Verantwortung, zum Beispiel Kommunikationsführer, Wesen der sechsten Ebene, der fünften, der vierten und so weiter.

Die Ältesten sind alte Seelen, die sehr weise sind und für alle Wesen eine gottähnliche Liebe empfinden. Viele Informationen stammen von den Ältesten. Man kann sie am besten ›Sprecher der Gottheit‹ nennen, zumindest was das gesprochene Wort angeht. Sie sind menschenähnlich und wählen mit ihrem weißen Haar und ihren weißen Bärten – im Gegensatz zu fast allen anderen – die äußere Erscheinung des Alters. Die Ältesten sind weise und voller Liebe. Sie verfügen über ein immenses Wissen. Wenn es einen Erlass zu verkünden gibt, führen sie diese Funktion aus.

Archetypen sind ebenfalls menschenähnlich in ihrer Gestalt, aber ansonsten unterscheiden sie sich grundlegend von den anderen Wesen auf unserer Seite. Sie sehen alle gleich aus, fast wie Roboter in menschlicher Gestalt. Ein weiterer Unterschied liegt darin, dass sie nur untereinander telepathisch und sonst mit keinen anderen Wesen kommunizieren. Das bedeutet jedoch nicht, dass sie nicht auf uns reagieren. Sie tun es, aber es ist, als habe man es mit Taubstummen zu tun. Sie sind sehr freundlich und aufgeschlossen und strahlen mit einer Energie, die sonst niemand hat. Wenn du sie länger anschaust, reagieren deine Augen oft so, als würde direkt vor ihnen ein Blitzlicht aufleuchten. Die Ältesten sagen, dass die Archetypen sowohl euch als auch uns beschützen. Es sind sehr machtvolle Geschöpfe, und sie benutzen Geistführer oft als Hilfe, um ihre irdischen Schützlinge richtig führen zu können. In eurer Bibel werden sie Erzengel genannt, und wegen ihrer strahlenden Energie werden sie manchmal von Menschen in eurer Dimension irrtümlich für eine Christus-Erscheinung gehalten. Es ist nicht sehr viel über sie bekannt. Selbst für uns sind sie immer noch ein wenig geheimnisumwittert, aber jeder spürt die Liebe und den Schutz, den sie uns geben.

Kommunikationsführer sind fortgeschrittene und entwickelte Wesen, die als Geistführer dienen, aber auch noch zusätzliche Pflichten haben, wie zum Beispiel die Kommunikation mit eurer Ebene durch Medien. Diese Kommunikation kann sprachlich über ein Medium, das in Trance ist, oder durch Channeln über ein hellhöriges Medium erfolgen. Ich kommuniziere mit euch auf beiden Wegen. Die Kommunikation kann jedoch über ein physisches Medium auch physische Phänomene hervorbringen oder in der Übertragung von Energie bestehen, die ein übersinnlich begabter Heiler nutzt. All diese Funktionen eines Kommunikationsführers erfordern eine intensive Ausbildung, denn wenn sie nicht in richtiger Weise ausgeführt werden, kann das Medium ernsthaft verletzt werden. Es dauert daher viele Jahre, bis man als Kommunikator wirken darf, und fast jeder erfüllt irgendwann einmal die Funktion eines Geistführers.

Im Jenseits gibt es sieben Stufen, nach denen die Wesen aufgrund ihrer Erfahrungen und Begabungen eingeordnet und organisiert werden. Es handelt sich dabei nicht um Stufen spiritueller Entwicklung, sondern um verschiedene Grade der Erfahrung.

Die erste und die zweite Stufe dienen der Orientierung. Es sind vorübergehende Zustände, die von den Wesen durchlaufen werden, die gerade von eurer Ebene in unsere Ebene übergewechselt sind.

Auf der dritten Stufe befinden sich alle Wesen, die mit Tierhaltung und Ackerbau beschäftigt sind oder als Handwerker, zum Beispiel als Zimmermann, arbeiten.

Wesen der vierten Stufe haben eher schöngeistige Interessen, wie zum Beispiel Kunst, Schreiben, Bildhauerei oder Musik.

Die Wesen, die als Berater in den Bereichen Produktion und Handel, Wissenschaft und Medizin arbeiten, bilden die fünfte Stufe.

Die sechste Stufe umfasst Wesen, die Organisatoren, Lehrer und Philosophen sind.

Die Wesen der siebten Stufe gehen zurück in die Gottheit und wohnen daher nicht für eine längere Zeit im Jenseits. Ich sollte vielleicht hinzufügen, dass nur sehr wenige Wesen die siebte Stufe für sich wählen. Indem sie dies tun, verlieren sie ihre Individualität, denn die Energie für ihre Schöpfung fließt zurück in die Gottheit. Wesen, die diese Stufe für sich wählen, sind spirituell sehr weit entwickelt, denn ihre Liebe zu Gott ist so überwältigend stark, dass sie wieder eins mit ihm sein wollen.

Weil ihre Begabungen und Erfahrungen auch auf den anderen Stufen gebraucht werden, übernehmen die Wesen der fünften und sechsten Stufe mehr Verantwortung für das Ganze und werden Leiter von Forschungsprojekten oder Orientierungszentren oder Haushofmeister von großen Wohnbereichen im Jenseits.

Wenn man unser Zusammenleben im Jenseits mit einer Regierungsform vergleichen wollte, so würde sie am ehesten der antiken griechischen Demokratie in ihrer reinen Form ähneln. Auf meiner Seite ist jeder mit jedem in vollständiger Interaktion, und jeder Einzelne hat die Möglichkeit, so zu handeln und seinen Beitrag zu leisten, wie er möchte. Da das Ego im Jenseits nicht mehr aktiv ist, geschieht alles aus Liebe und Harmonie sowie dem Wunsch, das Beste für den Einzelnen und die Gemeinschaft zu tun.

Egal, für welche Stufe man sich auch entschieden hat, wir sind alle Teil derselben Dimension. Es gibt hier Bereiche, in denen vorwiegend Menschen der gleichen Stufe leben, aber dieser Zustand dient der Annehmlichkeit und dem Lebensstil oder der Begabung des Einzelnen. Alle Stufen sind gleich und unterscheiden sich nur durch die Erfahrungen und Begabungen. Normalerweise werden die höheren Stufen von Wesen gewählt, die schon mehr Lebenserfahrung haben. Sie waren in der Regel schon mehrere Male auf der Erde inkarniert und können daher besser mit Negativität umgehen.«

Der Jugendliche, der vorher schon eine Frage gestellt hatte, erhob seine Hand. »Das brauchst du nicht zu tun«, erinnerte ihn Dal, »wir sind hier nicht in der Schule.«

»Ich weiß nicht«, antwortete der Junge. »Vielleicht bin ich hier doch in der Schule, aber diese hier gefällt mir viel besser als die normale. Was ist der Sinn von Negativität?«, fragte er Francine. »Warum gibt es sie überhaupt?«

»Obwohl das Jenseits unsere wahre Heimat ist, entscheiden sich die meisten, die hier leben, sich kurz auf der Erde zu inkarnieren, um die Erfahrung mit Negativität zu machen und zu lernen, wie man am besten mit ihr umgeht. Da Negativität ein Teil des Wissens ist, wären wir nicht vollständig, wenn wir sie nicht erfahren hätten.

Es ist viel einfacher, in einer perfekten Umgebung positiv zu sein, und daher kommen wir in eure Dimension, um unseren Umgang mit Negativität zu testen. Wir tun dies, um uns als Seele weiterentwickeln zu können.«

»Können wir im Jenseits Gott oder Christus sehen?«, fragte eine ältere Frau.

»Gott ist in unserer Dimension immer gegenwärtig, wenn auch nicht in körperlicher Gestalt. Seine Gegenwart ist so stark, dass man sie in jeder Pore fühlen kann. Er kommuniziert ständig durch geistige Eingebung mit allen Wesen im Jenseits. Die Energie Seiner Liebe manifestiert sich ständig, aber es gibt auch noch eine andere Art, um mit Ihm zu kommunizieren. Es nennt sich ›über die siebte Stufe hinausgehen‹ und ist im Wesentlichen die Energie aller Wesen, die sich dafür entschieden haben, auf die siebte Stufe zu gehen.

Da wir alle ein Teil der Energie Gottes sind und einen Teil Seines Wissens verkörpern, verstärken die vielen Wesen der siebten Stufe diese Energie zu einer Kraft, die potenziell all Sein Wissen enthält. Es kann weder definiert noch beschrieben werden.

Christus existiert auf unserer Ebene in körperlicher Gestalt und lebt mit seiner Seelenpartnerin Maria Magdalena. Wenn er im Jenseits mit Wesen spricht oder spazieren geht, strahlt er ständig seine Kraft und Güte aus. Da er an vielen Orten gleichzeitig erscheinen kann, hat jeder die Möglichkeit, zu jeder Zeit seinen Rat in Anspruch zu nehmen. Er kann dabei neben einem Springbrunnen sitzen und ein ernsthaftes und unterstützendes Gespräch mit einer Person führen, während er gleichzeitig vergnügt mit einer Gruppe lacht.

Unser Herr hat einen wunderbaren Sinn für Humor und liebt Partys, obgleich er immer der letzte Philosoph und Berater bleibt. Er verbringt seine Zeit einfach damit, für alle da zu sein, die ihn brauchen.«

Die Jugendliche, die sich früher am Abend bereits zu Wort gemeldet hatte, beugte sich leicht nach vorn, ein schüchternes Lächeln auf dem Gesicht. »Francine, bitte erzähle uns etwas von deinem Leben im Jenseits.«

»Die meiste Zeit über führe ich Sylvia und beschütze die Menschen, die sie liebt. Zusätzlich dazu verbringe ich Zeit damit, meine Kommunikationen mit euch auf der Erde vorzubereiten, wenn ich durch Sylvias Körper in einer Trancesitzung wie dieser spreche. In der übrigen Zeit besuche ich zusammen mit vielen anderen Wesen Vorträge und Konzerte und gehe auf Partys.

Ich habe einen Seelenpartner, sein Name ist David. Wir beide lieben uns sehr, verbringen aber nicht ständig jede Minute miteinander. Wir haben sowohl eigene als auch gemeinsame Interessen. Wenn ich etwas zusammen mit David unternehmen will, bitte ich manchmal Raheim – Dal Browns Geistführer –, auch auf Sylvia aufzupassen. Aber ich bin nie für lange Zeit von ihr weg.

Als Kommunikationsführerin für ein Medium wie Sylvia bin ich im Vergleich zu meinem früheren Lebensstil etwas eingeschränkt. Aber im großen Zusammenhang gesehen, ist meine Funktion als Geistführerin nur vorübergehend. Verglichen mit unserem Zeitgefühl im Jenseits, erscheint euch Sylvias Lebensspanne auf der Erde viel länger als uns.

Ich spreche so viel wie möglich mit Freundinnen über meine Arbeit und bitte in Bezug auf Sylvia und ihre Lebensaufgabe oft Raheim, die Ältesten und Christus um Rat. Ich verfolge auf unserer Ebene die neuesten Entwicklungen in Geistes- und Naturwissenschaften, um ein besseres Verständnis von den verschiedenen Kräften zu bekommen, die nicht nur Sylvias Leben beeinflussen, sondern auch das Leben der Menschen, die sich von ihr Hilfe erhoffen.

Wenn meine Funktion als Sylvias Geistführerin zu Ende ist, werde ich zu meinem normalen, entspannteren Lebensstil zurückkehren. Ich werde wieder im Orientierungszentrum arbeiten, wo ich denjenigen helfe, die ihren Übergang von eurer zu meiner Seite machen.

Ich habe mich dafür entschieden, meine Seele dadurch zu entwickeln und zu vervollkommnen, dass ich meine Arbeit im Jenseits verrichte, anstatt mehrmals zu inkarnieren. Mein Leben als Iena war meine erste und letzte Inkarnation auf eurer Seite. Auf unserer Seite geht alles langsamer, aber warum sollte ich mich beeilen? Mir steht die ganze Ewigkeit zur Verfügung.«

Dal strich eine Haarsträhne aus Sylvias Stirn. »Dies war eine lange Sitzung, wir wollen Sylvia nicht zu sehr erschöpfen«, erinnerte er die Anwesenden. »Francine mag ewig Zeit haben, aber Sylvia ist eine sehr geschäftige Frau und gibt morgen Früh schon wieder Readings.«

Behutsam gab er ihr die Anweisung, wieder zu ihrem Bewusstsein zurückzukehren. Innerhalb von Sekunden war Sylvia wieder Sylvia. Sie setzte sich auf, lächelte in die Runde und fing an zu scherzen. »Hat Francine dir erzählt, mit welchem Kerl du zum Abschlussball gehen wirst?«, fragte sie das hübsche Mädchen, das vor ihr auf dem Boden saß.

»Ich vergaß, sie danach zu fragen. Außerdem habe ich noch ein paar andere Fragen, die ich beim nächsten Mal gerne stellen würde.«

»Nur ein paar? Da bist du aber gut dran.« Der ältere Mann, ihr Großvater, kam nach vorn, um sich bei Sylvia zu bedanken. »Ich fürchte, die meisten von uns haben noch viel mehr Fragen. Ist es nicht schön, dass uns die Ewigkeit zur Verfügung steht, um an ihnen zu arbeiten?«

8

Der Reading-Raum

Sylvias Praxis war die beste, die sie und Dal sich leisten konnten, aber es war schrecklich. Sie hatte nur zwei kleine Zimmer – einen winzigen Warteraum und Sylvias nicht viel größeres Büro.

Am frühen Morgen des 11. Juni 1974 bezog Sylvia ihre Räume, stellte ein Bild von Oma Ada auf den Schreibtisch und setzte sich in ihren Stuhl. Sylvia hatte sich immer darauf gefreut, eine eigene Praxis zu haben, aber stattdessen hatte sie nun das Gefühl, keine Luft mehr zu bekommen. Die Wände schienen sie zu erdrücken. *Ich halte das keine Sekunde länger aus,* dachte sie, *ich bekomme Klaustrophobie.* Sie linderte das Problem durch einen kurzen Sprung in ein benachbartes Kaufhaus.

Als Dal später am Nachmittag vorbeikam, wunderte er sich plötzlich. »Ich kann mich nicht daran erinnern, dass hier ein Fenster war«, sagte er. Verwirrt zog er den Vorhang beiseite und blickte nur auf eine weiße Wand.

»So habe ich wenigstens das Gefühl, dass dieser Raum ein Fenster hat«, erklärte sie.

Andere Probleme ließen sich nicht so leicht lösen. Der

Gestank zum Beispiel war oft nicht auszuhalten. In der ersten Woche hatte eine ihrer ersten Klientinnen einen starken Geruch nach Lysol bemerkt.

»Nun ja, er ist schon ziemlich stark«, gab Sylvia zu, »aber ich dachte, das riecht noch besser als der andere Gestank.

»Welcher andere Gestank?«

»Können Sie ihn nicht riechen? Egal, wie viel Lysol ich auch im Raum verteile, ich werde einfach diesen Ammoniak-Geruch nicht los. Ich habe keine Ahnung, woher er kommt.«

Die Klientin, ganz der Typ schwergewichtige Großmutter, lachte: »Vielleicht sollten Sie Ihre Aufmerksamkeit eher auf *diese* Welt lenken, Schätzchen. Haben Sie nicht bemerkt, dass nebenan ein Windeldienst ist?«

Sylvia lachte mit ihrer Klientin, aber später wurde sie nachdenklich. Sie erinnerte sich an ein altes Sprichwort: »Wie oben, so unten.« Das Universum hatte nicht vor, sie zu spirituell werden zu lassen. Ob es ihr gefiel oder nicht, sie musste sich auch mit den alltäglichen Dingen befassen. Doch damit nicht genug. Es schien, als ob alle Faktoren, die ihr Leben bislang überschattet hatten – die Untreue ihres Vaters, ihre Affäre mit Ski, ihre Depressionen und Krankheiten, ihre unglückliche Ehe mit Gary –, einen bestimmten Sinn machten. Sie hatte solche Erfahrungen gebraucht, damit sie ein stärkeres Mitgefühl für alle Aspekte des menschlichen Lebens entwickeln konnte. Ihr war klar, dass sie nicht die Priesterin war, die teilnahmslos irgendwelche Durchsagen von hoch oben weiterreichte. Es klingt wie ein Klischee zu sagen, »Ich weiß, was du durchgemacht hast«, aber in Sylvias Fall traf es zu. Auch sie hatte all diese Erfahrungen gemacht.

Sie las ihren Klienten nicht nur die Zukunft, sie fühlte auch ihren Schmerz. Auf diese Weise konnte sie die schlimmsten Fehler vermeiden, die sie bei öffentlichen Readings beobachtet hatte, wo das Medium einfach nur Informationen ablieferte, ohne augenscheinliches Mitgefühl dafür, was gefühlsmäßig in dem Menschen, der diese Informationen empfing, vor sich ging. Jetzt, wo so viele völlig fremde Personen in ihr Leben traten, war es eine Erleichterung für Sylvia zu erkennen, dass ihr auf hartem Weg gelerntes Mitgefühl sie dazu befähigen würde, andere Menschen nicht zu verletzen, sondern zu heilen.

Als Sylvia die Frau anschaute, die vor ihr saß, »sah« sie, dass ihr Mann an multipler Sklerose litt. Sie fragte daraufhin ihre Klientin in sanftem Ton: »Sie wissen, dass Ihr Mann ernsthaft krank ist, nicht wahr?«

Die Frau nickte mit dem Kopf und antwortete: »Ja.«

Als Sylvia ihre hellsichtigen Fühler ausstreckte, wusste sie, dass ihre Klientin die ganze Wahrheit ertragen konnte. »Er wird in zwei Jahren nicht mehr unter uns sein.«

»Aus diesem Grund bin ich zu Ihnen gekommen«, antwortete die Frau. »Ich wollte wissen, wie viel Zeit uns noch bleibt. Ich möchte die Dinge so einrichten, dass wir noch möglichst viel voneinander haben.«

Das Geld bereitete Sylvia in jenen Anfangstagen das größte Kopfzerbrechen. Sie hatte keine Probleme damit, Geld für ihre Lehrtätigkeit an der Schule zu bekommen, aber anderen die Zukunft zu lesen und dafür Geld zu nehmen, war etwas anderes. Sylvia war *schon immer* hellsichtig gewesen. Es fühlte sich für sie so an, als würde sie auf einmal dafür bezahlt, dass sie sie selbst war.

Als Sylvia ihr Ladenbüro an der 249 East Campbell Avenue offiziell eröffnete, nahm sie für ein Reading 7,50 Dollar. In der ersten Woche hatte sie fünf Klienten, einer von ihnen war ein bekannter Zweifler. Er saß Sylvia in einem leicht abgenutzten Secondhandsessel gegenüber, seine Hände zu Fäusten geballt. Während Sylvia sprach, schüttelte er heftig den Kopf.

»Was ist los?«, fragte Sylvia schließlich. »Haben Sie Schmerzen im Nacken?«

»Ich schüttle meinen Kopf, weil ich mit dem, was Sie sagen, nicht einverstanden bin. Ihre Vorhersagen sind totaler Quatsch. Dieses ganze Zeug mit dem Heiraten können Sie vollkommen vergessen. Ich habe mich von einer Ehefrau getrennt, und ich werde das Ganze bestimmt nicht noch einmal durchmachen.«

»Was meinen Sie mit ›totaler Quatsch‹?«, stellte ihm Sylvia die Gegenfrage. »Wie können Sie so etwas sagen, wenn ich über die Zukunft spreche? Wenn Sie die Zukunft voraussagen könnten, dann säßen Sie auf meinem Stuhl und ich säße da, wo Sie jetzt sitzen. Aber lassen Sie uns ruhig Nägel mit Köpfen machen. Wer ist diese armselige Person, die Sie Puff nennen?«

Diese identifizierende Frage erwischte ihn kalt – genauso, wie Sylvia es beabsichtigte. Solche gezielten Aussagen über die Gegenwart machen ein Medium glaubwürdig und stärken das Vertrauen im Klienten, dass sein Gegenüber auch tatsächlich Aussagen über die Zukunft machen kann. Dies ist absolut notwendig, damit ein Reading überhaupt Sinn macht und der Klient einen Nutzen für sich daraus ziehen kann. Manche von Sylvias ersten Klienten waren so skeptisch, dass sie das Gefühl hatte, sie müsse mit ihnen ringen und sie regelrecht unterwerfen, aber auf diese Weise war sie auch immer gezwungen, tatsächlich etwas zu finden, was sie in den Augen ihrer Klienten glaubwürdig machte.

In der zweiten Woche waren es schon 30 Klienten. Eine von ihnen war eine kleine, zierliche Frau Ende 40. Ihr Gesicht war angespannt, und sie wirkte ängstlich. Sie hatte sich kaum hingesetzt, als Sylvia schon eine junge Frau sah, die tot in einer schmalen Gasse lag, die Brust mit Blut überströmt.

Wenn ich eine Information erhalte, dann nur aus dem Grund, um sie auch weiterzugeben, erinnerte sich Sylvia, aber es fiel ihr nicht leicht, ihre Vision zu schildern. »Ich sehe eine junge Frau. Sie ist schlank und hat blondes Haar«, fing Sylvia an.

»Ja, ja«, sagte die Frau und lehnte sich erwartungsvoll vor, ihre Hände umklammerten den Rand von Sylvias Schreibtisch.

»Ihre Haut ist rau, fast pockennarbig«, fuhr Sylvia fort. »Sie ist weit weg von hier. Im Osten – in einer sehr großen Stadt.«

»Das ist meine Tochter. Wegen ihr bin ich zu Ihnen gekommen. Das letzte Lebenszeichen erhielt ich von ihr aus New York. Geht es ihr gut?«

Sylvia atmete einmal tief durch. »Nein, es geht ihr nicht gut. Ich muss Ihnen leider mitteilen, dass sie im Sterben liegt. Wahrscheinlich ist sie sogar schon tot.«

»Ich danke Ihnen«, antwortete die Frau mit ruhiger, kontrollierter Stimme. Ihre Gefasstheit erleichterte Sylvia sehr. »Was ich jetzt sage, mag Sie vielleicht überraschen, aber mir war schon seit langem klar, dass meine Tochter auf eine Katastrophe zusteuerte. Seit ihrer Teenagerzeit hatte sie mit Drogen zu tun. Sie wurde in einen Drogenring verwickelt, aus dem es kein Entrinnen mehr gab.« Die Frau begann leise zu schluchzen. »Ich konnte ihr nicht helfen, niemand konnte mehr etwas für sie tun, aber dieses Warten, diese Unsicherheit war so schrecklich. Ich hatte immer Angst, dass sie ihr wehtun, sie foltern, und fühlte mich so hilflos.«

»Nein«, konnte Sylvia ihr zum Glück sagen, »so war es nicht. Sie ist sehr schnell durch eine Kugel gestorben. Sie hat es wohl noch nicht einmal mitbekommen.«

»Vielen Dank«, wiederholte die Frau und erhob sich kraftlos.

»Soll ich noch mal sehen ob …«, fing Sylvia an.

»Nein, für heute ist es genug, vielleicht komme ich noch einmal wieder. Sie müssen nicht traurig sein. Sie glauben, Sie haben mir schlechte Nachrichten überbracht, aber in Wirklichkeit haben Sie mir geholfen. Ich muss nun keine Angst mehr haben und nichts mehr befürchten. Sie haben mir das Schlimmste erzählt, und selbst das hätte noch schlimmer sein können.«

Sylvia stand auf und öffnete der Frau die Tür. Beide umarmten sich kurz. »Sie haben eine wundervolle Gabe. Bitte hören Sie nicht auf, sie zu benutzen«, sagte die Frau zum Abschied und verschwand. Sylvia schloss langsam die Tür hinter ihr und lehnte sich einen Moment lang gegen sie. Sie war froh, dass sie die richtige Entscheidung getroffen hatte. Es war in der Tat an der Zeit, dass sie sich zu ihren Fähigkeiten bekannte und Bobs Vertrauen in sie würdigte.

Innerhalb eines Monats wurde deutlich, dass Sylvia nicht nur mehr Raum, sondern auch mehr Hilfe brauchte. Ihr Vater Bill kündigte seinen Job und kam, um für die Nirvana Foundation als Büroleiter zu arbeiten. Schon bald wurde er unterstützt von Larry Beck, einem Studenten von der Universität in San Jose. Es dauerte nicht lange, und Larrys Freundin Laurie Halseth arbeitete ebenfalls für die Stiftung.

Eines Tages fragte Laurie Sylvia zaghaft: »Glaubst du, dass Larry und ich jemals heiraten werden?«

»Ja, ich bin mir sicher, dass ihr das tun werdet«, antwortete Sylvia. »Ihr zwei werdet heiraten, aber eure Ehe wird nur fünf Jahre halten. Auf dich wartet noch jemand anderes – und auch auf Larry.« (Ihre Ehe dauerte tatsächlich genau fünf Jahre und elf Tage.)

In der Zwischenzeit war die Nirvana Foundation in neue Räume umgezogen. Das alte Sofa, das durch Ziegelsteine gestützt werden musste, wurde durch ein neueres

Modell ersetzt. Sylvia erhöhte ihre Gebühren auf 15 Dollar pro Sitzung. Es dauerte nicht lange und ein weiterer Umzug wurde notwendig, und dann noch einer. Um die Kosten für ihr ansteigendes Personal und ihre zunehmenden Aktivitäten decken zu können, erhöhte Sylvia ihre Gebühren auf 30 Dollar. Wenn sie darüber nachdachte, dass sie jetzt das Gebäude mit Buchhaltungsfirmen, Finanzberatern und Rechtsanwälten teilte, musste sie manchmal an ihre früheren Hippie-Nachbarn und deren ohrenbetäubende Musik denken.

Heute besitzt die Sylvia Browne Corporation (die Nachfolgerin der Nirvana Foundation) ein großzügig eingerichtetes Büro mit einer Grundfläche von fast 300 Quadratmetern in unmittelbarer Nähe ihres ersten Büros. Sylvia hat 14 fest angestellte Mitarbeiter. Zu ihnen gehören Larry als Geschäftsführer, Sylvias Schwester Sharon und Sylvias Sohn Chris, der selbst Readings gibt. Eine Vielzahl von Kursen und anderen Dienstleistungen wird regelmäßig angeboten sowie eine große Auswahl an Büchern und Kassetten. Aber der Schwerpunkt ist und bleibt der Raum, in dem die Zukunft gelesen wird.

Von Anfang an war Sylvia klar, dass sie im Wesentlichen in den Lebensplänen der Menschen las, die zu ihr kamen. »Woher stammen diese Pläne?«, fragte sie Francine.

»Jeder Mensch entwirft seinen Lebensplan, der mit der Geburt beginnt. Jeder entscheidet, welche Eltern er hat, wie seine Kindheit aussieht, wen er heiratet, welchen Beruf er ergreift, wie es um seine Gesundheit steht und wie er sterben wird...«

»Aber warum sollte jemand all die schrecklichen Dinge wählen, die ständig um uns herum passieren?«

»Die Lektionen des Lebens sind unerlässlich. Die Seele entwickelt sich nur weiter, wenn sie Widerstände überwinden muss. Überleg mal, Sylvia – was hast du aus den angenehmen Erfahrungen gelernt?«

Sylvia überlegte einen Moment und musste zugeben, dass die Ergebnisse nicht sehr beeindruckend waren. Es waren die harten Zeiten, die sie stark gemacht hatten. Sie erinnerte sich auf einmal lebhaft an die dunklen Tage ihrer Depression und das Gefühl der Befriedigung, wenn sie sich klarmachte: *Ich habe es geschafft. Ich musste durch vieles hindurch und habe mich nicht kleinkriegen lassen. Ich bin morgens aufgestanden, habe mir die Haare gekämmt und das getan, was anfiel. Ich habe mich um Paul gekümmert, als Lehrerin gearbeitet, für Gary gekocht, das Haus sauber gehalten – und was sonst noch alles dazugehört.* Durch all diese Erfahrungen konnte sie Klienten besser verstehen, die sich in der gleichen Situation befanden. Aufgrund dessen, was sie durchgemacht hatte, war sie in der Lage, anderen wirklich zu helfen, und dies war offensichtlich *ihr* Lebensplan.

Aber es gab auch einige Menschen, denen Sylvia nicht helfen konnte. Einer von ihnen war Curtis Bitney.

Sie kannte ihn, weil er ein Freund ihres Sohnes Chris war. In seiner Teenagerzeit waren die Aktivitäten rund um die Nirvana Foundation für Curtis wie Brot und Wasser. Als er zum ersten Mal an einer offenen Trance-Sitzung teilnahm, hatte er alle Anwesenden dadurch überrascht, dass er Francine als eine alte Freundin begrüßte. Während andere der Geistführerin gegenüber mit bewunderndem Respekt gegenübertraten, ging Curtis gleich nach vorn und setzte sich neben das Sofa, auf dem Sylvia in Trance lag. »Hallo, Francine«, begrüßte er sie herzlich, »wie geht es dir?«

»Sehr gut, Curtis«, antwortete sie. »Schön, dich hier zu sehen.«

Curtis wollte alles wissen, was mit dem Übernatürlichen zusammenhing. Er nahm an Forschungsprojekten teil und half Sylvia, wo er nur konnte. Da er in eines seiner früheren Leben zurückgehen wollte, schrieb er sich sogar in ihren Hypnosekurs ein. Als Sylvia ihn eines Tages in der ersten Reihe sitzen sah, hatte sie die schreckliche Vision, wie er tot neben seinem zertrümmerten Motorrad auf dem Highway 17 lag.

»Nimm die Sache ernst«, ermahnte sie ihn, »ich möchte nicht, dass du mit deinem Motorrad auf der Stadtautobahn fährst. Halte dich vom Highway 17 fern, ich meine es ernst. Versprichst du mir das?«

»Ja, sicher«, antwortete er und schaute lachend in die andere Richtung. Drei Tage später war er tot. Ein Auto war auf dem Highway 17 von der Seite in sein Motorrad gefahren.

Sylvia war zutiefst bestürzt. Warum hatte er ihre Warnung in den Wind geschlagen? Mit Bitterkeit dachte sie an die, die ihr vorgeworfen hatten, dass sie mit ihrer Hellsichtigkeit versuchen würde, das Leben ihrer Klienten zu kontrollieren. Es war unmöglich. Jeder erfüllte das Schicksal, das er sich selbst geschaffen hatte. Aus welchem Grund auch immer, Curtis hatte sich dafür entschieden, genau zu dem Zeitpunkt und auf die Art zu sterben, wie es geschehen war. Manchmal war es nicht möglich, dem Lebensplan zu entrinnen – sie konnte ihn nicht verändern.

Bei anderen Gelegenheiten schien es so, als sei Sylvia ein Teil des Lebensplans ihrer Klienten, sodass ihre Informationen dazu dienen konnten, eine Katastrophe zu verhindern. Als Kent Herkenrath sie in den ersten Monaten des Jahres 1979 aufsuchte, sah sie einen Flugzeugabsturz, der im Mai irgendwo im Mittleren Westen der USA stattfinden sollte. »Besteigen Sie auf keinen Fall im Mai ein Flugzeug«, warnte sie ihn.

»Aber genau zu dem Zeitpunkt kehre ich von einer Geschäftsreise nach Chicago zurück«, erzählte er ihr. »Ich kann es nicht zulassen, dass Ihre Vorhersage mein Leben ruiniert.«

»Die Entscheidung liegt natürlich bei Ihnen, aber ich habe eine klare Vision. Sie rennen durch den Flughafen, um Ihr Flugzeug nicht zu verpassen. Wenn ich Sie wäre, würde ich nicht in dieses Flugzeug einsteigen.«

Zwei Monate später war Herkenrath im O'Hare Airport. Er war spät dran und musste sich beeilen, um seinen Flug nach San Jose nicht zu verpassen. Als er am Abfertigungsschalter stand, fiel sein Blick beiläufig auf die Zeittafel. Es war Mai. Sylvias Warnung kam ihm wieder in den Sinn. Schon fast im Laufschritt näherte er sich dem Flugsteig. Die übrigen Passagiere gingen bereits an Bord.

Ken zeigte dem Steward seine Bordkarte, aber dann zog er sie zurück. Der Mann schaute ihn verwirrt an. »Es tut mir Leid, ich habe mich geirrt, ich werde einen Flug später fliegen«, murmelte er verlegen und ging wieder zurück.

Das Flugzeug DC-10 der American Airlines stürzte kurz nach dem Start ab und riss 275 Menschen in den Tod. Es war der 25. Mai 1979.

Sylvia musste später noch oft an die beiden Männer denken. Der eine hatte ihre Warnung ernst genommen und lebte, der andere hatte es vorgezogen zu sterben. Könnte es sein, fragte sie sich, dass sie aus irgendeinem Grund ein Teil von Kents Lebensplan war, sodass er zu ihr kommen konnte, um die Warnung zu erhalten, die sein Leben rettete?

Schon als Mädchen wusste Sylvia, dass das Leben der meisten Menschen nach einem bestimmten Lebensplan ablief. Aber nun, da immer mehr Menschen zu ihr kamen, erkannte sie, dass jedem individuellen Plan eine bestimmte Komponente fehlte.

»Mein Leben ist eine einzige Katastrophe«, behauptete fast jeder Klient. »Alles läuft schief.« Aber wenn Sylvia auf übersinnliche Weise nachforschte, stellte sie fest, dass nicht alles schief lief, sondern nur ein bestimmter Bereich problematisch war. Seltsamerweise war genau dieser Problembereich für sie sehr schwer zu lesen. Mit Ausnahme dieses Bereichs war der individuelle Lebensplan eines Klienten für sie auf hellsichtige Weise zugänglich, jeder Lebensaspekt war klar zu erkennen. Ein Bereich blieb immer vage, so dass hier keine endgültige Aussage getroffen werden konnte. Bei den einen war dieser Bereich das Geld, bei anderen die Liebe und bei wieder anderen der Beruf.

Da sie sich keinen Reim darauf machen konnte, zog sie Francine zu Rat. »Was bedeutet das?«, fragte sie.

»Jene Bereiche – die vagen, unentschlossenen – stellen bestimmte Optionen dar«, erklärte die Geistführerin. »Wenn jemand seinen Lebensplan festlegt, wählt er gleichzeitig einen Bereich, der offen bleibt. Auf diese Weise wird das Leben interessant.«

Sylvia war da anderer Meinung. Für sie machte der offene Bereich das Leben schmerzvoll. Überall um sich herum sah sie Trauer und Frustration. Es wurde immer deutlicher, dass nur sehr wenige Menschen in einem glücklichen Zustand zu ihr kamen. Die meisten hatten schon einiges durchgemacht und waren sehr müde. Sylvia hatte immer mehr das Gefühl, dass ihre Praxis eine Durchlaufstation war, in der die Menschen schnell wieder zusammengeflickt und auf ihren weiteren Weg geschickt wurden, weil draußen schon hundert andere auf Hilfe warteten.

Auf der anderen Seite beobachtete ein guter Freund von ihr, William Yabroff – außerordentlicher Professor für Psychologie an der Universität von Santa Clara, der angefangen hatte, mit ihr in der paranormalen Forschung zusammenzuarbeiten –, wie ihre bemerkenswerte Arbeitsweise in der Praxis aussah. Immer wieder war Sylvia in der Lage, fast augenblicklich zum Kern des Problems vorzustoßen. Auf diese Weise konnte sie Heilungsprozesse bewirken, für die ein konventioneller Therapeut mehrere Jahre gebraucht hätte.

Wie schon in den frühen Tagen, konzentrierte sich Sylvia jetzt in ihrer Arbeit auf die »Optionslinien«, also jene

Bereiche, die im Lebensplan offen waren. Es gab sieben solcher Optionslinien, nämlich Gesundheit, Beruf, Spiritualität, Liebe, Finanzen, soziales Leben und Familie. Obgleich sie gewöhnlich keine Informationen über sich selbst erhielt, erkannte Sylvia sehr schnell, dass ihre eigene Optionslinie die Familie war. Wie sehr sie sich auch immer anstrengte, es gelang ihr nie, die Mitglieder der Familie miteinander zu versöhnen. Bill und Celeste stritten sich weiterhin, und Paul und Chris sind auch nicht immer gerade die besten Freunde. Sylvia versucht trotzdem immer noch, es allen recht zu machen. Oftmals ist es ein aussichtsloses Unterfangen.

Der einzige Unterschied liegt darin, dass Sylvia sich heute dieser Sache bewusst ist. Sie weiß inzwischen, dass sie sich vor ihrer gegenwärtigen Inkarnation bewusst im Jenseits für diese Option, mit Familienproblemen konfrontiert zu sein, entschieden hat. Durch diese Erkenntnis gelingt es ihr, ihr mühsam erkämpftes Gleichgewicht zu halten. Ihrer Meinung nach wird das Leben erst dadurch schwer, dass man sich hilflos und als Opfer fühlt.

Von Anfang an fiel Sylvia auf, dass Menschen, die Probleme mit der Optionslinie haben, schnell glauben, dass ihr ganzes Leben ein heilloses Durcheinander sei. »Alles ist furchtbar«, hatte ihr ein Klient einmal geklagt.

Sie betrachtete den Mann, der Ende 40 war und einen guten Eindruck machte, und schüttelte den Kopf. »Nein, das stimmt nicht«, überraschte sie ihn. »Ihre Gesundheit ist gut, ihre berufliche und finanzielle Situation ebenfalls.« Sie zählte jeden Bereich mit den Fingern auf. »Nur ihr Liebesleben ist total daneben. Sie fallen auf eine Frau nach der anderen herein. Früher oder später langweilen Sie sich, machen sich keine Illusionen mehr und werden depressiv. Oder die Frauen verlassen Sie, um sich einen jüngeren Mann zu angeln, was Sie noch unglücklicher macht.«

»Ja, Sie haben Recht«, stimmte er zu. »Das scheint genau mein Muster zu sein. Was auch immer geschieht, am Ende bin ich allein und fühle mich miserabel. Vielleicht sind die anderen Bereiche in meinem Leben ganz in Ordnung, aber welchen Sinn macht es, all die anderen Dinge zu haben, wenn niemand da ist, mit dem ich sie teilen kann? Ich frage mich wirklich, warum ich mir immer die falschen Frauen aussuche.«

»Dieses Zimmer könnte voll von Frauen sein, und trotzdem würden Sie die falsche wählen – zumindest in Bezug auf eine dauerhafte Beziehung.«

»Ich möchte eine dauerhafte Beziehung, wirklich«, betonte er. »Ich fühle mich schrecklich und bin es leid.«

»Dann programmieren Sie sich um«, schlug Sylvia vor. »Machen Sie sich klar, was Sie wirklich von einer Frau wollen. Schreiben Sie es auf, wenn es für Sie leichter ist. Was auch immer Sie tun, werden Sie sich über Ihre Beweggründe bewusst. ›Ich möchte eine Frau, die vier Jahre jünger ist. Sie sollte offen und humorvoll sein und gut mit allen Menschen auskommen. Außerdem sollte sie mitfühlend und fürsorglich sein‹, was auch immer Sie an einer Frau schätzen. Werden Sie sich bewusst, was Sie wirklich wollen, und verfolgen Sie Ihr Ziel. Akzeptieren Sie keine Frau, die Ihren Wünschen nicht gerecht wird. Sie bestimmen Ihr Leben selbst. *Sie sind kein Opfer.* Sie müssen sich nicht gleich die Nächstbeste schnappen, sondern können die Frau finden, die Ihnen entspricht. Sie können die Beziehung und das Leben führen, das Sie möchten – wenn Sie sich dafür entscheiden, sich dieses Ziel zu setzen.«

Sylvia bemerkte, dass sich diese Art von Ratschlag auch gut auf Probleme mit anderen Optionslinien anwenden ließ. Eine Frau, die an Krebs erkrankt war und die von den Ärzten schon aufgegeben war, drehte ihr Leben buchstäblich um und führte drei Jahre später ein gesundes und normales Leben. Ein Mann, der kurz vor dem Bankrott stand, programmierte sich so, dass er wieder zahlungsfähig wurde.

Eine Optionslinie ist tatsächlich eine Option. Oftmals scheint dieser unscharfe Bereich das ganze Leben zu durchdringen, aber Sylvia hat das Gefühl, dass der Heilungsprozess beginnt, wenn man das zentrale Problem erkannt hat und geeignete Hilfsmaßnahmen ergreift. Man kann entweder die Entscheidung treffen, mit dem Hin und Her aufzuhören und positive Veränderungen herbeizuführen, oder man kann erkennen, dass man sich die Optionslinie aus einem bestimmten Grund ausgesucht hat, und lernen, mit ihr zu leben.

Sie selbst hatte sich für die zweite Möglichkeit entschieden. Indem sie erkannt hatte, dass die Situation ihrer Familie für sie eine Gelegenheit zum Wachsen war, lernte Sylvia, sie zu akzeptieren und das Beste für sich daraus zu machen. Die Frustration, der verzweifelte Wunsch, wild zu agieren, war verschwunden, und das ermöglichte ihr, sich auf die entscheidenden Dinge im Leben zu konzentrieren.

9

Protokoll einer Gespenstersuche

Als Dr. Marshall Renbarger zu Jahresbeginn 1975 seine neuen Praxisräume in San Jose bezog, freute er sich über die ausgezeichnete Lage an der Crown Avenue. Aber dann geschahen merkwürdige Dinge.

Zuerst hörte er laute, dröhnende Kirchenglocken, obwohl es weit und breit keine Kirche gab. Dann spürte er, dass er nicht allein war, auch wenn sich niemand anderes in seiner Gegenwart aufhielt. Und schließlich sah er seltsame, in dunkle Umhänge gehüllte Männer schweigend durch seine Praxis gleiten.

Als sich herausstellte, dass er der Einzige war, der diese Dinge sah und hörte, fing Dr. Renbarger an, sich Sorgen zu machen. »Vielleicht werde ich verrückt«, bekannte er einer befreundeten Person. »Du wirst nicht glauben, was hier alles los ist.«

Die befreundete Person unterbrach ihn. »Ich komme gleich mal vorbei, um mir das Ganze anzuschauen.«

Zum Glück für Dr. Renbargers Seelenfrieden hieß die Person, mit der er befreundet war, Sylvia Browne, die sich sofort der Situation annehmen konnte.

Als Sylvia seine Praxisräume betrat, stieg ihr sofort der Geruch von Weihrauch in die Nase. »Benutzt du Räucherstäbchen?«, fragte sie. »Der Geruch ist sehr stark.« Renbarger sah sie verwirrt an: »Nein«, antwortete er, »nichts dergleichen.«

Als sich Sylvia im Wartezimmer umschaute, sah sie mehrere Szenen, die sich überlagerten. Sie sah einen Kirchturm, dann eine Glocke. Als sie näher hinschaute, schienen sich die Wände aufzulösen. Da war ein kleines Taufbecken, und an der Seite sah sie eine Reihe kleiner Zellen, in denen Mönche im Gebet knieten. Dann lief direkt vor ihren Augen ein weiterer Mönch quer durch Renbargers Wartezimmer und läutete dabei eine kleine Glocke.

»Was siehst du?«, wollte der Arzt wissen. »Was spielt sich vor deinen Augen ab?«

»Ich weiß, es klingt verrückt, aber hier existiert noch eine völlig andere Welt. Gleichzeitig mit unserer Welt geschieht hier noch etwas völlig anderes. Hier gibt es eine Art Kirche. Sie ist sehr klein, eher eine Kapelle.«

»Wie sieht sie aus?«

»Sie ist sehr einfach, primitiv, *alt*. Ich habe so etwas noch nie zuvor gesehen.«

»Ist es eine Missionsstation?«, fragte Renbarger.

»Ja! Das ist es. Eine kleine Missionsstation, eine spanische Missionsstation.«

»Und was ist mit Menschen?«, flüsterte er beinahe, »siehst du auch irgendwelche Menschen?«

»Ja, einige. Sie tragen lange braune Gewänder. Sie sind sehr geschäftig und führen alle möglichen Aufgaben aus. Sie scheinen dabei sehr glücklich zu sein.«

»Ich bin nicht glücklich darüber, dass ich meine Praxis mit einem Haufen Toter teilen muss.«

»Du hast wirklich nichts von ihnen zu befürchten«, versicherte ihm Sylvia. Renbarger hatte da seine Zweifel, aber in diesem Augenblick kam sein erster Patient und unterbrach das weitere Gespräch.

Sylvia schlug vor, dass Renbarger einige Nachforschungen im Bezirksarchiv anstellen sollte. Er tat dies und fand dort tatsächlich die Bestätigung, nach der er suchte. In den Anfangstagen von Kalifornien hatte eine spanische Kapelle genau dort gestanden, wo jetzt seine Praxis war.

»Sylvia, du hattest Recht, die alten Grundbücher weisen auf diesem Grundstück eine Missionsstation aus.«

»Mach dir keine Sorgen«, versicherte sie ihm erneut, »es ist alles sehr friedlich. Die Priester scheinen sich glücklich ihrer irdischen Routine hinzugeben. Sie wollen nichts anderes tun. Du existierst zwar nicht in ihrer Dimension, aber selbst wenn dem so wäre, würden sie dir nichts zuleide tun.«

Renbargers Erlebnisse erinnerten Sylvia an ihre eigenen. Die heiteren Schwingungen, die sie in den Praxisräumen spürte, waren etwas völlig anderes als die finstere Aura, die das Haus in Missouri umhüllte, in dem sie Jahre zuvor mit Gary gelebt hatte. Wie verängstigt sie damals gewesen war und wie hilflos sie sich gefühlt hatte. Aber war das alles nicht zum Teil auch eine Widerspiegelung ihres emotionalen Zustandes während jener Zeit gewesen?

Nun hatte Sylvias Leben mit ihrer neuen Ehe und ihrer neuen beruflichen Entwicklung eine neue Grundlage bekommen. Sie vertraute auf das, was kam, und war bereit, in einen neuen Bereich der paranormalen Forschung einzudringen. Mit ihrer Stiftung hatte sie bereits angefangen, Phänomene zu dokumentieren, die das Weiterleben der Seele nach dem Tod bewiesen. Waren Gespenster und Spukhäuser nicht ein weiterer Aspekt desselben Themas?

Im Gegensatz zu den meisten anderen Erforschern des Paranormalen hatte Sylvia Zugang zu einer wahren Expertin in diesem Gebiet. »Wodurch kommen Spukphänomene zustande?«, fragte sie Francine. »Was hat es mit ihnen auf sich?«

»Spukphänomene werden oft durch erdgebundene Seelen verursacht, die das Gefühl haben, hier auf der Erde noch nicht alles erledigt zu haben«, antwortete ihre Geistführerin. »Die Mönche, die du gesehen hast, sind hierfür ein Beispiel. Sie wissen einfach nicht, dass sie tot sind, und so machen sie mit den vertrauten Ritualen weiter. In diesem Fall sind die zurückerinnerten Leben friedlich und glücklich verlaufen, aber das trifft nicht auf alle erdgebundenen Seelen zu. Oftmals sind sie auch verwirrt oder frustriert. Sie suchen nach einer bestimmten Person oder einem bestimmten Gegenstand. Oft versuchen sie auch, einen Fehler wieder gutzumachen. Aber«, fuhr sie fort, »die Phänomene, die du für Spuk hältst, können auch andere Ursachen haben. Imprägnierungen beispielsweise.* Manchmal ist die Energie positiv – schöne Zei-

* Imprägnierungen sind das Resultat eines starken emotionalen Geschehens, das einen übersinnlichen Eindruck hinterlässt, den sensitive Menschen spüren können. Stell dir vor, eine Faust bohrt sich in Ton – der Eindruck des Ereignisses bleibt bestehen, während das Ereignis selbst nur einmal stattgefunden hat.

ten erzeugen ein lichtes, wohltuendes Ambiente –, aber manchmal ist auch genau das Gegenteil der Fall.«

Sylvia musste sofort an das Haus in Sunnyvale denken, in dem sie bis zur Trennung mit Gary gelebt hatte. Das Doppelhaus, das immer noch ihren Eltern gehörte, war der Schauplatz von vielen unschönen Szenen gewesen, als sie und Gary dort lebten. In letzter Zeit hatten es ihre Eltern nacheinander an mehrere Paare vermietet, mit verheerenden Auswirkungen auf deren jeweilige Ehe. Gegenwärtig denken Bill und Celeste darüber nach, es zu verkaufen.

Viele der Mieter waren frisch verheiratet, und alle waren am Anfang glücklich und liebevoll miteinander. Aber wie frisch verliebt die Paare auch am Anfang gewesen sein mögen, die Nachbarn beschwerten sich bald über den Lärm und das Geschrei in dieser Doppelhaushälfte. Fast bei jedem Paar kam es zu gewalttätigen Auseinandersetzungen. Kein Paar lebte lange dort, und es gab immer den gleichen Grund zum Auszug – die Scheidung.

»Ich weiß auch nicht, was in mich gefahren ist«, sagte der Mann fast immer, vergeblich bemüht, seinen Gewaltausbruch zu erklären. »Es ist schon merkwürdig, er hat sich vorher nie so benommen«, sagten die Ehefrauen fast übereinstimmend.

Sylvia war klar, dass etwas mit dem Haus geschehen musste.

»Es ist an der Zeit, dass du einen Exorzismus durchführst«, verkündete Francine überraschend.

Sylvia war schockiert. Sie wusste nichts über Exorzismus und hatte keine Ahnung, was sie tun sollte.

»Es ist ganz einfach«, versicherte ihr Francine. »Nimm eine weiße Kerze, Salz und heiliges Wasser. Streu das Salz in einem Kreis um das Haus, versiegele jede Tür und jedes Fenster mit dem Wasser. Führ die Zeremonie durch, wenn es dunkel ist, und leuchte dir deinen Weg mit der weißen Kerze.«

Sylvia hatte Bedenken. »Woher bekomme ich heiliges Wasser?«

»Du kannst selbst heiliges Wasser herstellen, wenn du normales Wasser drei Stunden lang ins Sonnenlicht stellst. Mach während dieser Zeit dreimal ein Kreuzzeichen über dem Wasser.«

Sylvia zweifelte jetzt noch mehr an der ganzen Sache. Es klang ihr alles zu kitschig.

»Es ist *nicht* kitschig«, versicherte ihr Francine. »Solche Rituale haben deshalb Kraft, weil sie schon uralt sind. Tu einfach das, was ich dir sage, und du wirst es selbst sehen.«

Widerstrebend willigte Sylvia ein. Wenn tatsächlich ein Exorzismus notwendig war, dann musste er so schnell wie möglich geschehen. Sylvia ging sehr spät in der Nacht allein zum Haus, in der Hoffnung, dass die gegenwärtigen Mieter schlafen würden. Erleichtert stellte sie fest, dass das ganze Haus dunkel war. Sie stieg so leise sie nur konnte aus dem Wagen aus. Dann lief sie mit der Kerze um das Haus und hielt dabei vor jeder Tür und jedem Fenster, um sie mit Wasser zu besprengen.

Zuerst fühlte sich Sylvia komisch, aber als sie die Schwingungen des Hauses aufnahm, konnte sie den Schmerz und die Anfeindungen fühlen. Sie betete leise für Frieden, und zwar für einen Frieden, der nicht nur das junge Paar heilen würde, das in dem Haus schlief, sondern auch das Gebäude selbst.

Als sie vor der Verandatür kniete und gerade dabei war, Salz über die Schwelle zu streuen, öffnete sich ein Fenster im Nachbarhaus.

»Was zum Teufel tun Sie da?«, wollte ein Mann wissen.

»Ich töte nur ein paar Schlangen.« Es war die beste Entschuldigung, die ihr in diesem Moment einfiel. Einen Augenblick lang herrschte absolutes Schweigen, das Sylvia wie Stunden vorkam. Sie stellte sich vor, wegen Hexerei verbrannt oder zumindest in der Morgenzeitung geröstet zu werden. Aber dann wurde das Fenster wieder geschlossen. Vorsichtig und gezielt setzte Sylvia daraufhin ihre Arbeit fort. Nachdem jede Öffnung sorgfältig versiegelt worden war, stieg Sylvia wieder ins Auto und fuhr nach Hause.

Zu ihrer großen Erleichterung war der Exorzismus ein voller Erfolg – und zwar auf allen Ebenen. Keine Gewalt und keine Probleme irgendwelcher Art wurden mehr berichtet. Die Mieter und die Nachbarn waren glücklich und zufrieden. Der Ärger löste sich genauso unerklärlich in Luft auf, wie er angefangen hatte.

Spukphänomene, seien sie verursacht durch Imprägnierungen oder durch erdgebundene Seelen, ließen Sylvia nicht mehr los. Sie war fest entschlossen, gesicherte Fallstudien zu erarbeiten und zu dokumentieren. Glücklicherweise brauchte sie nicht lange zu suchen. Eines der berühmtesten Spukhäuser der Welt befand sich nur ein paar Meilen vor ihrer eigenen Haustür.

Es handelte sich um Sarah Winchesters berühmtes, sagenumwobenes Anwesen in San Jose, wo es jeden Abend wie zu Halloween zugeht. Eine Aura düsterer Vorahnung umgibt die massive, labyrinthartige Struktur des Ortes. Die Turmspitzen, Minarette und Kuppeln liegen dunkel und still da und ragen in einen scheinbar immer grollenden Himmel. Im Inneren des Gebäudes gibt es Falltüren, Geheimgänge und Türen, die ins Freie führen. Das im viktorianischen Stil mit vielen gotischen Elementen gebaute Anwesen ist ein lebendiges Monument für die Toten. Die Legende von Sarah Winchester, die vergeblich versuchte, der unerbittlichen Realität von Leben und Tod zu entkommen, ist überall gegenwärtig.

Die Lebensgeschichte von Sarah Winchester – der vielleicht rätselhaftesten Frau in der Geschichte des amerikanischen Westens – ist genauso faszinierend wie die Geschichte des Hauses. Für die Pioniere des 19. Jahrhunderts war das Winchester-Gewehr »die Waffe, mit der der Westen erobert wurde«. Für Sarah Pardee Winchester, Erbin des Vermögens der Winchester Repeating Arms Company, war die Waffe ein Instrument des Teufels und ein böses Omen, das sie schließlich zerstören würde.

Sarah, die Witwe des einzigen Sohnes des Gewehrherstellers, erhielt von einem Medium aus Boston die Information, dass die Geister von allen Menschen, die durch eine Winchester getötet worden waren – und der überwiegende Großteil von ihnen waren indianische Ureinwohner – einen feierlichen Fluch über sie verhängt hätten. Das Medium wies Sarah an, dass sie dem Fluch dadurch entkommen könne, wenn sie in den Westen ziehen und ein Haus bauen würde. Solange das Haus nicht fertig gestellt sei, könnten die rachsüchtigen Geister ihr nichts anhaben.

Die unglückliche Erbin nahm gehorsam ihr »Blutgeld«, wie sie es nannte, und zog nach San Jose, wo sie ein acht Zimmer großes Bauernhaus kaufte. Sie fing an, es umzubauen und zu erweitern – genauso, wie es ihr aufgetragen worden war. Das Ausbauprojekt fing 1884 an und sollte die nächsten 38 Jahre ihres Lebens in Anspruch nehmen. Letztlich arbeiteten Hunderte von Handwerkern rund um die Uhr für sie, selbst an Sonn- und Feiertagen. Sie hielten sich dabei exakt an die Pläne, die Sarah Winchester aus dem Jenseits erhielt.

Mrs. Winchester empfing ihre Informationen im Séance-Zimmer, in das sie sich abends allein zurückzog. Am nächsten Morgen reichte sie die neuen Pläne, die bis ins Detail ausgearbeitet waren, an den Vorarbeiter weiter. Hunderte von Räumen wurden dem ursprünglichen Haus hinzugefügt und viele wurden schon bald wieder verändert, um neuen Ideen von Mrs. Winchesters nächtlichen Architekten Platz zu machen. Ihre geisterhaften Berater waren kapriziös und unersättlich, sie forderten immer mehr Räume, einen Balkon und einen Schornstein und einen Turm nach dem anderen. Das Haus nahm immer mehr Platz in Anspruch, und schließlich erreichte es eine entfernte Scheune, die es zuerst wie ein Tumor umschloss und dann schließlich verschlang. Überall reckten sich

Beobachtungstürme in die Höhe, nur um von späteren Konstruktionen wieder verschluckt zu werden.

Heute existieren noch 160 Räume dieses Labyrinths. Sie sind von den geschätzten 750 Zimmern übrig geblieben, die miteinander durch Tricktüren, sich selbst überschneidende Balkone und Treppen ins Nichts verbunden waren. Verwirrende Korridore schlängelten sich buchstäblich meilenweit in allen Richtungen durch das Haus. Viele Geheimgänge befanden sich im Innern der Wände. Einige endeten in Wandschränken, andere liefen direkt gegen eine andere Wand. Die Tür eines Geheimgangs war die Rückseite eines begehbaren Kühlschranks. Die Dielen variierten in ihrer Breite von 60 cm bis zu normaler Größe, und einige Decken waren so niedrig, dass eine Person mit durchschnittlicher Größe sich bücken musste, wenn sie sich nicht den Kopf anschlagen wollte.

Das Ganze wird erklärlich dadurch, dass es sich um ein Haus handelte, das von Geistern für Geister konzipiert worden war. Wenn man Geschichten aus diesem Bereich Glauben schenken will, so lieben es Geister über alles, durch Kaminabzüge zu verschwinden. Sarah, die gehorsam alles ausführte, stellte ihnen nicht nur einen, sondern gleich 47 solcher Fluchtmöglichkeiten zur Verfügung. Das Séance-Zimmer, in dem Sarah ihre Anweisungen empfing, war für andere Menschen tabu. Diejenigen, die diesen verbotenen Kultraum nach ihrem Tod betraten, sollen in dem kleinen blauen Zimmer nur ein Wandschränkchen, einen Lehnstuhl, einen Tisch, einen Stapel Papier und ein Ouija-Brett für automatisches Schreiben vorgefunden haben.

Trotz all ihrer Bemühungen, dem Tod zu entkommen, starb Sarah Winchester am 5. September 1922. Noch heute kann man eine Nagelreihe bewundern, die nur halb eingeschlagen war, weil die Handwerker buchstäblich den Hammer fallen ließen, als sie hörten, dass die 85-jährige Einsiedlerin sanft im Schlaf gestorben war.

Von ihrer Erbschaft von 21 Millionen Dollar gab die Witwe mindestens 5,5 Millionen noch nicht von der Inflation entwerteter Dollar aus, um ihre Freunde im Jenseits zu erfreuen. Obgleich Gespenster in der Regel undankbar und unersättlich sind, waren sie mit Mrs. Winchester bestimmt zufrieden.

Aber die Geschichte hört hier noch nicht auf. Das Anwesen, »bekannt als die größte und merkwürdigste Villa der Welt«, wurde nach Sarahs Tod ein Museum. Später wurde es vom kalifornischen Staat zu einer historischen Sehenswürdigkeit ernannt und bei der Nationalpark-Verwaltung als historischer Ort eingetragen. Die Zimmer und der weitläufige Garten wurden renoviert. Die Instandhaltung eines so riesigen Anwesens erfordert ständige Pflege. Die Geräusche, die man heute tagsüber dort hört, sind jedoch nicht gespenstischer Natur. Der Hammer des Zimmermanns hallt heute noch genauso über das Anwesen wie zu dessen Blütezeit.

Aber es gab auch immer andere, seltsame und verwirrende Geräusche. Über die Jahre hinweg haben Besucher und Angestellte von einer Vielzahl von Phänomenen berichtet – zum Beispiel Kettenrasseln, Flüstern, Fußschritte, kalte Stellen und neblige Geistererscheinungen. Für Sylvia war diese reale Horrorgeschichte wie geschaffen für eine genauere Untersuchung. Hier hatte sie ideale Bedingungen, um übersinnliche Nachforschungen anzustellen.

Gesagt, getan. Schon bald hatte sie von den Besitzern die Erlaubnis, eine Nacht in dem Haus verbringen zu dürfen. Zu ihrem Team gehörten noch vier weitere Personen – Dal, ein Fotograf, ein Forscher von ihrer Stiftung und jemand, der alles schriftlich festhielt. Sylvia bereitete sich vor, indem sie sich nicht vorbereitete und bewusst darauf verzichtete, etwas über das Haus und seine Bewohner in Erfahrung zu bringen. Damals wusste Sylvia nicht mehr über Sarah Winchester, als dass sie einmal die Besitzerin dieses geheimnisvollen Anwesens gewesen ist.

Nachdem sie das Haus betreten hatte, bezog Sylvia ihr »Basislager« in Sarah Winchesters Séance-Zimmer. Es war eines der wenigen Zimmer, die über Elektrizität verfügten. Wegen der Anfälligkeit für Feuer waren nur in einem kleinen Teil des Anwesens elektrische Leitungen gelegt. Das leere Séance-Zimmer, wo nur eine Glühbirne von der Decke baumelte, wurde schnell zu einer Anlaufstelle für das gesamte Team. Die gewundenen Durchgänge, die einen schon bei Tageslicht einschüchterten, waren in der Dunkelheit noch Furcht erregender. Das Tonbandgerät wurde ausgepackt, zusammen mit zwölf Tonbändern, die noch in Zellophan verschweißt waren. Außerdem hatten sie sechs Fotoapparate, viele Negativfilme und einen Metalldetektor mitgebracht.

Vom Séance-Zimmer aus unternahm die kleine Gruppe Vorstöße in andere Teile des Hauses. Jeder spürte dabei plötzlich auftretende eisige Windzüge oder kalte Stellen, für die es keinen erklärbaren Grund gab. Einmal wunderten sie sich über umherhuschende Lichter, die sie sich nicht erklären konnten, eine Art psychedelische Lichtshow, die wie aus dem Nichts kam und genauso plötzlich wieder verschwand. Im Schlafzimmer von Sarah Winchester wurde die Entschlossenheit der Gruppe, die in totaler Dunkelheit verharrte, dadurch getestet, dass sich ihnen zwei große rote Kugeln auf einmal ärgerlich entgegenstellten, dann vor ihren Augen zu explodieren schienen und sich wieder in die Dunkelheit auflösten.

Sylvia war die einzige, die Orgelmusik hörte. Am nächsten Tag jedoch, als die mitgelaufenen Tonbänder abgehört wurden, konnten auch andere diesen Klang hören. Dies scheint besonders bemerkenswert zu sein, denn es stellte sich heraus, dass Sarah Winchester das Orgelspiel liebte und oft ganze Nächte hindurch spielte, wenn ihre Arthritis so schmerzte, dass sie nicht schlafen konnte.

Während der Rest der Gruppe im Schlafzimmer auf dem Fußboden saß und sich an Schreibblöcke und Fotoapparate klammerte, beschrieb Sylvia flüsternd ein Paar, das sie vom Türeingang her beobachtete. Während der 38 Jahre, in denen Sarah Winchester in dem geheimnisvollen Anwesen wohnte, waren ihre Diener und ihre Angestellten ihr gegenüber immer strikt loyal gewesen. Sie haben ihre Privatsphäre geschützt und ihre exzentrische Art verteidigt. Sie beschrieben sie als intelligent und willensstark und sagten, sie sei immer fair und freundlich gewesen. Ihre Mitarbeiter wurden gut bezahlt und oft mit lebenslangen Pensionen oder Immobilien belohnt.

Nach ihrem Tod schien Sarah noch die gleiche fürsorgliche Aufmerksamkeit zu bekommen. »Ich sehe einen Mann und eine Frau, die gekleidet sind wie zu Anfang des 20. Jahrhunderts«, erklärte Sylvia. »Die Frau – ihr Name ist Maria – sieht spanisch aus. Sie wischt sich die ganze Zeit ihre Hände an der Schürze ab. Der Mann neben ihr hat rote Haare. Er trägt einen Arbeitskittel und ein rotes Halstuch. Sie haben einen großen schwarzen Hund dabei, einen Labrador. Es ist das Hausmeister-Ehepaar. Sie wirken nicht bedrohlich, aber sie beobachten uns sehr genau und sind misstrauisch. Sie mögen es nicht, wenn Fremde im Haus sind. Es gefällt ihnen nicht, dass *wir* hier sind. Sie möchten, dass wir wieder gehen.«

Das unangenehme Gefühl, beobachtet zu werden, hielt die ganze Nacht über an. Sylvia und ihre Begleiter sahen fast eine Stunde lang, wie ein gespenstischer Schatten auf den dunklen Wänden tanzte. Jeder versuchte sich das Lichtspiel auf normale Weise zu erklären. War es das Mondlicht? Es war kein Mond zu sehen. Vorbeifahrende Autos?

Manchmal war die Anspannung fast unerträglich. Die Nacht wollte nicht vorübergehen.

Es war der unheimliche Anfang einer Tätigkeit, die für Sylvia zu einem wichtigen Standbein werden sollte. Sie würde in Zukunft noch oft Gespenster aufspüren und vertreiben. Am nächsten Tag erfuhren Sylvia und ihr Forschungsteam, dass Sarah Winchester so zurückgezogen lebte, dass sie sogar Teddy Roosevelt abwies. Es hatte nun den Anschein, als wäre die gequälte Frau weitergezogen und hätte auf der anderen Seite den Frieden gefunden, den sie hier nicht gehabt hatte.

Aus welchem Grund auch immer, das tote Hausmeister-Ehepaar war zurückgeblieben, um sich weiterhin wie zu Lebzeiten um das Anwesen zu kümmern. Die gegenwärtigen Besitzer hatten ein Interesse daran, den »gespenstischen« Ruf des Hauses zu bewahren, aber Sylvia machte sich Sorgen um das gespenstische Paar, das in seiner einsamen Nachtwache eingesperrt war. Sie ist noch mehrmals zum Winchester Mystery House zurückgekehrt, um speziell mit Sarahs Hausmeister-Ehepaar zu sprechen. Sie hoffte, den beiden klarmachen zu können, dass sie tot waren und ihrer irdischen Herrin ins Licht folgen konnten, um im Jenseits weiter an ihrer eigenen Seelenentwicklung zu arbeiten. Aber der Mann und die Frau waren fest entschlossen, das Haus nicht zu verlassen. Bei einer Gelegenheit gelang es einem TV-Kameramann, der Sylvia begleitete, eine Erscheinung zu fotografieren, die vor dem Fenster im zweiten Stock auf und ab ging.

Seit der kalten Januarnacht im Jahre 1976 – in der Sylvia zum ersten Mal im Winchester Mystery House war – haben sie ihre Feldforschungen noch an manche bizarre Orte gebracht. Eine Untersuchung führte sie ins kalifornische Mother Lode Country, wo sie einem Mord auf der Spur war, der hundert Jahre zuvor stattgefunden hatte. Robert Chalmers, eine der schillernden Figuren des kalifornischen Goldrauschs, war nicht nur Mitglied des kalifornischen Parlaments, sondern auch ein preisgekrönter Winzer. Seine wunderschöne Frau Louise war mit ihrer natürlichen Eleganz und ihrem würdevollen Auftreten die unwidersprochene soziale Führungspersönlichkeit des gesamten Gebiets.

Auf der Höhe ihres Erfolgs ließ sich das Paar eine vierstöckige Villa bauen, die schnell zu einem Mekka der ortsansässigen Elite wurde. Zu den Attraktionen des »Vineyard House« gehörten ein 30 Meter langer Ballsaal und ein Konzertsaal.

Aber Robert Chalmers' Freude währte nicht lange. Schon bald nach Vollendung des Anwesens im Jahre 1878 fing er an, sich zu verändern. Der frühere Redner flüsterte auf einmal nur noch. Als er sah, wie ein Grab auf einem Friedhof auf der anderen Straßenseite ausgehoben wurde, ging er hinüber und legte sich hinein, weil er ausprobieren wollte, ob es groß genug für ihn war. Nach Louises Aussagen dauerte es nicht lange und er verhielt sich wie ein Verrückter. Seine Tobsuchtsanfälle zwangen sie schließlich, ihn im Keller ihres Hauses anzuketten. Man erzählte sich, dass sie oft nach unten ging, um ihn zu verspotten, wobei sie gerade außerhalb seiner rasenden Reichweite blieb. Chalmers' Elend dauerte fast drei Jahre, ehe er 1881 unter mysteriösen Umständen starb. Einige sagten, Louise hätte ihn vergiftet, aber niemand konnte es mit letzter Sicherheit beweisen.

Als Sylvia den Ort der Tragödie 100 Jahre später aufsuchte, gelang es ihr, mit beiden Geistern Kontakt aufzunehmen. Die traurige Wahrheit war, dass sich Robert Chalmers buchstäblich zu Tode gehungert hatte, weil er fürchtete, von Louise vergiftet zu werden. »Ich hätte ihm nie etwas angetan«, insistierte der Geist von Louise. »Ich habe nur das getan, was ich tun musste, um ihn zu schützen. Wenn er frei herumgelaufen wäre, hätte er wahrscheinlich sich selbst oder einen anderen getötet.«

Eine weitere erwähnenswerte Untersuchung fand in einem Strandbad in Nordkalifornien statt. Selbst an einem sonnigen Tag wirkte der Ort wie ein Schauplatz für eine Horrorgeschichte. Die Küstenstraße windet sich in den Hügeln über dem Ozean durch eine verlassene Gegend. An dem Wochenende im November, an dem das Nirvana-Forschungsteam hier unterwegs war, herrschte kaum Verkehr.

Eine ungeteerte, staubige Straße führte vom Highway hinab und schlängelte sich durch die Hügel. Als sie sich dem einsam liegenden Bauernhaus näherten, das inzwischen ein Büro war, hatte Sylvia das Gefühl, als sei die Zeit hier vor 100 Jahren stehen geblieben. Wenn jemals ein Haus wie ein Spukhaus aussah, dies war mit Sicherheit eins. Für Sylvia wirkte das hochgeschossene, zweistöckige Haus wie ein einsamer Wachposten, ein stummer Überlebender schwerer Seestürme und dichter Nebelbänke. *Aber an was erinnert es mich noch?*, fragte sie sich.

Ralph Edwards begrüßte das Team am Tor. Er war ein großer, hagerer Mann, der nicht viele Worte machte. »Ich habe gehört, Sie haben hier ein Gespenst«, begrüßte ihn Sylvia.

»Sprechen Sie besser mit meiner Frau.«

»Heißt das, Sie selbst haben es nie zu Gesicht bekommen?«

»Das habe ich nicht gesagt.« Er wandte sich wieder seiner Gartenarbeit zu.

Kathy Edwards war das genaue Gegenteil ihres kurz angebundenen Mannes. Sie hatte viele Geschichten zu erzählen – vor allen Dingen gruselige. »Gegenwärtig ist es ziemlich still, die Schritte sind kaum zu hören. Wir hören sie so oft, dass Ralph keinen Schlaf mehr fände, wenn er jedes Mal nach unten ginge, um nachzuschauen. Und die Türen knallen von selbst zu, das ist noch gar nichts. Sie tun das fast jeden Tag. Meine Parfümfläschchen tanzen umher, und wir hören das Geräusch von zerbrechendem Glas, finden aber nie irgendetwas Zerbrochenes.

Aber als die Mädchen noch bei uns wohnten, war hier wirklich was los im Haus. Meine Töchter hatten eine schreckliche Zeit in der Nacht. Irgendetwas schien fest entschlossen zu sein, sie geradewegs aus ihren Betten zu rütteln. Manchmal machten sie sich ihr Bett auf dem Fußboden und hofften, auf diese Weise Ruhe zu haben, aber es gab kein Entrinnen. Jedes Mal, wenn sie den Bettbezug hochzogen, zog etwas ihn wieder herunter. Ich weiß noch, wie Ronda als Sekretärin im Krankenhaus arbeitete – ein wirklich anstrengender Job, der sie voll forderte. Manchmal hörte ich, wie sie das Bett anflehte, sie endlich schlafen zu lassen.

Mein Sohn Roger glaubte seinen Schwestern nicht, also schlief er eines Nachts in Rondas Bett. Nichts geschah, und er war schnell eingeschlafen. Mitten in der Nacht wachte er plötzlich auf und glaubte, ein Erdbeben sei ausgebrochen. Das Bett schüttelte sich so heftig, dass es sich vom Fußboden zu erheben schien.

Seit die Mädchen verheiratet und weggezogen sind, spukt es hauptsächlich im Erdgeschoss. Niemand will in diesem Haus über Nacht bleiben. Es liegt schon mehrere

Jahre zurück, dass unser letzter Gast bei uns übernachtet hat. Ein Cousin schlief auf dem Sofa und wurde von einem krähenden Hahn geweckt. Er konnte seine Umrisse auf der Sofalehne an seinem Fußende sehen. Aber als er das Licht anmachte, war der Hahn verschwunden.«

Ralph und Kathy hatten niemals Hühner.

»Eines Abends«, erzählte Kathy, »fiel ein gerahmtes Bild von der Wand des Wohnzimmers und segelte anderthalb Meter durch die Luft, bis es auf dem Boden zerschellte. Der Aufprall war so stark, dass sich immer noch Glassplitter tief im Holz befinden. Der Nagel, an dem das Bild hing, blieb in der Wand.

Wenn Sie das, was ich Ihnen erzähle, lustig finden, sollten Sie nicht zu laut lachen«, empfahl Kathy. »Ich erzählte einmal einem Besucher von unserem Geist, und er lachte mich aus. Ein solcher Zweifel gefiel dem Wesen, das hier mit uns lebt, überhaupt nicht. Plötzlich öffnete sich eine Schublade wie von selbst, und ein Babyschuh flog heraus und traf unseren Gast seitlich am Kopf. Er hörte sofort auf zu lachen, das können Sie mir glauben.«

Am Tag von Thanksgiving 1975 öffnete Kathy Edwards gerade die Kühlschranktür, als eine große Zimmerpflanze ihren Ständer verließ und aus einer Entfernung von ungefähr vier Metern auf sie zuflog. Ihre Tochter verhinderte eine ernsthafte Verletzung, indem sie den schweren Blumentopf mitten in der Luft auffing. Aber die Schweinerei konnte nicht verhindert werden. Die Pflanze selbst mitsamt der Erde, die im Topf war, stürzte auf Kathy und verteilte sich im Innern des Kühlschranks. An diesem Festtag gab es daher keinen Fruchtsalat!

Ronda war das Ziel eines weiteren Angriffs, der an einem Abend stattfand, als neun Personen anwesend waren. Ein Glas Wein, das auf dem Klavier stand, flog durch die Luft und schüttete seinen Inhalt gezielt in den Ausschnitt der jungen Frau.

Sylvia hatte die ganze Zeit über schweigend zugehört und gleichzeitig versucht, die Schwingungen des Hauses aufzunehmen. »Sie haben in der Nacht eine Schwere in Ihrer Brust, nicht wahr, Ralph?«

»Ja«, nickte er.

Sie fuhr fort: »Dinge bewegen sich in diesem Haus. Sie scheinen verloren zu gehen, verschwinden ohne ersichtlichen Grund.«

»Ja, das tun sie wirklich«, pflichtete Kathy ihr bei. »Nach dem ersten Jahr in diesem Haus waren wir reif für die Scheidung. Ich dachte, er habe bestimmte Dinge genommen, und er dachte, ich hätte es getan. Inzwischen weiß ich, dass keiner von uns es war. Es war jemand anderes, etwas anderes. Einmal hatte ich einen Brief, den ich einem unserer Camper bringen wollte. Er verschwand direkt aus meiner Hand und tauchte einen Tag später wieder in der Wäschetruhe auf.«

»Ich sehe einen älteren Mann«, sagte Sylvia. »Er trägt einen Regenmantel und einen Hut. Ich fühle Feuchtigkeit, Regen, Nebel. Ich glaube, er war ein Schiffskapitän. Er wandert auf diesem Grundstück herum. Als er noch lebte, tötete er einen Eindringling. Auch jetzt mag er keine Gesellschaft.«

Aufgeregt erzählte Kathy, dass sie damals, als sie in dieses Haus gezogen waren, einen alten Regenmantel und einen Hut an einem Haken hinten auf der Veranda gesehen habe. »Mindestens ein Dutzend Menschen erzählen mir im Laufe des Jahres, dass sie einen alten Mann im Regenmantel gesehen haben. Ich frage mich manchmal, ob es nicht der Schiffskapitän sein könnte, der dieses Haus 1857 erbaut hat.«

»Ja«, stimmte Sylvia zu und nickte. »Ich habe das Gefühl, dass er es ist.« Sie war einen Moment still und fügte dann hinzu: »Die Menschen, die hier früher lebten, waren eine verängstigte, unglückliche Familie. Es gab viel Hass und viele ungelöste Probleme. Ich sehe unglückliche junge Leute... ein wunderschönes junges Mädchen... Blut. Es gab eine Messerstecherei. In der Vergangenheit wurden hier böse Taten begangen.«

Kathy rang nach Luft. »Ein junges Mädchen verschwand auf mysteriöse Weise, als es zu Besuch bei ihrem Onkel war, dem das Haus damals gehörte. Das war Anfang des 20. Jahrhunderts. Niemand hatte je wieder etwas von ihr gehört. Aber vor ein paar Jahren wollten wir uns auf dem Grundstück einen Grillplatz einrichten und stießen bei Grabungen auf ein Skelett. Wir dachten, dass sich hier vielleicht eine alte indianische Begräbnisstätte befand, und riefen einen Experten von der Universität von Kalifornien. Er meinte, die Knochen stammten von einer Frau, die hier um 1900 begraben worden sei.«

Eines der grausigsten Spukphänomene, die Sylvia je untersuchte, ereignete sich auf der Insel Alcatraz. »Entdeckt«

wurde die Insel 1775 von Juan Manuel de Ayala. Die Miwok-Indianer kannten sie als eine Stätte, an der sich böse Geister aufhielten. Im Jahre 1934 wurde auf der Insel ein Hochsicherheitsgefängnis gebaut, das am meisten gehasste und gefürchtete des gesamten US-amerikanischen Strafsystems. Der berüchtigte Machine Gun Kelly war einer von Hunderten von Mördern, Räubern und Vergewaltigern, die hier ihr Leben ließen.

Wegen seines bösen Rufs wurde Alcatraz schließlich 1963 endgültig geschlossen. Heute liegt die öde Insel verlassen da und ist ein Schutzgebiet für Möwen. Aber während das Gefängnis zerfällt, wächst die Legende.

Am 5. September 1984 verbrachte der Wildhüter Rex Norman eine einsame Nacht auf der Insel. Er wurde geweckt von dem Geräusch einer schweren Tür, die hin und her schlug. Als er der Ursache nachging, fand er nichts, was den Lärm verursacht haben könnte. Als die Geräusche sich in den folgenden Nächten wiederholten, entschied man sich, Sylvia zu Rate zu ziehen.

Am 10. September begann Sylvia, begleitet von einem Fernsehteam von CBS, mit ihren Untersuchungen. Das Gefängniskrankenhaus war einer der ersten Bereiche, in die sie vordrang. Als Sylvia gerade in eins der Zimmer eintreten wollte, hielt sie auf der Schwelle inne. »Ich verstehe es nicht, aber ich sehe alle möglichen Karten und Zettel an der Wand. Sie scheinen überall zu sein.«

Norman stellte sich neben sie. »Sehen Sie sonst noch etwas?«

»Den Buchstaben S. Ich sehe ein S. Ich weiß nicht, was dieser Buchstabe zu bedeuten hat.«

»Vielleicht steht er für Stroud«, meinte Norman. »Robert Stroud, der berühmte ›Vogelmensch‹. Er verbrachte zehneinhalb Jahre in diesem Raum. Die Menschen glauben, er hatte Vögel in seiner Zelle, aber das stimmt nicht. Er befasste sich einfach mit Vögeln. Seine Zelle war übersät mit Karten und Zetteln, auf denen Sachen standen, die er über Vögel in Erfahrung brachte.«

Als sie den Flur hinabgingen, betrat Sylvia einen anderen Raum. »Oh, das ist schrecklich!«, rief sie aus. »Ich fühle eine solche Panik, solch eine Seelenqual. Es ist fast nicht auszuhalten. Da gibt es noch etwas ... es ist kalt, es ist schrecklich kalt hier.«

»Das hier war der Therapieraum«, erklärte Norman. »Die gewalttätigsten Gefangenen mit den größten Psychosen wurden hierher gebracht und in Eiswasser gebadet oder mit eisigen Umschlägen versehen. Es hatte anscheinend eine beruhigende Wirkung auf sie. Hinterher sind sie dann oft schlafen gegangen.«

Als Sylvia in die Wäscherei des Gefängnisses kam, hatte sie eine andere starke Reaktion. »Hier hat es Gewalt gegeben. Ich sehe einen Mann. Er ist groß, kahlköpfig und hat kleine Augen. Ich bekomme die Initiale M, aber sie nennen ihn ›Butcher‹.«

Norman schüttelte den Kopf. »Kann sein«, sagte er, »ich weiß es nicht.« Leon Thompson, ein ehemaliger Sträfling, der eine Zeit lang in Alcatraz gesessen hatte und der eingeladen war, sich der Gruppe anzuschließen, trat nach vorn und stellte sich neben Sylvia. »Ich erinnere mich an einen Mann, den wir Butcher genannt haben. Sein Name lautete Malkowitz, Abie Malkowitz, aber wir haben ihn

Butcher genannt. Er war ein Auftragsmörder und ist von einem anderen Gefangenen hier in der Wäscherei getötet worden.«

Sylvia tat die Seele dieses Gefangenen leid, der aus unerklärlichem Grund in dieser Inselfestung zurückgeblieben war, und daher hielt sie eine Séance im ehemaligen Speisesaal des Gefängnisses. Mit Dals Hilfe fiel sie schnell in Trance, und schon bald war Francine zugegen.

»Was ist los?«, fragte Thompson. »Sehen Sie ihn? Was tut er?«

»Er geht auf uns zu. Er steht nun auf der anderen Seite des Tischs und beobachtet uns«, erklärte sie und wendete sich dem Gespenst zu. »Du brauchst keine Angst vor uns zu haben. Keiner will dir wehtun«, versicherte sie ihm.

»Was antwortet er?«, wollte Dal wissen.

»Er sagt: ›Das sagen sie immer alle.‹« Erneut sprach sie Abie Malkowitz, den Butcher, an. »Wenn ich dieses sterbliche Gefäß verlasse, werde ich ins Jenseits zurückkehren. Komm mit mir, folge mir ins Licht. Du wirst dort viel glücklicher sein. Du wirst Menschen finden, die sich um dich kümmern, die dir helfen wollen.«

»Was sagt er?«, fragte Dal erneut.

Francine seufzte. »Er glaubt mir nicht. Er will hier bleiben.«

Und er scheint tatsächlich immer noch in dem Gefängnis herumzuspuken, denn die Wildhüter, die sich um die Insel kümmern, berichten immer noch von unheimlichen Dingen, die dort in der Nacht geschehen. Die Vorstellung, dass der Butcher in einer verlassenen Strafanstalt scheinbar eine ewige Haftstrafe absaß, ging Sylvia nicht mehr aus dem Kopf. Sie hofft, dass sie die Erlaubnis erhält, auf die Insel zurückzukehren, um dort eine weitere Séance abzuhalten.

Auf der Suche nach möglichen Spukphänomenen ließ sich Sylvia zu Anfang von viktorianischen Villen im Charles-Addams-Stil anziehen, mit ihren langen dunklen Korridoren, ihren Witwengängen und steilen Treppenfluren. Den Gespenstern selbst jedoch waren solche Äußerlichkeiten völlig egal.

Ein Gespenst ist in erster Linie daran interessiert, *was* mit ihm geschah, und nicht wo es geschah. In den meisten Berichten über Spukphänomene kommen die Gespenster wegen einem schrecklichen Ereignis oder einer unerfüllten Sehnsucht zurück. Sie wollen ein Geschehen entweder ungeschehen machen oder erneut erleben oder rächen oder darüber nachgrübeln. Andere scheinen unterdessen entschlossen zu sein, mit angenehmeren irdischen Verhaltensweisen einfach weiterzumachen.

Wenn man sich anschaut, wie viele Menschen davon berichten, dass sie Kontakt zur anderen Seite haben, so muss man offensichtlich kein professionelles Medium sein, um Gespenster sehen zu können. Gespenster ziehen Gläubige und Ungläubige gleichermaßen an. Man muss nur die Fähigkeit besitzen, sich auf ihr elektromagnetisches Feld oder ihre »Schwingungen« einzustellen. Viele haben diese Fähigkeit, ohne dass es ihnen bewusst ist.

Um ein Geisterfänger zu sein, braucht man nur eine rationale Perspektive, ein gutes Gedächtnis, einen Sinn für Humor und einen wissbegierigen und flexiblen Verstand. Zur Grundausstattung gehören Notebook und Kugelschreiber. Kassettenrekorder, Thermometer, Fotoapparate und elektromagnetische Messgeräte können mit steigendem Interesse nach und nach erworben werden.

Von allen Spukphänomenen, die Sylvia untersucht hat, bleibt ein spukendes Spielwarengeschäft ihr Lieblingsobjekt.

Toys »R« Us in Sunnyvale hat zwar noch kein Warnschild »Bitte achten Sie auf herunterfallende Teddybären!« aufgestellt, aber eines Tages könnte dies durchaus der Fall sein, denn es ist kein Geheimnis, dass es an diesem Ort spukt. Begonnen hat es im Sommer 1978 mit einer sprechenden Puppe, die nicht sprach. Eine Kundin brachte die Puppe zurück und beschwerte sich bei der Kassiererin Margie Honey, dass die Puppe defekt sei. Margie bewegte die Puppe daraufhin in alle möglichen Richtungen, aber sie gab keinen Ton von sich. Zufrieden mit dem eindeutigen Befund, legte Margie das Spielzeug in einen Karton, um es zurück an den Hersteller zu schicken. Aber kaum hatte die Puppe ihre Augen wieder geschlossen, fing sie an zu schreien: »Mama! Mama!«

Margie nahm die Puppe wieder aus dem Karton, aber in ihrer Hand gab sie wieder keinen Ton von sich. Sowohl sie selbst als auch die Kundin schüttelten sie mehrmals, aber kein Schreien war zu hören. Also ging es wieder zurück in den Karton. Kaum hatte die Puppe die Augen geschlossen, fing sie wieder an zu schreien.

»Es hörte auf, lustig zu sein«, beklagte sich Margie bei Sylvia. »Ich rief einen Angestellten, er solle das Spielzeug wegbringen. Auf dem ganzen Weg bis zum Lager hat die Puppe unaufhörlich geschrien.«

Ein paar Tage später saß Margie allein im Aufenthaltsraum der Mitarbeiter. Plötzlich begann ein großes Anschlagbrett, das fest mit der Wand verankert war, hin und her zu schwingen.

Dann, an einem der nachfolgenden Abende, war Charlie Brown, ein weiterer Mitarbeiter und Namensvetter von Sylvia und Dal, gerade beim Abschließen. Er hatte soeben die Tür zugeschlossen, als er im Laden ein scheppperndes Geräusch vernahm. Brown öffnete die Tür, aber niemand war da. Nachdem er die Tür wieder abgeschlossen hatte, fing es wieder an zu scheppern. So ging es eine Zeit lang hin und her, bis Charlie schließlich aufgab und nach Hause ging.

Judy Jackson, die Geschäftsführerin, hatte später mit einer Kundin zu tun, die sich beschwerte: »Auf der Damentoilette geschehen seltsame Dinge.«

Judy hörte erstaunt zu, als die Frau Einzelheiten beschrieb. »Ich drehte den Wasserhahn zu«, sagte sie, »aber kaum hatte ich die Tür erreicht, fing das Wasser wieder an zu laufen. Also ging ich zurück und stellte das Wasser wieder ab, aber es stellte sich wieder von allein an. Das Ganze passierte dreimal, und nun läuft der Wasserhahn immer noch.«

Eines Abends räumte ein anderer Mitarbeiter kurz vor Ladenschluss sorgfältig Schlittschuhe in ein Regal ein. Am nächsten Morgen lagen alle zu einem komplizierten Muster zusammengefügt auf dem Fußboden.

Keines dieser Vorkommnisse wurde jemals aufgeklärt. Diese und noch andere ähnliche Fälle, in denen Waren oder Einrichtungsgegenstände in der Nacht bewegt wurden, sind besonders merkwürdig. Das Spielzeuggeschäft ist klar strukturiert und extrem gut organisiert. Die beschriebenen Vorfälle passen überhaupt nicht zum Charakter des Unternehmens.

Die Mitarbeiter kamen also zu dem Schluss, dass das plötzliche Umfallen von gut gesicherten Regalen, die Schritte in leeren Hallen und die sich ein- und ausschaltenden Lampen nur eine Schlussfolgerung zuließen – sie hatten es hier mit einem Gespenst zu tun. Aber wer spukte hier bei ihnen umher und warum?

Schließlich entschieden sich Margie Honey und Regina Gibson, eine weitere Mitarbeiterin, der Sache selbst auf den Grund zu gehen. Ihre Nachforschungen führten sie zur öffentlichen Bibliothek in Sunnyvale. In den Archiven stießen sie auf eine rätselhafte Bemerkung: »Es wird gesagt, dass man das Gespenst von Martin Murphy in Vollmondnächten sehen kann.«

Im Ruf stehend, von den irischen Königen abzustammen, war Martin Murphy nicht nur der Gründer von Sunnyvale, sondern auch von vielen anderen Städten im Gebiet von Mountain View und Los Altos. Er war einer der Ersten, die Kalifornien mit der Eisenbahn durch die Sierra Nevada erreichten. Er kaufte eine Ranch mit einem Grundstück von 20 Quadratkilometern und ließ sich dort nieder, wo später Sunnyvale entstand.

Am 18. Juli 1881 feierten Martin und Mary Murphy ihre goldene Hochzeit mit einer riesigen Party in ihrer Villa, einem großen Fachwerkgebäude, das sie in Einzelteilen von Boston aus mit dem Schiff um Kap Hoorn herum hatten kommen lassen, um es in Kalifornien wieder wie ein großes Puzzle zusammenzusetzen. Schätzungsweise 10000 Gäste feierten hier drei Tage und Nächte lang.

Viele glauben, dass die Geschichte der Murphys nicht mit Martins Tod im Jahre 1884 endete. Viele ehemalige und gegenwärtige Mitarbeiter von *Toys »R« Us* sagen, er sei ein ruheloser Geist gewesen, der immer noch an irdischen Vergnügungen hing. Sie nannten das Gespenst, das bei ihnen wohnte, »Martin«. Alle hielten ihn für sehr spitzbübisch und spekulierten über die Gründe, warum er hier war. Einige hatten Angst.

Martin Murphy benannte die Straßen nach seiner zahlreichen Nachkommenschaft, aber sein Interesse an jungen Menschen reichte weiter: Der Stadtvater wirkte an der Gründung der Universität von Santa Clara und des Notre Dame College im nahe gelegenen Belmont mit. Einige spekulierten daher, dass das Gespenst dieses Mannes, der einst Kinder so sehr liebte, keinen besseren Aufenthaltsort hätte finden können, um den Lauf der Dinge zu beobachten, als ein Spielwarengeschäft am Rande der Stadt, die er einst gegründet hatte.

Sylvia entschied sich dafür, der Sache selbst auf den Grund zu gehen. Sie hatte mit der Geschäftsführerin vereinbart, sich eine Nacht lang im Laden aufzuhalten, und so kam sie mit einem kleinen Forschungsteam, als die letzten Kunden hinausbegleitet wurden. Wie immer nach Ladenschluss, räumten die Mitarbeiter die Verkaufsflächen auf, stellten jedes Spielzeug wieder an seinen Platz und wischten den Fußboden. Jeder Mitarbeiter meldete sich ab, und die Diebstahlsicherung wurde eingeschaltet.

Vor neun Uhr am nächsten Morgen kam niemand mehr aus dem Laden heraus oder in ihn hinein, ohne den Alarm auszulösen.

Trotz all dieser Vorkehrungen fiel in der Nacht ein großes Bean-Bag-Set, das sicher hinten im Regal verstaut war, auf den Fußboden. Mehrere Strandbälle aus den Regalen in Gang 107 lagen auf dem Boden in Gang 206. Später in der Nacht befand sich ein schwerer Ball mitten auf einem der Flure. Er wurde zurück ins Regal gelegt und durch einen Karton verbarrikadiert. Es dauerte keine Stunde, und der Ball lag wieder auf dem Fußboden – der Karton war zur Seite geschoben worden.

Um Mitternacht, zu der Stunde also, die die anwesenden Fernsehreporter vorgeschlagen hatten, begann Sylvia mit ihrer Séance. Sie wollte versuchen, sich psychisch in den Laden »einzuschwingen«. Zur Überraschung aller Anwesenden fing sie nicht an, Martin Murphy zu beschreiben, wie es die meisten erwartet hätten. Stattdessen »sah« sie einen Wanderprediger, der einer nicht erwiderten Liebe nachtrauerte.

Der Name des Geistlichen war John Johnston, obgleich sie das Gefühl hatte, dass er Yon oder Yonny genannt wurde. Sylvia sah genau, wie er Wasser aus einer Quelle pumpte, die in einer Ecke des Ladens zu entspringen schien. Yonny sei bei einer Familie geblieben, die auf dem Grundstück gewohnt habe, erklärte sie. Er verliebte sich in ein hübsches Mädchen namens Beth, die Tochter einer angesehenen Familie. Aber sie machte sich nicht viel aus ihm und heiratete einen anderen. Yon oder John blieb Junggeselle. Sylvia sah ihn mit Schmerzen im

Laden herumhumpeln, Blut strömte aus einem verletzten Bein.

In Sylvias Wahrnehmung erschienen außerdem die Namen Murdock, Josiah Abrams und Kenneth Harvey. Sie sprach davon, dass es in dem Bereich, wo jetzt *Toys »R« Us* stand, in den Jahren 1881 bis 1923 große Aktivitäten gegeben habe.

Am nächsten Tag versuchte ein Forschungsteam der Nirvana Foundation Sylvias übersinnliche Eingaben zu verifizieren. Mitarbeiter fanden heraus, dass an der Stelle, an der heute *Toys »R« Us* steht, tatsächlich eine Quelle existierte, die später verschlossen wurde. Zweifellos wurde hier einst Wasser gepumpt. Aber was noch wichtiger war: Konnte Beth nicht Martin Murphys Tochter Elizabeth sein, die William Taafee geheiratet hatte, einen angesehenen Bürger der Stadt? Eines schien jedenfalls klar zu sein – die Murphys hätten als praktizierende Katholiken wohl niemals einen protestantischen Wanderprediger als geeigneten Ehemann für ihre Tochter akzeptiert.

Die Feier des Hochzeitstages der Murphys im Jahre 1881 war ein Ereignis von solch einer Tragweite gewesen, dass die Amtsgeschäfte des Gerichts für drei Tage ruhten, um dem Richter, den Geschworenen, dem Staatsanwalt und dem Verteidiger die Möglichkeit zu geben, am Fest teilzunehmen. Die Ereignisse des Jahres 1923 ließen sich weniger leicht feststellen. Zeitungsberichte aus der Zeit förderten nichts Besonderes zutage – aber niemand wusste auch so recht, wonach er suchen sollte.

Eine Verbindung zu den Namen Josiah Abrams und Kenneth Harvey wurde nicht gefunden, wohl aber zu einem Rechtsanwalt namens Francis Murdoch, dem der *San Jose Weekly Telegraph* gehörte. 1860 verkaufte Murdoch die Zeitung an die Murphy-Familie.

Die meisten Informationen gab es über John Johnston, dessen Leben in *History of Santa Clara County* aufgezeichnet ist. John kam während des Goldrausches 1849 nach Kalifornien und ließ sich im Santa Clara Valley nieder. Er wurde Seelsorger und war eine treibende Kraft bei der Gründung der First Presbyterian Church in San Jose. Er hat nie geheiratet und verblutete 1884 nach einem Unfall beim Holzhacken.

Bevor die Séance anfing, hatte Bill Tidwell, ein professioneller Fotograf, eine Kamera neben Sylvia aufgebaut. »Wenn Sie irgendetwas sehen, brauchen Sie nur an dieser Schnur hier zu ziehen«, hatte er sie angewiesen. Als sie sah, wie »Yonny« auf sie zukam, hatte sie seine Anweisungen befolgt. Als der Film entwickelt wurde, zeigte das Foto zuerst nur seltsame, unerklärliche weiße Flecken, die den dunklen Raum erhellten.

Natürlich wurden alle herkömmlichen Überlegungen in Betracht gezogen – fehlerhaftes Material, doppelte Belichtung, Lichteintritt oder Reflexionen, falsche Entwicklung, Lichtbrechungen und selbstverständlich auch die Vorstellungskraft des Betrachters. All diese Gründe könnten das Phänomen bewirkt haben, aber sie wurden schließlich für nichtig erklärt, als das Gespenst selbst sichtbar wurde.

Sylvia war hocherfreut, dass ihre Information bestätigt wurde, aber sie musste von nun an ständig an John Johnston denken. Er war eine tragische Figur, die für immer in einer unglücklichen Situation feststeckte. Es musste doch möglich sein, ihn von so einem traurigen und unergiebigen Leben nach dem Tod zu befreien.

Eine weitere Séance wurde daher angesetzt. Sylvia kehrte ein zweites Mal zu *Toys »R« Us* zurück, wo John Johnston weiterhin seine einsame Nachtwache hielt. »Es ist an der Zeit, dass Sie weitergehen, John. Sie sind schon lange tot«, versuchte Sylvia ihn zu überzeugen.

»Nein, nein«, antwortete das Gespenst und schüttelte den Kopf. »Ich warte darauf, dass mich Beth endlich zur Kenntnis nimmt.«

»Beth ist auch schon lange tot. Wenn Sie ins Jenseits gehen, werden Sie sie treffen. Sie werden dort viel leichter mit ihr sprechen können als hier. Alles wird viel besser sein, das verspreche ich Ihnen.«

John schüttelte wieder den Kopf und war im Begriff wegzugehen. Er fing an, sich aufzuregen. »Ich muss hier bleiben. Ich muss mich um so viele Dinge kümmern«, erklärte er und hielt dann plötzlich inne und ließ seinen Blick über den großen Verkaufsraum gleiten. »Es ist alles anders heute; es sind so viele Leute hier.«

»Ja, ich glaube, dass es heute ganz anders ist als damals«, stimmte Sylvia ihm zu. »Viele Kinder laufen umher.«

»Ja, die Kinder machen einen solchen Lärm... Zwillingsbrüder rennen hier herum und schreien...«

»Zwillingsbrüder? Haben Sie sie klar erkannt?«

»Oh, ja, das habe ich. Ich hatte Angst, sie würden irgendetwas kaputtmachen. Ich muss doch auf alles aufpassen, denn Beth ist nicht hier. Ich bin für alles verantwortlich.«

»John, Sie waren Seelsorger – Sie *sind* Seelsorger –, und daher sollten Sie wissen, dass es einen Himmel gibt. Er wartet auf Sie. Verschwinden Sie bitte nicht einfach wieder. Hören Sie, was ich Ihnen sagen will«, versuchte Sylvia ihn zu überzeugen. »Sehen Sie das Licht? Gehen Sie in seine Richtung, John.«

Aber John schüttelte wieder nur den Kopf, und seine Erscheinung fing schon an zu verblassen. Er war offensichtlich irritiert, dass sie vom Tod sprach und ihm vorschlug, seine gewohnte Umgebung zu verlassen. Sylvia rief John noch hinterher und bat ihn umzukehren, aber er hörte nicht auf sie.

Als die Lampen wieder eingeschaltet wurden, kam die Geschäftsführerin zu Sylvia. »Ich konnte natürlich nur einen Teil Ihres Gesprächs verfolgen, aber sagten Sie nicht etwas von Zwillingsbrüdern?«

»Ja, John beschwerte sich über sie. Er sagte, sie hätten viel Lärm gemacht.«

»Das kann ich nur bestätigen! Die beiden Kinder waren erst heute wieder hier, die Hölle auf Rädern, sag ich Ihnen. Ihre Mutter hat erst gar nicht versucht, sie unter Kontrolle zu halten, vielleicht kann sie das nicht. Sie sind zu viel für sie. Die beiden haben den Laden hier wirklich auseinander genommen.«

Auch alle weiteren Versuche von Sylvias Seite, Johnny dazu zu überreden, *Toys »R« Us* zu verlassen und ins Jenseits zu gehen, schlugen fehl. Er macht keine Anstalten, seine gewohnte Umgebung zu verlassen. Von seinem verwirrten Blickwinkel aus hat er weiterhin die Verantwortung, hier nach dem Rechten zu sehen. Alles andere ist nebensächlich.

»Denken Sie daran, dass seine und unsere Zeit sehr verschieden voneinander sind«, erinnerte Sylvia behutsam die Mitarbeiter des Spielzeuggeschäfts. »Eines Tages – und das kann nächste Woche sein oder erst in 100 Jahren – wird die Einsicht in ihm dämmern, dass seine Aufgabe in dieser Welt erfüllt ist. Dann wird er ins Licht gehen und seinen Platz im Jenseits finden.«

Das Personal hat es nicht eilig, Johnny gehen zu sehen. Da nun jeder wusste, dass ihr Gespenst harmlos war, hatten sie ihn wie eine Art Haustier adoptiert.

Die Akzeptanz von übersinnlichen Phänomenen und die Bereitschaft einer friedlichen Koexistenz mit Gespenstern ist weiter verbreitet, als man gewöhnlich denkt. Das hat Sylvia herausgefunden. Die überzeugendste Erklärung für die ungebrochene Popularität von Gespenstern ist der Optimismus, der mit ihnen einhergeht. Eine Seele hat den Tod bezwungen und ist zurückgekommen, um es uns zu beweisen. Es ist ein Hinweis auf eine Welt jenseits unserer begrenzten Realität, eine Einladung, unser Bewusstsein zu erweitern, sodass es alle Möglichkeiten mit einbezieht.

Und wer kann sich schon solch einer Herausforderung entziehen?

Als Ergebnis ihrer vielen Untersuchungen von Häusern, in denen es angeblich spuken soll, hat Sylvia eine Liste der Dinge zusammengestellt, auf die zukünftige Gespensterjäger achten sollten.

Anleitung für Gespensterjäger

Kein Alkohol und keine Drogen vor oder während einer Trance

1. Der erste Besuch vor Ort dient den konkreten Untersuchungen. Alle eingeladenen Personen sollten anwesend sein. Vor diesem Termin gibt es keinen »Testlauf« von einzelnen Mitgliedern des Untersuchungsteams.

2. Um die Möglichkeit von Telepathie auszuschließen, finden vor Ort keine Untersuchungen vor dem eigentlichen Untersuchungstermin statt.

3. Alle Mitglieder des Teams halten vor ihrer Ankunft schriftlich fest, was sie alles über den Ort wissen.

4. Die Mitglieder des Teams einigen sich vor dem Untersuchungstermin darauf, was sie vor Ort in Erfahrung bringen wollen. Was können wir auf übersinnliche Weise herausfinden? Was wollen wir fotografisch einfangen? Welche Informationen sollte uns das Trance-Medium liefern? Der Zweck der Ortsbesichtigung sollte feststehen. Geht es darum zu beweisen, dass es in dem Haus spukt? Wenn ja, welche weiteren Informationen können

diese Hypothese unterstützen? Welche Fragen sollte man dem Medium stellen? Welche übersinnlichen Eindrücke sind entscheidend? Ist das Ziel der Untersuchung, etwas über die Geschichte des Hauses anhand von Imprägnierungen herauszufinden? Wenn ja, welche historischen Zeitabschnitte sind dafür besonders wichtig? Wenn es keine besonderen Phasen gibt, sollten die Anwesenden vorbereitet sein, um eine Anzahl von Fragen stellen zu können, die andere geschichtliche Perioden betreffen.

5. Die Forscher betreten das Haus gemeinsam und verharren so lange in Schweigen, bis der erste Durchgang beendet ist. Die Teilnehmer des ersten Durchgangs schreiben ihre Eindrücke hinterher einzeln auf und tauschen sie nicht mit den anderen aus. Da eine solche Untersuchung oft die Besitzer oder Bewohner des betreffenden Hause mit einschließt, sollte ein Teammitglied das Haus vor den anderen betreten und sicherstellen, dass die Gruppe unmittelbaren Zugang erhält. Diese Person kann die Gruppe auch darüber informieren, ob es Bereiche gibt, die nicht betreten werden sollen. Der Besitzer und die Bewohner sollten anwesend sein, aber während des Durchgangs keine Informationen geben.

6. Nach dem schweigenden Durchgang setzt sich die Gruppe zusammen und spricht über die Eindrücke. Wenn es notwendig ist, kann jeder in spezielle Bereiche zurückkehren, um zusätzliche Informationen zu sammeln. Vor der gemeinsamen Diskussion der Eindrücke sollten alle Teammitglieder ihre Aufzeichnungen oder Kassetten einer neutralen Person übergeben (am besten dem Mitglied, das die Koordination vor Ort übernommen hat). Obwohl diese Vorgehensweise den Eindruck des Misstrauens erwecken mag, so besteht ihr Zweck darin, die Teammitglieder vor dem Vorwurf zu schützen, Aufzeichnungen ausgetauscht und aufeinander abgestimmt zu haben.

7. Bevor das Medium in Trance geht, sollte das Untersuchungsteam sich darüber einig sein, was über den Ort herausgefunden werden soll, und zwar auf der Grundlage der Eindrücke, die beim ersten Durchgang gewonnen wurden. Auf zwei Bereiche sollte dabei besonders geachtet werden: a) auf Informationen von der Person, die die Kommunikation mit dem Besitzer und den Bewohnern führt, wodurch die gewonnenen Eindrücke entweder bestätigt oder widerlegt werden, und b) auf Informationen, die sich historisch durch Nachforschungen in Bibliotheken, Museen oder Archiven verifizieren lassen.

8. Die Trance-Sitzung sollte auf Tonband aufgenommen werden.

9. Auch wenn es nur der Moral der Mitglieder des Untersuchungsteams dienen sollte, sollten Hintergrund-Informationen über den Ort so schnell wie möglich eingeholt werden.

10

Warum bin ich hier? Lebensthemen

Der Zweijährige schaute gezielt und voller Vertrauen in Sylvias Augen. »In deinem letzten Leben bist du an einer Blutvergiftung gestorben«, erklärte sie ihm. »*Du – musst – jetzt – nicht – sterben.* Verlass uns nicht.«

Der kleine David, ein Leukämie-Patient, wurde wieder gesund und widerlegte damit alle medizinischen Prognosen.

Später wandten sich seine Eltern an Sylvia, außer sich vor Freude, aber gleichzeitig auch verwirrt. »Wie konnte David verstehen, was Sie zu ihm sagten?«, fragte sein Vater.

»Kinder wissen viel mehr, als die meisten Menschen denken«, erzählte Sylvia. »Sie wissen von Anfang an, worum es geht. Wenn Sie das nächste Mal einem Neugeborenen in die Augen schauen, dann achten Sie darauf, was Ihnen diese Augen sagen. Sie sagen: ›Oh, verdammt, ich bin wieder hier.‹ Das ist es, was ein neugeborenes Baby *wirklich* denkt. Aber normalerweise sagen wir: ›Das Baby sieht so alt und weise aus.‹ Das stimmt überhaupt nicht!

Was ein Neugeborenes tatsächlich denkt, ist: ›Verdammter Mist.‹«

»Ist seine Empfindung wirklich so extrem?«, fragte Davids Vater und schüttelte den Kopf. »Ich verstehe das nicht. Worum geht es überhaupt? Warum tun wir das alles?«

»Francine meint, der Sinn von Reinkarnation bestünde darin, unsere Seele dadurch zu vervollkommnen, dass wir auf einer negativen Existenzebene – unserer Erde nämlich – bestimmte Erfahrungen machen und uns ein bestimmtes Wissen aneignen. Vielleicht war es aus irgendeinem Grund notwendig für Sie und Ihr Kind, Leukämie zu erfahren. Diese Erfahrung haben Sie nun gemacht, und Sie erleben etwas Neues – eine Heilung. Ihr Junge hat sich buchstäblich selbst geheilt, indem er sich entschieden hat, gesund zu sein. Wer kann davon unberührt bleiben, wenn er so eine Erfahrung durchgemacht hat?«

»Aber warum müssen wir wiedergeboren werden?«, fragte die Mutter. »Wenn es hier im Vergleich zur anderen Ebene so schlecht ist, warum können wir dann nicht einfach im Jenseits bleiben?«

»Sie können es, wenn Sie wollen«, entgegnete Sylvia. »Zumindest sagt das Francine. Aber eigentlich geht es darum, dass wir alle wachsen und entwickelter sein wollen, als wir gegenwärtig sind. Einige Wesen arbeiten an ihrer Vervollkommnung im Jenseits, aber die Schwierigkeit dabei liegt in der Umgebung. Wo alles so perfekt ist, dauert alles sehr lange. Die meisten Wesen entscheiden sich daher, alle 100 Jahre oder so wieder auf die Erde zu kommen und einen weiteren Crashkurs in Sachen Vervollkommnung zu nehmen. Eine Minderheit entscheidet sich sogar dafür, die ganze Zeit hier unten zu bleiben und ein Leben nach dem anderen auf der Erde zu führen. Diese Wesen sind für mich wahre Masochisten.«

»Aber wer urteilt über uns? Wer entscheidet, wann wir vollkommen sind?«, bohrte Davids Mutter weiter.

»Wir selbst«, antwortete Sylvia. »Wir beurteilen uns selbst. Macht das nicht Sinn? Wir wissen selbst am besten, was wir zu lernen haben. Francine sagt, wenn wir im Jenseits sind, verstehen wir alles viel besser. Wir sind uns unserer Stärken und unserer Schwächen bewusst und sind nicht verwirrt. Wir erinnern uns nicht nur an alles, was wir in unserem letzten Leben, sondern was wir in all unseren vergangenen Leben gelernt haben. Und dazu kommt dann noch das ganze Wissen, das wir durch unsere Arbeit im Jenseits angesammelt haben.«

Als Davids Mutter immer noch zu zweifeln schien, versicherte ihr Sylvia: »Niemand steht hinter Ihnen und befiehlt Ihnen, härter zu arbeiten und besser zu werden. Sie sind selbst für Ihren Lernprozess verantwortlich. Wie langsam oder schnell Sie Fortschritte machen, hängt allein von Ihnen ab. Es gibt nichts, was von sich aus gut oder schlecht wäre. Es geht vielmehr darum, dass Sie herausfinden, wie Sie in Ihrem eigenen Wachstum weiterkommen. Es gibt niemanden, der Sie verurteilt. Wenn Sie zu dem Schluss kommen, dass Sie in einem bestimmten Leben nicht das erreicht haben, was Sie erreichen wollten, dann entscheiden Sie sich vielleicht für ein ähnliches Leben, um herauszufinden, ob Sie beim zweiten Mal erfolgreicher sind. Dies ist einer der Gründe, warum es so etwas wie Wiedergeburt gibt – wir haben so viele Chancen, wie wir brauchen, um etwas zu lernen, etwas, das uns bislang nicht gelungen ist. Stellen Sie sich das Ganze folgendermaßen vor: Gott gibt jedem die gleiche Chance. Jeder bekommt all die Möglichkeiten, die er braucht, um ein angestrebtes Ziel zu erreichen.«

Davids Vater nickte zustimmend. »Ich habe nie an Reinkarnation geglaubt und dachte, das wäre alles Blödsinn. Aber als ich hörte, wie Sie mit meinem kleinen Jungen gesprochen haben und wie er danach wirklich gesund wurde, was keiner für möglich gehalten hatte – wie kann ich *nicht* glauben, dass es so etwas wie Wiedergeburt gibt? Aber ich verstehe nicht, warum er seine anderen Leben vergisst, zum Beispiel seine Blutvergiftung. Warum werden wir nicht im vollen Bewusstsein unserer vergangenen Leben geboren?«

»Francine sagt, dass wir dadurch unsere Lektionen besser lernen können. Sie haben dadurch für uns eine tiefere Bedeutung und einen größeren Einfluss auf das Wachstum unserer Seele.«

»Aber offenbar hat Davids vergangenes Leben sein *jetziges* Leben beeinflusst. Wie lässt sich das erklären?«

»Er war sehr verwirrt, aber glücklicherweise war ich in der Lage, ihn ansprechen zu können. Er musste nur daran erinnert werden. Es ist ungewöhnlich, dass wir ein körperliches Gebrechen aus einem vergangenen Leben mit in das gegenwärtige nehmen, aber dennoch kommt es manchmal vor. In solch einem Fall hilft eine Erinnerung, um das Problem aufzulösen. Bestimmte Dinge sind einfach noch nicht erledigt. Aus dem gleichen Grund bleiben auch Gespenster in einem so genannten Spukhaus hängen.«

Sylvia dachte einen Moment lang nach und fuhr dann fort: »Es gibt noch etwas anderes, das wir aus unseren vergangenen Leben mit uns bringen, nämlich all das, was wir mögen und nicht mögen. Unsere Persönlichkeit wurde von vorangegangenen Inkarnationen tief geprägt. Vergangene Leben haben einen großen Einfluss auf die physische Gesundheit, die äußere Erscheinung, die Rasse, die Überzeugungen, die Religion, das Wertesystem, den Wohlstand, die Gewohnheiten, die Talente, das Geschlecht – und ich könnte noch viel mehr aufzählen. Es gibt fast nichts, das seinen Ursprung nicht in einem früheren Leben hat. Einiges von dem, was wir mitbringen, ist positiv, aber einiges auch nicht, zum Beispiel Intoleranz und Fanatismus. Wir alle waren im Laufe unserer vielen Leben sowohl Verfolger als auch Verfolgte.«

»Das Ganze ist so neu für uns, so überwältigend«, gab Davids Mutter zu.

»Vielleicht fühlen Sie sich inspiriert, sich Ihr Leben einmal aus der Perspektive der Reinkarnation anzuschauen«, schlug Sylvia vor. »Viele Ihrer Interessen, Gewohnheiten, Vorlieben und Abneigungen können das direkte Resultat eines vergangenen Lebens sein. Ist Ihr Haus auf eine bestimmte Weise eingerichtet? Bevorzugen Sie das Essen eines bestimmten Landes? Machen Sie jedes Jahr am gleichen Ort Urlaub, weil er Sie irgendwie anzieht? Sie werden überrascht sein, wohin Sie die Beantwortung dieser Fragen führen kann.«

Das Paar verließ Sylvias Praxis mit viel Gesprächsstoff.

Als Sylvia sie weggehen sah, lächelte sie abwesend und dachte an die vielen ähnlichen Gespräche, die sie über die Jahre mit Francine geführt hatte. Die Vorstellung einer Wiedergeburt war ihr immer natürlich erschienen, aber wie sie genau zustande kam, war etwas anderes. Einmal hatte sie mit Francine während einer besonders deprimierenden Periode in ihrem Leben über die Möglichkeit des Selbstmords gesprochen. »Könnte ich nicht einfach gehen und ein andermal wiederkommen?«, hatte Sylvia gefragt.

»Glaubst du wirklich auch nur für eine Sekunde, du könntest dich einfach ›ausklinken‹, wie ihr Menschen es bezeichnet?«, antwortete Francine. »Das ist ziemlich unmöglich. Es gibt keine Unterbrechungen, nur die von dir vorherbestimmten Aussteigepunkte. Du kannst dem Leben nicht entrinnen. Du würdest woanders nur wieder auf die gleichen Probleme stoßen.«

»Aber ich hätte mich dann ausgeruht, und es wäre einfacher«, schlussfolgerte Sylvia.

»Nein, das würde es *nicht* – es würde nicht leichter sein«, sagte Francine mit Nachdruck. »Du würdest sofort wieder zur Erde zurückgeschickt, und man würde dir keine Ruhepause gönnen. Du würdest sofort wieder im gleichen geografischen Gebiet, mit der gleichen Art Eltern, mit der gleichen Ehe oder Partnerschaft, mit der gleichen Arbeitssituation und der gleichen finanziellen Situation konfrontiert. *Alles* würde wieder so sein wie vorher, und du müsstest dich mit allem noch einmal auseinander setzen. Du gewinnst nichts dadurch, dass du versuchst, dem Ganzen zu entkommen. Nehmen wir zum Beispiel Kinder. Was geschieht, wenn Kinder von der Schule weglaufen? Bringst du sie nicht sofort zurück und achtest darauf, dass sie bis zu ihrem Abschluss dort bleiben? Natürlich verhältst du dich so, und nur wenn sie ihre Lektionen lernen und nicht vorzeitig abbrechen, stehen ihnen weitere Möglichkeiten offen.«

Sylvia erinnerte sich, wie müde und zerschlagen sie sich zur Zeit des Gesprächs gefühlt hatte, wie stark ihre Frustration damals gewesen war. »Was geschieht mit mir, wenn ich ins Jenseits komme?«, hatte sie gefragt, so wie ein Kind um eine Gutenachtgeschichte bettelt.

»Das Gleiche, was mit allen geschieht. Du bewegst dich durch einen dunklen Tunnel auf ein helles Licht zu, und ein geliebter Mensch wird dort auf dich warten und dich in Empfang nehmen. Am Ende des Tunnels findest du ein Orientierungszentrum, unsere Halle der Weisheit. Dort sitzt du vor einem Bildschirm und schaust dir dein ganzes Leben an. Du entscheidest dich jetzt, ob du die Aufgaben, die du dir für dieses Leben gestellt hast, erfüllt hast oder nicht. Vielleicht entschließt du dich, gleich wiedergeboren zu werden, aber wahrscheinlicher wirst du dich dafür entscheiden, erst eine Weile deinen Studien im Jenseits nachzugehen.«

»Warum sollte ich mich jemals dazu entschließen, erneut geboren zu werden?«, fragte Sylvia und seufzte dabei erschöpft.

»Wie auch immer du dich entscheidest, du wirst genug Hilfe haben«, versicherte ihr Francine. »Ein Berater wird dein Leben mit dir durchgehen – deinen Lebensplan, dein Lebensthema – alles. Ihr werdet zusammen entscheiden, was am besten für dich ist, um dich weiter zu vervollkommnen.«

»Aber warum habe ich mir diesmal so viel vorgenommen?«, fragte Sylvia. »Warum habe ich es mir selbst so schwer gemacht?«

»Jeder hat diese Tendenz, sich selbst zu überfordern«, gab Francine zu. »Das Leben im Jenseits ist so idyllisch, und man fühlt sich dort so stark, dass man vergisst, wie schwer es auf der Erde ist. Dir wird davon abgeraten, dir zu viel auf einmal vorzunehmen, aber wie immer, hast auch du in diesem Fall das letzte Sagen.«

»Ich muss meinen Mund ganz schön voll genommen haben.«

»Ja, Sylvia«, meinte Francine, »wie ich es dir schon gesagt habe, wir behalten im Jenseits viel von unserer irdischen Persönlichkeit.«

»Das ist tröstlich, schätze ich.«

»Aber es ist alles deine Entscheidung«, betonte Francine erneut. »Seit dem Zeitpunkt deiner Schöpfung wusstest du, wie jedes andere Wesen auch, was du vervollkommnen wolltest, was dein Lebensthema war und wie viele Leben du benötigen würdest, um dein Ziel zu erreichen. Dieses angeborene Wissen treibt jeden von uns an. Du bist die Erste, die weiß, wann die richtige Zeit zur Inkarnation gekommen ist. Als ob eine Glocke angeschlagen würde, eine innere Uhr, die sagt: ›Jetzt!‹«

»Aber was ist dann mit mir geschehen? Wo habe ich welche Fehler gemacht? Wie habe ich mir all dies eingebrockt?«, fragte Sylvia mit gereiztem Unterton.

»Du hast *nichts* falsch gemacht«, versicherte ihr Francine, »du erfüllst genau deinen Plan – und zwar deinen eigenen Plan, den du aufgestellt hast. Bevor du dich zur Wiedergeburt in dieses oder in deine früheren Leben entschlossen hast, bist du deine ganze Seelengeschichte noch einmal durchgegangen. Am Anfang, in den Tagen der Schöpfung, erforschten alle Wesen die Zukunft aller Planeten, die für Geburt und Wiedergeburt tauglich waren. Sie studierten alle Phasen und Zeitalter der Planeten, denn sie suchten das richtige Umfeld für die Anforderungen, die sie an ihre Vervollkommnung stellten. In der Entwicklung des Planeten Erde gab es viele besondere Zeitabschnitte – die atlantische Zeit, die Zeit des Neandertal-Menschen, die Phase des Cromagnon-Menschen, die Steinzeit, die Bronzezeit, die Eisenzeit, das goldene Zeitalter, das Mittelalter, die Renaissance, das Atomzeitalter. Unter diesen Zeitaltern konnte sich jedes Wesen das Szenario auswählen, das am besten zu ihm passte.«

»Bekommen wir immer das, worum wir bitten?« In Sylvias Stimme war eine gewisse Ungeduld zu spüren.

»In gewisser Weise ja. In den ganz frühen Anfangstagen saßen wir in einem riesigen Forum zusammen und skizzierten all diese Zeitalter auf einer großen Tafel. Das Ganze erinnerte ein wenig an die Börse oder an einen Arbeitsvermittler, wo uns alle Möglichkeiten, die wir haben, angepriesen wurden.«

Sylvia war verwirrt. »Du meinst Lebensmöglichkeiten?«

»Ja. Die Tafeln enthielten Informationen über geografische Lage, Eltern, ethnischen Hintergrund, Rasse, politische und wirtschaftliche Situation – alles über eine

Lebensmöglichkeit bis hin ins letzte Detail. Dann nahmen einige von uns – und du gehörtest zu ihnen – diese Information und haben, in Kenntnis unserer individuellen Bedürfnisse, auf bestimmte Möglichkeiten gesetzt.«

Das alles hörte sich für Sylvia äußerst merkwürdig an. »Auf bestimmte Möglichkeiten setzen?«, wiederholte sie, »ich verstehe das alles nicht.«

»Am Anfang war es notwendig, dass jeder sein Angebot abgab, weil sich so viele Wesen sofort inkarnieren wollten. Sie waren neugierig und wollten unbedingt wissen, wie es auf der Erde war, und es gab nicht genug Gelegenheiten für alle gleichzeitig. Inzwischen ist die Population so angewachsen, dass es keine Probleme mehr damit gibt, den richtigen Umstand für eine Wiedergeburt zu finden.«

»Ich wäre mit Sicherheit *froh* gewesen, jemand anderem meinen Platz zu überlassen«, sagte Sylvia, die angesichts ihrer derzeitigen Lebensumstände immer noch untröstlich war.

»Nein, du warst immer sehr eifrig und sehr mutig, dir bestimmte Aufgaben zu setzen. Du bist immer noch sehr mutig, Sylvia. Du hast keine Ahnung, wie viel von dir du anderen gibst und wie inspirierend du für andere Menschen bist.«

Sylvia schüttelte missbilligend den Kopf. Sie sah sich selbst ganz anders. Ihr Leben war gerade sehr schwierig, und es brauchte viel Kraft, um jeden einzelnen Tag durchzustehen. Nur die Verantwortung für ihre Kinder ließ sie durchhalten – und zwar auf eine Art und Weise, die sie Francine noch nicht erklären konnte.

Aber trotz ihrer Depression beeindruckten sie die Worte ihrer Geistführerin. »Was geschah dann? Wie ging es weiter?«, fragte sie interessiert.

»Wie jeder andere auch, gingst du zum Rat, der regierenden Körperschaft im Jenseits, und reichtest den Lebensplan für deine beabsichtigte Inkarnation ein. Diese Vorgehensweise ist nicht zwingend vorgeschrieben, und einige Wesen werden auch ohne vorherige Zustimmung des Rates geboren. Aber die meisten legen ihren Plan vor und profitieren von der anschließenden Beratung. Wie ein Sprichwort auf der Erde sagt: ›Zwei Köpfe sind besser als einer.‹ Die Erfahrung und das Wissen der Ältesten unterstützen dich in der Auswahl des besten Umstandes zur Inkarnation. Der Rat hat sich deinen Plan in allen Einzelheiten angeschaut. Die Ältesten warnten dich vor möglichen Fallstricken, die du noch nicht gesehen hattest, und wiesen dich auf Ereignisse hin, die deine Ziele vielleicht durcheinander bringen konnten.«

»Ich wünschte, ich könnte mich daran erinnern«, sagte Sylvia wehmütig. »War der Rat nett zu mir?«

»Oh, ja, sehr nett. Sie sind sehr liebevoll und fürsorglich mit dir umgegangen. Die Ältesten dienen dem gemeinschaftlichen Wohlergehen und Wohlbefinden. Häufig führt eine Beratung durch die Ältesten dazu, dass Wesen ihre Pläne ändern, sodass alle Eventualitäten berücksichtigt werden. Oftmals wird ein Wesen vor einer bestimmten Inkarnation gewarnt. Ihm wird von einem Leben abgeraten, das zu schwierig und mit zu großem Ehrgeiz verbunden ist. Manchmal raten die Ältesten einem Wesen, zwei oder drei Leben zu führen, um das zu erreichen, was für ein einziges Leben geplant ist. Natürlich gibt es immer Wesen, die nicht auf den Rat hören. Sie diskutieren mit den Ältesten und bestehen auf ihrem Standpunkt.«

»Und wie geht der Rat mit ihnen um?«, wunderte sich Sylvia.

»Er lässt es geschehen. Wenn ein Wesen nicht bereit ist, den Rat anzunehmen, lässt der Rat ihm freie Wahl. Alle Wesen besitzen einen freien Willen und können sich so inkarnieren, wie sie es wünschen. Aber ich muss wirklich sagen, ich habe nie gesehen, dass der Rat einen Fehler in der Begutachtung der Lebenspläne für eine Inkarnation gemacht hätte. Im Gegensatz dazu habe ich viele katastrophale Fehler von Wesen miterlebt, die übereifrig waren und zu viel auf einmal wollten.«

»War – ist – das der letzte Schritt?«

»Oh, nein. Nachdem du beim Rat warst, kehrst du zum Orientierungszentrum zurück und diskutierst deinen Lebensplan, auf den du dich mit den Ältesten geeinigt hast, mit mindestens einem Meisterlehrer. Dies nimmt eine Menge Zeit in Anspruch, weil der Meisterlehrer alles, was das Wesen mit einem Leben auf der Erde erreichen will, bis ins letzte Detail kennen muss. Manche Wesen verbringen viele Jahre eurer Zeit im Orientierungszentrum, um sich auf ein Leben vorzubereiten. Wenn diese letzte Vorbereitung abgeschlossen ist, suchst du mit Hilfe eines computerähnlichen Apparats nach den passenden Eltern, dem passenden Körper und der geeigneten geografischen Situation. Mit Hilfe dieses ›Geräts‹ entscheidest du, welche körperlichen Defekte du hast, welche Arbeit du annimmst, welche Kindheit der Erfüllung deiner Lebensziele dient, wie dein Leben als Erwachsener aussieht, wer dein Lebenspartner oder deine Kinder sind und wie du sterben wirst.«

Den Worten von Francine zufolge werden all diese Faktoren berücksichtigt. »Du entscheidest selbst, ob es für dich besser ist arm oder reich zu sein«, erklärte sie. »Möchtest du eine dominierende Mutter oder einen dominierenden Vater? Möchtest du Eltern haben, die sich scheiden lassen oder die umkommen? Möchtest du Geschwister haben? Wirst du heiraten? Welche Wesen können dir dabei helfen, dich zu vervollkommnen? Wirst du Kinder haben? Wie viele? Jungen oder Mädchen? Welche Anlagen sollen sie haben? Welche Freunde? Welche Traumata? Wie viele negative Herausforderungen soll dir das Leben bringen? Wirst du eine Religion haben oder mehrere oder gar keine? Die Liste der Möglichkeiten und notwendigen Entscheidungen ist endlos.«

Sylvia seufzte schon wieder. »Wenn man so viel vorher plant, wie kann dann überhaupt etwas schief gehen?«

»Es geht *nichts* schief. Es gibt nichts, was ›falsch‹ wäre«, betonte Francine. »Die Dinge scheinen nur gegenwärtig für dich falsch zu sein. In Wahrheit habe ich dir noch gar nicht alle Entscheidungen aufgezählt, die vor einer Inkarnation getroffen werden müssen. Es gibt noch viel mehr. Nachdem ihr euch auf die Grundlagen des Lebensplans geeinigt habt, betrachtest du mit deinem Meisterlehrer die wichtigsten Ereignisse der geplanten Inkarnation auf einem Apparat, der an ein Fernsehgerät mit einem 360-Grad-Bildschirm erinnert. Auf diese Weise siehst du tatsächlich alle wichtigen Ereignisse und Entscheidungen in deinem zukünftigen Leben und kannst deine Reaktion beurteilen und deine emotionale Antwort analysieren. Du kannst dir dein Leben aus Hunderten von Perspektiven anschauen – Variationen, die möglich werden durch unvorhergesehene Veränderungen.«

»Dann kann ich Veränderungen an meinem Lebensplan vornehmen?«, fragte Sylvia.

»Es gibt viele Wege, die ein Wesen einschlagen kann, aber es gibt nur einen roten Faden, dem du folgen solltest, um dein gewünschtes Ziel zu erreichen. Wenn ein Wesen diesen roten Faden verliert, kann es zu einer gewissen Unordnung kommen.«

Sylvia hatte bereits an diese Möglichkeit gedacht. »Unordnung? Was meinst du damit genau?«

»Alkoholismus könnte zum Beispiel eine bestimmte Reaktion sein oder aber auch eine andere Form geistiger oder körperlicher Krankheit. Im Extremfall kann es Selbstmord sein. Natürlich ist das Wesen, das eine Inkarnation plant, sorgfältig darauf programmiert, allen Stress zu vermeiden, der zu solchen Problemen führt.«

»Es funktioniert nicht sehr gut, dieses Programmieren, stimmt's?«

»Meistens funktioniert es sehr gut«, argumentierte Francine. »In den meisten Fällen überlebt das Wesen die Inkarnation, wenn auch nicht immer so, wie beabsichtigt. Wie ich bereits erwähnte, entstehen die größten Schwierigkeiten durch den Unterschied zwischen eurer Existenzebene und dem Jenseits. Aus diesem Grund ist auch eine umfangreiche Planung notwendig, und besonders eine intensive Überarbeitung ist wichtig. Der Plan muss im Unterbewusstsein des Wesens gespeichert sein, sodass er oder sie nicht nur die Geburt überleben, sondern sich auch in Richtung Vervollkommnung bewegen kann.«

Sylvia lehnte sich zurück und dachte über all das nach, was Francine gesagt hatte. »Und das ist alles?«, fragte sie zum Schluss.

»Ja, das ist schließlich ›alles‹. Wenn die Planung, die Beratung und das Programmieren abgeschlossen sind und der rote Faden im Unterbewusstsein des Wesens ausgelegt ist, wird er oder sie geboren.«

»Und dann sind wir hier unten und strampeln uns allein einen ab«, meinte Sylvia.

»Nun, ihr seid nicht *wirklich* allein«, verbesserte sie Francine. »Wir Geistführer sind immer bei euch – wenn nur mehr von euch auf uns hören würden.«

Obwohl Sylvia bislang nichts über den konkreten Prozess der Reinkarnation wusste, war sie sich doch der Prinzipien bewusst, die ihr Leben seit ihrer Kindheit bestimmten. Als sie noch ein kleines Baby war, erinnerte sie sich, in einem früheren Leben vergiftet worden zu sein, und daher bestand sie darauf, dass ihr Vater ihr gesamtes Essen probierte, bevor sie es zu sich nahm. Als sie älter wurde, trugen angenehme Erinnerungen an ein Leben im Kloster dazu bei, dass Sylvia auch in diesem Leben eine Nonne werden wollte.

Dal hypnotisierte Sylvia kurz nach ihrer Heirat und

führte sie in ein früheres Leben in Japan zurück. »Hast du hellseherische Kräfte?«, fragte er sie.

»Ja«, antwortete sie und überraschte – immer noch unter Hypnose – ihren Mann mit der Frage: »Bist du eine meiner Stimmen?« Es war ein besonderer Moment, der augenscheinlich über Raum und Zeit hinausging. Für einen Augenblick waren zwei Leben, die Hunderte von Jahren getrennt gewesen waren, wieder zu einem vereint.

Das Leben in Japan hatte ein tragisches Ende, und so wollte Sylvia sich nicht zu sehr damit beschäftigen. Ihre Fähigkeit, Stimmen zu hören, die andere nicht hörten, und Dinge auf übersinnliche Weise zu sehen, die andere nicht sahen, war für die Menschen ihrer damaligen Umgebung höchst bedrohlich gewesen. Zuerst wurden ihre Worte als Delirien einer Verrückten abgetan, aber schließlich stach eine Frau, die Angst aufgrund einer Vorhersage über sich bekommen hatte, auf die Person ein, die Sylvia in jener Inkarnation gewesen war. Sylvia starb an den Verletzungen.

Sylvia ist sich heute sicher, dass es für sie notwendig war, das negative Potenzial eines Lebens mit hellseherischen Fähigkeiten zu erfahren, um auch voll die positive Kraft annehmen zu können, die mit dieser Gabe einhergeht.

Später, als eine weitere Rückführung Sylvia ein Leben als Seherin beim Orakel in Delphi offenbart hatte, kamen auch Hinweise auf eine Reihe von Leben an die Oberfläche, die von übersinnlichen Fähigkeiten geprägt waren. Wie gewöhnlich führte Dal sie tiefer und tiefer in die Trance. »Öffne jetzt deine Augen«, bat er sie zum Schluss. »Schau dich um … was siehst du?«

»Berge – steile, zerklüftete Berge … sie umgeben mich von allen Seiten.«

»Was tust du?«

»Ich gehe auf einem schmalen Pfad bergan. Er ist sehr steil und felsig.«

»Bist du ein Mann oder eine Frau?«

»Ich bin eine Frau.«

»Was für eine Kleidung trägst du? Schau zuerst auf deine Füße. Was für Schuhe hast du an?«

»Sandalen. Ich trage Sandalen. Sandalen und ein langes weißes Kleid, eine Art Tunika.«

»Bist du allein?«

»Nein, ein kleines Mädchen ist an meiner Seite. Es ist genauso angezogen wie ich. Ich halte seine Hand. Es ist meine Tochter.«

»Bist du glücklich?«

»Nein, es ist früh am Morgen, aber ich fühle mich müde und erschöpft. Am oberen Ende des Pfades befinden sich mehrere zellenartige Räume. Ich werde, wie jeden Tag, in einen dieser Räume gehen. Bald werden die Menschen in langen Schlangen den Pfad emporklettern. um mich zu sehen und mir Fragen zu stellen.«

»Erzählst du ihnen etwas über ihre Zukunft?«

»Ja, ich mach das jeden Tag von frühmorgens bis spätabends. Meine kleine Tochter lernt, das Gleiche zu tun wie ich.«

»Gefällt dir dein Leben nicht?«

»Ich habe kein Leben – kein Leben für mich. Ich lese die ganze Zeit über anderen die Zukunft. Ich sehe mein Kind nur sehr selten.«

»Was ist mit seinem Vater?«

»Er ist weg... schon vor langer Zeit... Ich kann mich nicht einmal mehr erinnern. Ich bin in diesem Leben ziemlich allein. Ich bin immer am Arbeiten, lese den Leuten ständig ihre Zukunft. Ich habe kaum Kontakt mit anderen Menschen. Diejenigen, die zu mir kommen, stehen an einem kleinen Fenster meiner Zelle. Ich bin ständig beschäftigt, aber in Wahrheit bin ich sehr allein.«

»Wie stirbst du?«

»An Tuberkulose. Es tut mir nicht Leid. Alles fühlt sich so schwer an, nicht nur meine Brust, sondern alles. Ich bin bereit weiterzugehen.«

Nachdem sie wieder bei Bewusstsein war, konnte sich Sylvia genau an diese vergangene Inkarnation erinnern. Nachdem sie eine Zeit lang über dieses Leben nachgedacht hatte, kam sie zu dem Schluss, dass sie sich deswegen an dieses Leben erinnerte, um sich bewusst zu machen, wie wichtig es für eine Hellseherin ist, in einem gewissen Gleichgewicht zu leben.

Im Jahr 1983 wurde Sylvia während eines Urlaubs in Griechenland krank und konnte Dal nicht auf dem lang ersehnten Ausflug nach Delphi begleiten. Auf ihr Drängen hin suchte er diesen Ort ohne sie auf. Als Dal am Abend wieder in Athen war, fing er an, ihr das Heiligtum in den Bergen zu beschreiben. »Warte einen Moment«, unterbrach ihn Sylvia, »du vergisst, dass ich auch schon dort gewesen bin.« Und dann fuhr sie fort, ihm die steilen Pfade, die spitzen Gipfel, die massiven Säulen und die ganze Bildhauerkunst zu beschreiben.

Aber trotz all ihrer Erfahrungen auf diesem Gebiet –

nicht nur aufgrund ihrer eigenen Erinnerungen an vergangene Leben, sondern auch dadurch, dass sie anderen dabei half, sich an frühere Inkarnationen zu erinnern – war Sylvia nicht auf die Welle der Nostalgie gefasst, die sie ergriff, als sie 1981 aus einem Flugzeug in Nairobi stieg. Die Reise nach Kenia hatte sich spontan ergeben. Befreundete Klienten waren nach Afrika gezogen und hatten Sylvia und Dal eingeladen, sie dort zu besuchen. Die Brownes hatten die Einladung freudig angenommen, aber durch den vollen Terminkalender waren sie nicht in der Lage gewesen, vor der Reise etwas über das Land in Erfahrung zu bringen oder sich auch nur Gedanken über ihr Reiseziel zu machen. Sylvia wusste fast gar nichts über Afrika, zumindest nicht auf einer bewussten Ebene. Aber als sie ihren Fuß auf afrikanischen Boden setzte, hatte sie sofort das Gefühl, nach Hause zu kommen. Nach und nach erschienen immer mehr Bilder und Ereignisse vor ihrem inneren Auge. Sylvia ist sich sicher, dass sie drei sehr glückliche Leben in Kenia verbracht hat.

Im ersten dieser Leben sah sie sich mit einem roten Wickelkleid der Massai bekleidet. Sylvias damaliger Ehemann war auf der Jagd getötet worden, aber ihr Sohn – der in *diesem* Leben Chris ist – sorgte sich auf liebevolle Weise ihr ganzes Leben lang um sie. In einer anderen Inkarnation als Mitglied des Kikuyu-Stammes wurde Sylvia durch ein wildes Tier getötet. Sie erinnert sich, dass dieses Leben kurz und fast idyllisch gewesen ist. In all ihren afrikanischen Inkarnationen war Sylvia sowohl Frau als auch Schamanin. Als Teil ihres einfachen Lebens war dies die natürlichste Sache der Welt und wurde von allen Menschen in ihrer Umgebung als völlig normal betrachtet. Nur in ihrer letzten Inkarnation als eine Samburu hatte sie eine gewisse Sonderstellung, die dadurch zustande kam, dass sie zu einer nicht mehr für möglich gehaltenen Heilung eines Dorfkindes beitragen konnte. Aber selbst dieses Ereignis war eine normale Erfahrung, die ihren einfachen Lebensrhythmus kaum beeinträchtigte.

Sylvia glaubt, dass sie anhand dieser Leben lernen sollte, Einfachheit und eine natürliche, unkomplizierte Existenz schätzen zu lernen. Sie halfen ihr auch zu verstehen, wie wichtig eine liebevolle Kooperation mit anderen Menschen ist. Jede ihrer Inkarnationen in Afrika diente der Erkundung dieser Prinzipien, und indem sie an den Schauplatz dieser Leben zurückkehrte, fühlte sie sich an die grundlegenden Wahrheiten erinnert, die sie zwar schon kannte, aber immer wieder zu vergessen neigte.

Sylvia hat anscheinend auch in diesem Leben in Afrika noch etwas zu erledigen. Während ihres Aufenthaltes wurde sie von Kathy Eldon, einer Journalistin aus Nairobi, interviewt. Eldon sah der Verabredung mit einiger Beklemmung entgegen. Sie hatte noch nie mit einer Hellseherin zu tun gehabt und war sich nicht sicher, ob sie Sylvia überhaupt treffen wollte. Später schrieb sie: »Ich war sehr auf Vorsicht bedacht und fest entschlossen, keine Gedanken in mir aufkommen zu lassen, die irgendwie ›aufgefangen‹ werden konnten und etwas über mich offenbarten. Aber wenn Sylvia vor einem sitzt, ist alle Angst verflogen. Sie ist eine große, sehr umgängliche Frau mit blond gefärbten Haaren und großen Augen, die noch durch einen blauen Lidschatten betont werden. Ihre Stimme ist tief und rau.«

In dem Gespräch mit der Journalistin erzählte Sylvia von ihren persönlichen Erfahrungen, angefangen in ihrer Kindheit, wo sie immer bestimmte Vorahnungen gehabt hatte. Sie berichtete davon, wie Francine in ihr Leben trat, und umriss den Aufgabenbereich der Nirvana Foundation. »Plötzlich«, erinnert sich Kathy Eldon, »mitten in unserem Gespräch, fing Sylvia an, über mich zu sprechen. Sie erzählte mir, wie viele Kinder ich hatte, wie viele Jungen und wie viele Mädchen, und beschrieb exakt ihre jeweiligen Charakterzüge. Doch damit nicht genug. Sie sprach von einer Reise, die ich unternehmen würde und die ich erst am Vortag geplant hatte. Sie erwähnte ein Buch, das ich schreiben würde, und erörterte gesundheitliche Probleme, die ich in der Vergangenheit hatte. Sie benutzte dabei Worte, die nur meine beste Freundin benutzen würde, und konnte genau den Vorfall beschreiben, der zu meinem gegenwärtigen Job führte. Ich war total erstaunt. Sylvia hatte keine Möglichkeit gehabt, Nachforschungen über mein Leben anzustellen. Und nicht nur das, die meisten Informationen, die sie mitteilte, waren nur mir selbst bekannt.«

Ihre anfängliche Unbehaglichkeit hatte sich völlig in Luft aufgelöst. Eldon brachte Sylvia in Kontakt mit dem Oxford-Professor Mark Horton, der uralte Ruinen an der Küste von Mombasa ausgegraben hatte. Sylvia gelang es, das Alter von bestimmten Münzen festzulegen, und sie war außerdem in der Lage, auf einer Karte von Kenia zu zeigen, wo sie gefunden worden waren. Dann wies sie noch auf einen Ort hin, an dem andere bedeutende Gegenstände gefunden werden konnten.

Die Journalistin stellte Sylvia dann Dr. Richard Wilding vor. Er war am Nationalmuseum Leiter der Abteilung für historische Fundstätten und Monumente, und war sehr skeptisch. Nachdem sie Anteil an Wildings Hüftproblemen genommen hatte, die ihn seit seiner Geburt plagten, für andere aber nicht sichtbar waren, fuhr Sylvia mit Wilding und Eldon nach Gedi, einer Geisterstadt, die aus mysteriösen Gründen im 15. Jahrhundert verlassen worden war. Nachdem sie ein paar Minuten an diesem Ort umhergelaufen war, fing Sylvia an, die Schwingungen der Menschen zu spüren, die hier vor langer Zeit gelebt hatten. »Diese Gegend zog viele Kinder an«, erzählte Sylvia Dr. Wilding und wies auf einen alten Steinhaufen. »Kinder aller Altersstufen kamen mit ihren Eltern hierher.«

Wilding sah sie erstaunt an. »Wir halten diese Ruinen für Überbleibsel einer Familienmoschee«, erzählte er ihr. »Können Sie irgendetwas darüber sagen, warum die Stadt verlassen wurde? Warum sind die Bewohner verschwunden?«

»Viele Menschen sind hier gestorben – und zwar alle gleichzeitig. Es war das Wasser. Durch irgendetwas wurde das Wassersystem verschmutzt, und die meisten starben. Der Rest zog woanders hin und kam nie zurück.«

»Ja! Ja!«, rief er aus und nickte zustimmend. Seine anfängliche Skepsis war verschwunden. »Das könnte sehr wohl der Grund für den Exodus gewesen sein.«

Der Artikel, den Kathy Eldon über Sylvia für die Zeitung *The Nation* schrieb, berührte bei vielen Lesern einen empfindlichen Punkt. Innerhalb einer Woche erhielt die Journalistin mehr als 50 Briefe und Anrufe von Menschen, die Sylvia unbedingt kennen lernen wollten. Leider war Sylvia zu diesem Zeitpunkt schon wieder nach Hause zurückgekehrt. Unerschrocken riefen zwei Leser Sylvia in Kalifornien an und baten sie, ihnen die Zukunft zu lesen.

Eine Frau war verzweifelt, weil ihr Sohn, ein Jugendlicher, verschwunden war. Sie bat Sylvia um Informationen über seinen Aufenthaltsort. »Ist er noch am Leben?«, wollte sie wissen. »Wird Druck auf ihn ausgeübt? Was müssen wir tun, damit er zurückkommt?«

Sylvia konnte ihr sofort eine Antwort geben. Sie beschrieb die Ereignisse, die dazu geführt hatten, dass der Junge verschwunden war. Sie machte detaillierte Angaben über die Menschen, mit denen er zusammen war, und gab an, wo er sich gegenwärtig aufhielt. Aber sie fügte auch hinzu: »Machen Sie sich nicht die Mühe, nach ihm zu suchen. Sie werden ihn nicht finden. Er kommt wieder nach Hause, wenn er dafür bereit ist.« Die Familie gab die Information an die Polizei weiter, die ihre Suche fortsetzte. Aber obwohl die Beamten allen Hinweisen von Freunden des Jungen nachgingen, wurde der Junge nicht gefunden.

Am Ostersonntag schließlich kam der Ausreißer nach Hause zurück – genauso, wie Sylvia es beschrieben hatte. Später bestätigte er die meisten Informationen, die Sylvia vorhergesagt hatte.

Der zweite Anruf in den Vereinigten Staaten kam von

einem Leser aus Tansania, der sich so große Sorgen um eine rätselhafte Krankheit seiner Frau machte, dass er unbedingt mit Sylvia darüber sprechen wollte.

Erneut musste Sylvia nicht lange überlegen. »Ihre Frau hat schlimme Kopfschmerzen, die ihren Energiekreislauf blockieren«, erzählte sie ihm. Nachdem sie noch mehr Informationen über den Gesundheitszustand der Frau gegeben hatte, die der Mann bestätigte, empfahl sie eine spezielle Medizin.

Die Patientin, die sich schon monatelang an verschiedene Ärzte im ganzen Land gewendet hatte, entschloss sich dazu, die neue Medizin auszuprobieren. Anstatt weiterhin jeden Tag wegen lähmender Kopfschmerzen ans Bett gefesselt zu sein, hatte sie schon nach einer Woche nur noch zweimal leichte Kopfschmerzen. Kathy Eldons Informationen zufolge befand sie sich auf dem besten Weg, wieder gesund zu werden.

Der Artikel, den Eldon für *The Nation* geschrieben hatte, erschien im Februar 1982. Sylvia hatte davor gewarnt, dass es in Kenia Ende Juli oder Anfang August dieses Jahres ernsthafte Probleme geben werde. Am 1. August führte ein Putschversuch zu mehreren Toten und einem Aufruhr in der Regierung.

Als Sylvia im nächsten Jahr wieder in Kenia war, wurde sie von dem Kabinettsmitglied Philip Leakey aufgesucht, dem Sohn des weltberühmten Anthropologen. Während des Readings drückte Sylvia ihre Sorge um die Sicherheit des kenianischen Präsidenten Daniel Arap Moi aus. »Er sollte in Mombasa sehr auf sich aufpassen ... Ich sehe ihn von Fahnen umgeben. Er sollte nicht dort sein. Es ist im September. Er ist auf einer Art Festplatz. Jemand hat es auf ihn abgesehen. Er sollte dort nicht hingehen«, warnte sie.

Wie sich herausstellte, führten die Amtsverpflichtungen den Präsidenten nach Mombasa, wo er ein jährlich stattfindendes Festival besuchte, das eine Art große staatliche Messe war. Die Stimmung war sehr angespannt. Da er Sylvias Warnung kannte, hatte er seinen Personenschutz vergrößert und – noch wichtiger – seinen Aufenthalt dort zeitlich stark eingegrenzt, wodurch er sehr wahrscheinlich einem geplanten Anschlag entging.

Heute ist Sylvia in Kenia unter ihrem Kikuyu-Namen bekannt. Er lautet »Mumbi-1« und bedeutet »Erste Frau der Welt«. Seit 1981 ist sie noch oft in Kenia gewesen und betrachtet dieses Land als ihre zweite Heimat.

Sylvia weiß durch Francine, dass sie schon 54-mal gelebt hat. Sie selbst erinnert sich bruchstückhaft an 12 Leben und hat kein Interesse daran, ihre eigene Geschichte noch tiefer zu erkunden. Sie glaubt, dass diese Erinnerungen in ihr hochkamen, weil sie einen bestimmten Zweck in *diesem* Leben erfüllen sollten. Es handelt sich dabei um Langzeit-Erinnerungen aus weit zurückliegenden Zeiten. Erfahrungen aus jüngerer Zeit haben sich ihr immer entzogen. Sylvia sieht keinen Sinn darin, tiefer in vergangene Leben einzudringen, es sei denn, bestimmte Dinge geschehen, in denen vergangene Inkarnationen eine direkte Wirkung auf das gegenwärtige Leben haben.

Nachdem sie zufrieden zur Kenntnis genommen hatte, dass die Seele nach dem Tod weiterexistiert, war bloße Neugier kein ausreichender Grund mehr, um weitere Zeit mit Rückführungen unter Hypnose zu verschwenden. Sie wollte lieber ihre Zeit und Energie dafür nutzen, anderen Menschen zu helfen, sich selbst dadurch zu heilen, dass sie wissen, was in früheren Leben geschehen ist.

Ein eindringliches Beispiel einer solchen Heilung konnte man am 9. Oktober 1982 im Fernsehen beobachten. Es ging um Edwinna Moore, Mitarbeiterin der Fernsehsendung *Pacific Currents* aus San Francisco. Moore hatte eine extreme Höhenangst, die ihre Lebensqualität ernsthaft beeinträchtigte.

Sylvia fing damit an, dass sie die Frau beruhigte und sie bat, ihren ganzen Körper immer mehr zu entspannen – angefangen von den Füßen bis hoch zum Kopf. »Mit jedem Atemzug entspannen Sie sich tiefer«, stimmte Sylvia an. »Schließen Sie jetzt Ihre Augen und schauen Sie auf Ihren Nasenrücken.« Innerhalb weniger Minuten war Edwinna Moore in einem tiefen hypnotischen Trance-Zustand.

»Gehen Sie jetzt in die Zeit zurück, in der Ihre Höhenangst ausgelöst wurde«, wies Sylvia die Frau an. »Erzählen Sie mir, was Sie sehen.«

»Ich besteige einen Berg«, sagte Moore mit einer fast flüsternden Stimme. »Ich habe Angst, ich habe große Angst.«

»Gehen Sie noch weiter zurück… erzählen Sie mir etwas über sich selbst. Wie sehen Sie aus?«

»Ich bin jung, ungefähr 15 Jahre alt. Ich habe eine braune Hautfarbe.«

»Wo sind Sie?«

»Auf einer Insel, einer sehr üppigen Insel … es ist Hawaii.«

»Was passiert?«

»Ich renne … ich renne vor jemandem weg, aber es ist nicht einfach, die Berge sind so steil … etwas Furchtbares wird geschehen!«

»Beruhigen Sie sich«, forderte Sylvia sie auf. »Atmen Sie tief durch, entfernen Sie sich von der Person, die Sie sehen, und gehen Sie aus dem Bild heraus in die Beobachtungsposition. Sie sind nun ruhig, sicher und beschützt. Sie beobachten einfach, was geschieht, und werden nicht negativ davon beeinflusst.«

Dann fuhr Sylvia fort: »Erzählen Sie mir nun als Beobachterin des Geschehens, vor wem Sie weglaufen. Warum haben Sie Angst?«

»Eine Frau ist hinter mir her. Sie ist sehr wütend … sie will mich umbringen.«

»Warum will sie das tun?«

»Ihr Mann … er hat sich in mich verliebt. Sie hasst mich und gibt mir die Schuld.«

»Was geschieht jetzt?«

»Ich habe eine Hängebrücke erreicht … ich laufe über eine tiefe Schlucht. Wenn ich auf die andere Seite komme, bin ich in Sicherheit … die Brücke schwingt hin und her – es ist nicht leicht, weiterzulaufen. Unter mir sind Felsen … oh, sie befindet sich auch auf der Brücke … sie versucht mich zu ergreifen. Ich kann mich nicht von ihr entfernen … ich halte mich am Geländer fest, aber sie versetzt die Brücke immer mehr in Schwingung. Es ist furchtbar. Ich kann mich nicht mehr festhalten. Ich falle! Oh, ich bin am Fallen …«

»Es ist alles in Ordnung«, beruhigte sie Sylvia. »Das ist alles längst vorbei, Sie brauchen das alles nicht noch einmal zu erleben. Sie sind in einem neuen Leben, das nichts mit dem anderen zu tun hat. Sie brauchen nicht länger Höhenangst zu haben. Sie wissen nun, woher diese Angst kommt, und es ist alles vorbei. Sie befinden sich in einem völlig anderen Leben und sind vollkommen frei. Ich werde jetzt bis drei zählen und dann wachen Sie entspannt und wohlbehalten auf. Die Höhenangst hat sich aufgelöst. Eins … zwei … drei … Wachen Sie auf!«

Edwinna Moore erwachte aus der Hypnose und fühlte sich frisch und erholt. Vier Monate später, am 10. Februar 1983, schrieb sie an Sylvia:

»Ich wollte Ihnen nur mitteilen, dass meine Höhenangst seit der Rückführung unter Hypnose vollständig verschwunden ist. Ich bin nun in der Lage, den Highway 1 ohne zittriges Gefühl in den Beinen zu fahren. Ich kann selbst am Rande einer Klippe stehen, und mir wird nicht schwindelig. Vielen Dank, dass Sie mir geholfen haben, dieses Problem, das mich so stark entkräftet hatte, zu lösen.«

Nicht jeder Klient kann mit dem Prinzip der Reinkarnation etwas anfangen. Eine Frau beklagte sich bei Sylvia über eine unvermittelt aufgetretene Verhaltensänderung ihrer vierjährigen Tochter. Erst vor kurzem waren sie in eine neue Wohnung gezogen, die keine Badewanne hatte. Wenn das Kind mit der Dusche konfrontiert wurde, begann es zu schreien.

»Armes Kind«, drückte Sylvia ihr Mitgefühl aus, »aber können Sie es ihr verübeln? Sie starb in einer Gaskammer der Nazis. Das Letzte, woran sie sich erinnert, ist, zum Duschen geführt zu werden. Sie werden es ihr erklären müssen. Sie versteht nicht, dass die Dusche in ihrem neuen Leben keine tödliche Bedrohung mehr darstellt.«

Die Klientin war schockiert. »So etwas können Sie doch gar nicht wissen!«, argumentierte sie.

»Warum nicht?«, entgegnete Sylvia. »Es ist genau das Gleiche, wie wenn ich Ihnen erzähle, wie Ihre neue Wohnung aussieht, ohne dass ich sie gesehen habe.«

Die Frau war immer noch nicht überzeugt. »Für mich ist das etwas anderes! Ich glaube nicht an Reinkarnation.« Sie hielt die Vorstellung von Wiedergeburt für absurd, aber schon am nächsten Tag rief sie an. Als sie am Vorabend unter die Dusche steigen wollte, fing ihre kleine Tochter an zu kreischen: »Nein, Mama, nein! Gas!«

Diese eindeutige Reaktion konnte die Mutter nicht mehr leugnen. »Sie haben anscheinend Recht«, gestand sie Sylvia ein, »aber was bedeutet das? Warum sollte mein kleines Mädchen sich so ein schreckliches Leben aussuchen? Und was ist mit Hitler und den anderen Nazis? Warum geschehen solche furchtbaren Dinge?«

»Das habe ich mich auch immer gefragt«, erzählte ihr Sylvia. »Ich bin zu einer Hälfte jüdischer Abstammung, und daher habe ich natürlich viel über Hitler und die Nazis nachgedacht. Francine meint, dass es so etwas wie

Gruppeninkarnationen gebe. Im Falle des Holocaust haben sich sowohl Verfolger als auch Verfolgte vor ihrem Leben auf der Erde dazu entschlossen, einen solchen Horror in Szene zu setzen.«

»Aber warum? Welchen Sinn soll das machen?«

»Es war gedacht als eine globale Lektion für die ganze Menschheit. Etwas Ähnliches geschah vor fast 2000 Jahren in Rom. Christen und Römer inkarnierten gleichzeitig, um ihren schrecklichen, aber auch inspirierenden Kampf Realität werden zu lassen.«

»Dann glauben Sie also wirklich, dass Hitler sich dazu entschieden hat, Hitler zu sein?«

»Ja, das tue ich«, versicherte ihr Sylvia. »Seine Taten waren ohne Zweifel fürchterlich, aber wir können niemals ein Urteil über die Seele eines Menschen fällen. Francine erinnert mich ständig daran, dass wir alle uns ein Leben aussuchen, um die unterschiedlichsten Dinge zum Ausdruck zu bringen. Aber der wahre Grund liegt in der Entwicklung unserer Seelen und daher letztlich in der Entwicklung der Menschheit. Einige von uns entscheiden sich für ein Leben als Schachfiguren, um anderen die Möglichkeit zu geben, sich in irgendeiner Weise zu vervollkommnen. Vielleicht war das Wesen, das jetzt Ihr kleines Mädchen ist, in ihrem letzten Leben eine solche Schachfigur.«

»Ich verstehe das alles überhaupt nicht«, protestierte die Mutter.

»Manchmal inkarnieren wir bloß aus dem Grund, um für eine andere Person eine bestimmte Situation oder Umgebung zu schaffen«, erklärte Sylvia. »Auf unserer

Ebene gehört zu jedem Opfer auch ein Täter, zu jedem Mitläufer ein Führer. Wir sind alle hier, um uns gegenseitig zu helfen. Jeder von uns will die Kette der Reinkarnation durchbrechen, sodass niemand länger als nötig mit Negativität leben muss.«

»Aber der Holocaust war so schrecklich, so grauenvoll …«

»Es war sicherlich furchtbar, aber leider auch kein Einzelphänomen. Viel mehr Menschen wurden durch die Inquisition getötet, die auch viel länger dauerte, nämlich mehr als 500 Jahre, und ganz Europa, aber auch Mexiko und Zentral- und Südamerika erfasste. Wir neigen dazu zu glauben, dass alles, was uns berührt, einzigartig ist. Wir fragen uns ständig, ob andere Menschen auch so denken wie wir. Sie können sicher sein, dass irgendeine Person es schon getan hat, tut oder tun wird. Kein Gedanke, der Ihnen in den Kopf kommt, ist neu. Irgendwer irgendwo hat den gleichen Gedanken bereits gehabt. In den Anfangstagen brauchten die inkarnierenden Wesen neue Situationen auf der Erde, aber inzwischen gibt es wirklich nichts Neues mehr. Sie können sich einreden, dass Sie sich in einer einzigartigen Situation befinden, aber lassen Sie sich sagen, dass es bestimmt jemanden gibt, der bereits das Gleiche wie Sie erlebt hat. Was unsere Erfahrungen angeht, sind wir alle Brüder und Schwestern.«

»Aber wann hört das Ganze einmal auf?«

»Es hört dann auf, wenn alle Menschen das Wissen erworben haben, das sie für ihre Vervollkommnung brauchen; wenn wir alle uns genug der Negativität ausgesetzt und alles gelernt haben, was es daraus zu lernen gibt.«

»Das heißt also mit anderen Worten, dass Hitler seine Rolle freiwillig gespielt hat?«

»Das stimmt«, sagte Sylvia. »So bösartig seine Taten auch waren, so war er doch eine Art Schauspieler, der den Schurken in einem kosmischen Drama spielte.«

»Aber was ist mit dem Karma, über das ständig alle reden? Es scheint, als habe Hitler ein furchtbares Karma?«

Sylvia seufzte verzweifelt. »Ich habe dieses Wort so satt. Jetzt, wo wir endlich aufhören, uns vor der Hölle zu fürchten, fangen wir wieder an, vor unserem Karma Angst zu haben.«

Die Frau war völlig irritiert und fragte: »Was bedeutet denn überhaupt Karma?«

»Karma bedeutet einfach nur Erfahrung«, erzählte ihr Sylvia. »Es ist die Erfahrung, die wir suchen, während wir auf der Erde inkarniert sind. Unglücklicherweise interpretieren es manche Menschen auf sehr negative Weise. Sie glauben, wenn ich Ihnen in diesem Leben eine Ohrfeige gebe, müssen Sie mir im nächsten eine geben, und dann gebe ich Ihnen im nächsten wieder eine, und so schlagen wir uns gegenseitig hin und her, ohne jemals damit aufzuhören. Ist das nicht völlig bescheuert? Als ob wir nichts Besseres zu tun hätten.«

»Aber wenn das nicht stimmt, woher kommt dann der negative Beigeschmack?«

Um diese Frage zu beantworten, musste Sylvia ein wenig ausholen. »Die ganze Idee stammt aus der östlichen Philosophie, die davon ausgeht, dass ›schlechte‹ Taten schlechtes Karma erzeugen. Manche Anhänger dieser Idee sind so extrem, dass sie einem unter Umständen nicht bei einem Unfall helfen, weil sie Angst haben, dadurch in das Karma des anderen verwickelt zu werden. In unserer eigenen Gesellschaft überträgt sich die Vorstellung eines zornigen, rachedurstigen Gottes auch auf die Reinkarnation, wodurch die Idee des Karma falsch interpretiert wird und einen negativen Zug bekommt. In beiden Denkansätzen wird nicht erkannt, dass der ganze Sinn des Lebens darin liegt, dass die Menschen sich gegenseitig helfen. Nur wenn das geschieht, machen wir wirkliche Fortschritte auf dem Weg zur Vervollkommnung.«

»Es fällt mir nicht leicht, mir Hitler und den Holocaust überhaupt vorzustellen, geschweige denn zu glauben, dass man sich freiwillig dafür entscheidet«, gab die Frau zu. »Aber ich wundere mich über die Beziehung zu meiner Tochter. Wir sind uns so nah. Glauben Sie, dass wir vor unserer Geburt verabredet haben, gemeinsam zu inkarnieren?«

»Das ist sehr wahrscheinlich«, sagte Sylvia. »Francine meint, dass jede einzelne Inkarnation ein Teil eines komplizierten Netzwerkes von vielen Inkarnationen ist. Die meisten werden Jahre im Voraus geplant, sodass alle beteiligten Wesen im Unterbewusstsein wissen, was auf sie zukommt. Wahrscheinlich haben Ihre Tochter und Sie sich gegenseitig ausgesucht, bevor Sie beide inkarnierten. Vielleicht haben Sie beide sich im Jenseits getroffen und sind Ihre Lebenspläne gemeinsam durchgegangen. Sehr wahrscheinlich haben Sie dies auch mit Ihrem Mann getan und höchstwahrscheinlich auch mit Ihren Eltern.

Natürlich gibt es andere Fälle«, fuhr sie fort, »wo nicht

so viel Zeit zum Planen zur Verfügung steht, aber die beteiligten Wesen wissen dennoch, was sie grundsätzlich zu erwarten haben, auch wenn sie sich nicht gegenseitig absprechen konnten. Ein Wesen kann sich zum Beispiel inkarnieren, ohne zu wissen, welche Seele als sein Kind geboren werden wird. Die Frau weiß nur, dass ein ›Kind‹ grundsätzlich in ihren Lebensplan passt. Diese Methode wird nicht so häufig benutzt, aber sie ist auch nicht ungewöhnlich.«

»Dann sind die Verabredungen Teil des Inkarnationsprozesses?«

»O ja, bestimmt«, erzählte ihr Sylvia, »aber die wichtigste Verabredung trifft man mit dem Geistführer.«

»Wie läuft so etwas ab?«

»Laut Francine suchen wir uns normalerweise, während wir im Jenseits sind, einen Freund oder jemanden, den wir respektieren und dem wir vertrauen, als Geistführer für die Zeit, in der wir im Körper sind. Wir treffen in dieser Hinsicht eine ernsthafte und bedeutende Wahl, denn der Geistführer muss unsere ganzen Pläne kennen, um uns dabei helfen zu können, unsere Ziele auch zu erreichen. Wenn wir aus irgendeinem Grund von unserem Ziel abkommen, führen uns unsere Geistführer wieder auf den richtigen Weg. Sie beobachten all unsere Handlungen im Leben und helfen uns dabei, sie auszuwerten, wenn wir zurück im Jenseits sind. Geistführer helfen uns gern, denn sie selbst haben – wie jeder von uns – an einem gewissen Punkt ihrer Entwicklung ebenfalls Geistführer zur Seite gehabt. Sie helfen anderen so, wie auch ihnen geholfen worden ist, denn nur auf diese Weise machen wir alle Fortschritte in unserer Entwicklung zur Vollkommenheit.«

»Wie schaffen wir es, das alles miteinander zu koordinieren? Wie gelangen wir hierher?«

Sylvia freute sich über die Einsicht, die dieser Frage zugrunde lag. »Vergessen Sie nicht, dass auch ich mich nicht an all das erinnere«, sagte Sylvia. »Ich war genauso verwirrt wie Sie. Ich gebe nur das an Sie weiter, was ich von Francine lerne, aber es scheint so, als würden wir eine Art Tunnel betreten – den gleichen, aus dem wir herauskommen, wenn unser physisches Leben vorbei ist. Der Tunnel verbindet die irdische Ebene mit dem Jenseits. Irgendwo in diesem Bereich fängt unsere bewusste Erinnerung an zu verblassen. Viele versuchen sich an ihr festzuklammern, aber es macht keinen Sinn. Da Gedanken im Tunnel noch materialisierende Kraft – wie im Jenseits – haben, können wir uns gedanklich mit dem Gefährt verbinden, das wir uns ausgesucht haben. Wir schlüpfen in diesen Körper über die Hypophyse. Der ganze Prozess dauert kaum länger als zwei Minuten. Manchmal bekommt die Mutter es mit, wenn dies geschieht, aber in den meisten Fällen nimmt sie diesen Vorgang nicht wahr.«

»Geschieht dies bei der Zeugung?«

»Nein, erst zwischen dem vierten und dem achten Schwangerschaftsmonat. Manchmal ändert ein Wesen zu diesem Zeitpunkt, aus welchen Gründen auch immer, noch seine Meinung. Deshalb gibt es so viele Fehlgeburten. Dies ist auch der Grund für viele Fälle des plötzlichen Kindstodes und der hohen Kindersterblichkeitsrate in Ländern der Dritten Welt. Bis zum Alter von vier

Jahren kann ein Wesen willentlich ins Jenseits zurückkehren. Es macht von dieser Möglichkeit Gebrauch, wenn es mit der Negativität auf der Erde nicht zurechtkommt. Wenn wir glauben, dass es für uns hart ist, Kinder zu haben, so ist es für unsere Kinder sogar noch härter, überhaupt hierher zu kommen. Der Austritt aus dem Mutterleib ist sehr traumatisch – überall helles Licht, grobe Hände, eine kalte, schwere Atmosphäre und dieser winzig kleine Körper. Francine sagt, es ist für ankommende Seelen unheimlich schwer, sich an die neue Situation zu gewöhnen, aber unglücklicherweise können wir nur über den Geburtsvorgang inkarnieren. Die Geburt als solche führt einem sofort vor Augen, dass das Leben auf der Erde wirklich voll von negativen Erfahrungen ist.«

Weil sie das Weiterleben der Seele eindeutig beweist, übt Reinkarnation eine besondere Faszination auf Sylvia aus. Seit Gründung der Nirvana Foundation hat sie sich aktiv an der Forschung über Reinkarnation beteiligt und hat gegenwärtig 1700 überprüfte Fälle im Archiv. Immer konnten sich die betreffenden Personen an jedes Detail, so gering es auch war, aus einem vergangenen Leben erinnern – und meistens stand es in direkter Verbindung zu einem Problem im gegenwärtigen Leben.

Alle Rückführungen, die Forscher der Nirvana Foundation unternehmen, werden auf Tonband aufgezeichnet, sodass der Betreffende eine durchgehende Aufzeichnung von dem besitzt, was während der Rückführung ans Tageslicht kam. Eine Kopie des Bandes bleibt bei Nirvana zu Forschungszwecken. Vorstellungskraft, Geduld und auch einfach nur Glück sind notwendig, wenn jemand seine frühere Existenz erforschen will. Nicht jeder führte ein früheres Leben in der jüngsten Vergangenheit oder sogar in den letzten Jahrhunderten. Einige von Sylvias Klienten erinnerten sich an Leben auf anderen Planeten. Eine Frau beschrieb ihr Leben als Computerspezialistin auf dem Uranus.

Am Anfang ihrer Nachforschungen bemühte sich Sylvia sehr erfolgreich darum, die Erinnerungen, die in zahllosen Rückführungen aufgedeckt wurden, zu dokumentieren. Ein Beispiel hierfür ist eine Frau, die sich nicht nur an ihren Namen – Selena Franklin – im früheren Leben erinnerte, sondern auch an die Stadt, in der sie wohnte, nämlich Peoria in Illinois. Selena erinnerte sich an den Namen ihres Mannes, Edward, und sagte, sie beide seien 1804 geboren und hätten ihr ganzes Leben in Peoria verbracht. Als ein Mitarbeiter der Foundation nach Peoria fuhr, fand er dort tatsächlich zwei Gräber auf dem örtlichen Friedhof und konnte noch ein paar weitere Aussagen verifizieren, die während Sylvias Rückführung gemacht worden waren.

Eine Zeit lang war Sylvia von solchen Bestätigungen sehr begeistert und arbeitete intensiv mit dem Staatlichen Archiv im kalifornischen San Bruno zusammen. Inzwischen legt sie jedoch mehr Wert auf das heilende Potenzial einer Rückführung. Nicht nur, dass viele der erinnerten Leben zu lange zurückliegen, um überprüft werden zu können. Die Zeit, die solche Nachforschungen in Anspruch nehmen, scheint immer mehr verschwendet zu sein, wenn man sich vor Augen führt, welche heilende Wirkung die Rückführungen haben. Lohnt es sich wirklich, das Grab der jugendlichen Verführerin ausfindig zu machen, die Edwinna Moore in ihrem früheren Leben war, wenn das Wissen um die damalige Todesursache ihr die Angst nimmt, die sie in *dieser* Inkarnation buchstäblich lähmte?

Eine der vielen Erkenntnisse, die Sylvia aus ihren zahlreichen Rückführungen unter Hypnose zog, bestand darin, dass alle Wesen nicht nur gewillt sind, sich zu vervollkommnen, sondern dass sie auch ein grundlegendes Lebensthema wählen, das ihnen helfen soll, diese Vollkommenheit zu erreichen. Manchmal gibt es auch zwei oder drei Unterthemen. Vor kurzem hat Sylvia dieses Konzept mit der Wahl von Haupt- und Nebenfächern am College verglichen.

Sylvia ist davon überzeugt, dass jedes Wesen ein Hauptthema hat, das sich durch alle Inkarnationen mit unterschiedlichen Umgebungen und Lebensstilen zieht. Da sich jedes Wesen sein eigenes Thema aussuchen kann, entscheidet es auch, wie viel Wissen es über dieses Thema erwerben möchte. Ein Vergleich kann auch hier lehrreich sein. Während manchen Menschen ein normaler Highschool-Abschluss genügt, geben sich andere erst zufrieden, wenn sie ihren Doktor gemacht haben.

Je mehr sie nachforschte, desto erstaunter war Sylvia über die Anzahl und Unterschiedlichkeit der Lebensthemen. »Wie viele gibt es überhaupt?«, hatte sie schließlich Francine gefragt. Als sich herausstellte, dass es 45 verschiedene Lebensthemen gab, war Sylvia noch erstaunter als vorher.

Bald erkannte Sylvia, dass die Menschen dann Probleme bekamen oder gar krank wurden, wenn sie nicht mehr mit ihren Lebensthemen – ihrer inneren Mission – verbunden waren. Nach und nach kategorisierte sie die Themen und studierte genau, wie sie sich in einem bestimmten Wesen manifestierten. Beantwortete es nicht die Schlüsselfrage, mit der sich jeder herumschlägt: Warum bin ich hier?

Wenn du dir die nachfolgende Liste durchgelesen hast, empfiehlt Sylvia, dich einen Moment lang innerlich zu versenken. Jeder wird in der Lage sein, sein persönliches Lebensthema zu erkennen. Die Kenntnis dieses Themas wird entscheidend dazu beitragen, Ordnung in das gegenwärtige Leben zu bringen und diese Ordnung auch in Zukunft zu bewahren.

Lebensthemen

Aktivisten: Als Aktivist übernimmt man Aufgaben, die andere nicht zu Ende geführt haben. Diese können von großer Bedeutung oder total untergeordnet sein, aber Hauptsache, sie werden erledigt. Aktivisten sind Meister darin, Dinge noch zu einem guten Ende zu bringen. Sie sind die Trouble-Shooter der Welt, die erfolgreich den Karren aus dem Dreck ziehen. Solche Wesen werden natürlich überall gesucht und haben die Tendenz, überall mitmischen zu wollen. Aktivisten sollten daher ihre Energien für Aufgaben reservieren, bei denen sie Gelegenheit haben, eine Veränderung zum Positiven herbeizuführen.

Analytiker: Dieses Wesen will alles wissen, und zwar

bis ins letzte Detail. Analytiker haben Angst, dass sie etwas nicht mitbekommen oder übersehen. Alle anderen profitieren davon, dass sie ständig alles bis ins Kleinste untersuchen. Wesen mit diesem Lebensthema lieben eine wissenschaftliche oder hoch technisierte Umgebung, wo ihre Fähigkeiten unentbehrlich sind. In alltäglichen Situationen sind sie aufgefordert loszulassen und ihrer sinnlichen Wahrnehmung zu vertrauen. Analytiker sollten nicht bei der diskreten Analyse des Verhaltens anderer Menschen stehen bleiben, sondern den Heiligen Geist um Erleuchtung bitten, um die physische Ebene transzendieren zu können.

Annullierer: Als vorsätzliche und gezielte »Fehlerfinder« sind Wesen mit diesem Thema unerlässlich für die Vervollkommnung anderer, denn in der Gesellschaft von Annullierern sind wir gezwungen, Geduld und Toleranz walten zu lassen. Es ist dabei wichtig, sich nicht vom angeborenen Pessimismus eines Annullierers anstecken zu lassen, aber ihn gleichzeitig auch nicht zu verurteilen. Wir sollten stets daran denken, dass Annullierer ihr Thema vervollkommnen, sodass wir unser Thema mit ihrer Hilfe bearbeiten können.

Armut: Dieses Thema tritt häufig in Ländern der Dritten Welt auf, aber in Überflussgesellschaften ist dieses Thema noch schwieriger zu leben. Wesen mit einem Armuts-Thema haben oftmals alles, was sie brauchen, aber sie *fühlen* sich dennoch arm. Mit jedem Fortschritt verblasst die Besorgnis mehr und weicht allmählich einem seligen Gefühl, wenn man erkennt, dass man an nichts festhalten kann, weil alles vergänglich ist.

Ästheten: Wesen mit diesem Lebensthema wollen im Bereich Musik, Tanz, Theater, Literatur, Malerei, Bildhauerei und Architektur etwas Schönes schaffen. Es reicht nicht aus, dass sich jemand zu diesen Künsten »hingezogen« fühlt. Ein ästhetisches Lebensthema liegt dann vor, wenn das ganze Wesen mit seinem innersten Kern zum künstlerischen Ausdruck getrieben wird. Das Bedürfnis, sich kreativ auszudrücken, zeigt sich schon in jungen Jahren und dominiert das gesamte Leben eines Individuums. Wenn das zweite Thema dazu passt, hat das Wesen eine lange und produktive Karriere vor sich. Wenn nicht, führen der Beifall und die Privilegien, die ein Wesen erhält, zu Genusssucht und Verschwendung, oftmals mit tragischem Ende. Das Leben von Richard Burton ist hierfür ein Beispiel aus der jüngeren Vergangenheit. Die qualvolle Existenz eines Vincent van Gogh steht ebenfalls für den tragischen Konflikt mit einem anderen Lebensthema.

Bannerträger: Es kann sein, dass man Personen mit diesem Lebensthema als Streikposten, Demonstranten oder gar Lobbyisten findet, denn diese Menschen kämpfen gern gegen Ungerechtigkeit. Um mit diesem Lebensthema erfolgreich zu sein, sollte man Wert auf Maßhalten, Taktgefühl und Unterscheidungsfähigkeit legen. Es ist besser, wenn Wesen mit diesem Thema sich auf eine Sache konzentrieren und sie durchfechten, anstatt ihre Energie für viele Dinge zu verbrauchen.

Betrüger: Jim Jones, der Anführer der Sekte »People's Temple«, ist ein gutes Beispiel für einen Betrüger. Aus dem eigenen begrenzten Rahmen heraus ist es fast unmöglich, den vollen Sinn von Jones' Manifestation dieses Lebensthemas zu erkennen, aber es ist offensichtlich, dass viele Personen und damit auch viele Lebensthemen in Wechselwirkung mit seinem Thema standen. Im großen Netzwerk des Lebens bestand die einzigartige Rolle von Jim Jones vielleicht darin, die öffentliche Aufmerksamkeit auf Kult-Missbräuche zu lenken.

Einzelgänger: Obwohl sie oft zur Avantgarde der Gesellschaft gehören, suchen sich Wesen mit diesem Lebensthema gern Beschäftigungen und Situationen, in denen sie in gewisser Weise isoliert sind. Sylvia zum Beispiel hat erkannt, dass dies ihr zweites Thema ist. Ihre Hellsichtigkeit hat sie von anderen abgesondert. Einzelgänger sind zufrieden mit sich selbst, sollten aber beobachten, wodurch sie irritiert werden, wenn Menschen in ihre Sphäre eindringen. Wenn das Vorhandensein und die Bedeutung anderer Lebensthemen akzeptiert wird, gibt es auf der Welt eine größere Toleranz und mehr Verstehen – und dadurch letztlich mehr Frieden.

Emotionalität: Wesen mit diesem Lebensthema fühlen nicht nur Hochstimmung und Niedergeschlagenheit, sondern jede kleinste emotionale Nuance. Häufig ist Emotionalität ein zusätzliches Thema von Dichtern und Künstlern. In dieser Kombination fördert sie tatsächlich Kreativität, weil sie das Wesen vor große Herausforderungen stellt. Wichtig ist es in diesem Fall, zu einem inneren Gleichgewicht zu kommen und die Fähigkeit zur Selbstkontrolle zu entwickeln.

Erbauer: Diese Wesen sind die Grundpfeiler der Gesellschaft, die unbesungenen Helden von Firmen, Körperschaften und Organisationen. Gute Eltern sind oftmals

Erbauer, die es ihren Kindern ermöglichen, ihre Fähigkeiten voll zur Entfaltung zu bringen. Michail Gorbatschow ist ein besonders gutes Beispiel für dieses Lebensthema in Aktion. Ohne solche Zahnräder würden sich die Räder niemals drehen, und dennoch werden Erbauer selten für das gewürdigt, was durch ihre Bemühungen zustande kommt. Menschen mit diesem Lebensthema sollten im Hinterkopf behalten, dass nicht alle Preise auf dieser Existenzebene gewonnen werden. Oftmals vervollkommnen sich die Wesen, denen auf der Erde Anerkennung zuteil wird, nicht so schnell wie die Erbauer, die ihnen helfen, ihre Ziele zu erreichen.

Erfahrungshungrige: Es ist nicht ungewöhnlich für ein Wesen mit diesem Lebensthema, zuerst Hippie zu sein, dann Geschäftsführer einer Bank und schließlich ein Vagabund, der im selbst gebauten Boot um die Welt segelt. Erfahrungshungrige stolpern in fast alles und erreichen oft, was sie sich vornehmen. Howard Hughes ist dafür ein bekanntes Beispiel. Wohlstand ist bloß ein Nebenprodukt einer vielseitigen Erfahrung. Eine gute Gesundheit ist für ein erfahrungshungriges Wesen von grundlegender Bedeutung; es ist wichtig, sie nicht durch Exzesse aufs Spiel zu setzen.

Fehlbarkeit: Wesen mit diesem Lebensthema scheinen immer zur falschen Zeit am falschen Ort zu sein, denn sie haben ihr Leben mit einer körperlichen, geistigen oder emotionalen Behinderung begonnen. Helen Keller, die als Kleinkind nach einem hohen Fieber taub und blind wurde, ist hierfür ein gutes Beispiel. Ihr Triumph über ihre Behinderungen ist für jeden eine große

Inspiration. Wesen mit dem Thema Fehlbarkeit sollten sich immer daran erinnern, dass sie diesen Weg gewählt haben, um für andere Menschen beispielhaft zu sein.

Friedensstifter: Wesen, die das Thema des Friedensstifters wählen, sind nicht so friedfertig, wie der Name nahe legt. Im Gegenteil, Friedensstifter sind tatsächlich sehr durchsetzungsfähig in ihrem Verlangen nach Frieden. Sie versuchen alles, um Krieg und Gewalt zu beenden, und wenden sich damit an ein größeres Publikum als diejenigen, die Harmonie als Thema gewählt haben. Ihre Bemühungen um Frieden überschreiten alle Begrenzungen auf eine bestimmte Gruppe oder ein bestimmtes Land.

Führer: Diejenigen, die dieses Lebensthema haben, sind oft bedacht und kontrolliert und nur selten kreativ. Sie werden Führer in Bereichen, die bereits fest etabliert sind. Sie streben nach Erfolg und nicht nach kreativem Ausdruck. Ihr Lernprozess besteht darin, ihre Macht nicht zu missbrauchen.

Geduld: Das Geduld-Thema ist eindeutig einer der schwierigsten Pfade zur Vollkommenheit. Wesen mit diesem Thema scheinen sich schneller vervollkommnen zu wollen als Wesen mit weniger herausfordernden Themen. Oftmals schlagen sie sich mit großen Schuldgefühlen herum, wenn sie das Gefühl haben, von ihrem Ziel abgekommen und ungeduldig geworden zu sein. Diese Einstellung kann zu Selbsterniedrigung und manchmal auch zu unterdrückter Wut führen. Diese Wesen müssen nachsichtiger mit sich selbst sein, denn es ist schon schwer genug, in den Umständen zu leben, die sie gewählt haben, um dieses Thema zum Ausdruck zu bringen.

Gerechtigkeit: Viele der Gründungsväter der Vereinigten Staaten, deren Ziel es war, Gleichheit und Gerechtigkeit walten zu lassen, sind Beispiele für Wesen mit diesem Lebensthema. Wer Gerechtigkeit als Thema hat, hinterlässt unaufgefordert Namen und Anschrift, wenn er Zeuge eines Unfalls oder eines Verbrechens geworden ist. So bewundernswert, wie dies alles klingt, so wichtig ist es für diese Wesen, ihre Entscheidungen im angemessenen Rahmen zu treffen. Volkszorn ist kein geeignetes Mittel, um negative Zustände zu beseitigen. Es ist dringend erforderlich, dass Wesen mit dem Thema Gerechtigkeit in Gott ruhen.

Gewinner: Im Gegensatz zu Wesen mit dem Thema Unfehlbarkeit, denen alles in den Schoß zu fallen scheint, fühlen sich Gewinner dazu gezwungen, selbst etwas zu erreichen. Sie arbeiten mit großer Hartnäckigkeit an ihrem Ziel, oftmals spielen sie oder beteiligen sich an Wettbewerben. Als unerschütterliche Optimisten sind sie sich immer sicher, dass der nächste Abschluss, der nächste Job oder der nächste Partner der beste ist. Und wenn einmal etwas schief läuft, reißen sie sich sofort zusammen und begeben sich in eine Situation, in der sie wieder Aussicht auf Erfolg haben. Der US-Präsident Eisenhower war ein positives Beispiel für dieses Thema. Als Mensch war sein unfehlbarer Optimismus inspirierend, und als Präsident hatte sein Vertrauen eine beruhigende Wirkung auf seine Umgebung. Die Herausforderung besteht für Wesen mit dem Gewinner-Thema darin, sich realistische Ziele zu setzen. Eisenhower scheint darin erfolgreich gewesen zu sein.

Harmonie: Für Wesen mit diesem Lebensthema ist ein Gleichgewicht von entscheidender Bedeutung, und sie sind bereit, viel auf sich zu nehmen, um ein solches Gleichgewicht herzustellen und zu bewahren. Bis zu einem bestimmten Punkt ist ihre persönliche Opferbereitschaft bewundernswert, aber die wirkliche Herausforderung besteht für diese Wesen darin, zu akzeptieren, dass das Leben manchmal nicht so läuft, wie man es sich wünscht. Was nicht verändert werden kann, sollte akzeptiert und in die eigene Lebensweise integriert werden.

Heiler: Wesen mit diesem Lebensthema zieht es auf natürliche Weise zum Heilen, sei es auf körperlicher oder geistiger Ebene. Es ist offensichtlich, dass sie anderen Menschen Gutes tun. Die einzige Gefahr liegt darin, dass sie zu einfühlsam werden. Es ist wichtig, dass Wesen mit einem Heiler-Thema sich ihre Tätigkeit gut einteilen, um die Gefahr des Ausbrennens zu verhindern.

Hellsehen: Dieses Thema ist eher eine Herausforderung als ein wirkliches Talent, zumindest in den anfänglichen Stufen. Ein Wesen mit diesem Thema ist in der Lage, Dinge zu hören, zu sehen oder sonst in einer Weise wahrzunehmen, die über die normale sinnliche Wahrnehmung hinausgeht. Oftmals haben Menschen diese Gabe, die in strengen Verhältnissen leben, wo Autoritätsfiguren die Fähigkeit leugnen oder unterdrücken. Irgendwann lernt das Wesen, mit dieser Gabe umzugehen und sie in spiritueller Weise oder als Beruf zum Wohle der Menschen zu benutzen. Sylvia hat übrigens nicht dieses Lebensthema. Übersinnliche Fähigkeiten waren in ihrem Leben nie in Frage gestellt.

Intellektuelle: Dies ist das Thema des Menschen, der viel studiert und nie auslernt. Charles Darwin, der das Wissen, das er sich durch intensives Studium angeeignet hatte, dafür nutzte, um zu experimentieren, Hypothesen aufzustellen und seine Erkenntnisse zu veröffentlichen, ist ein gutes Beispiel für jemanden, der dieses Thema perfekt verkörpert. Aber da bei Intellektuellen oftmals das Wissen um seiner selbst willen gesucht wird, besteht die Gefahr, dass das Wissen, das so leidenschaftlich und unter großen Entbehrungen erworben wurde, zu nichts führt.

Katalysatoren: Hierbei handelt es sich um die Vordenker und Innovatoren – Menschen, die Dinge anpacken und umsetzen. Katalysatoren sind die Mitschüler, die bei allen beliebt sind; diejenigen, die zu Partys eingeladen werden, weil sie für Aufregung sorgen. Katalysatoren – Ralph Nader ist hier ein hervorstechendes Beispiel – sind aufgrund ihrer Erneuerungskraft für eine Gesellschaft unentbehrlich. Sie haben generell eine grenzenlose Energie und scheinen erst unter Stress zu ihrer Bestform aufzulaufen. Sie brauchen ein Gebiet, auf dem sie sich beweisen können, oder sie werden missmutig und unproduktiv.

Kontrolleure: Die Herausforderung ist für ein Wesen mit diesem Lebensthema offensichtlich. Napoleon und Hitler sind typische Beispiele für eine Manifestation dieses Themas im negativsten Sinn. Ein Kontrolleur fühlt sich nicht nur dazu veranlasst, bestimmen zu wollen, wo es langgeht, sondern auch anderen bis ins letzte Detail diktieren zu wollen, wie sie zu leben haben. Um sich selbst vervollkommnen zu können, müssen solche Wesen lernen, sich selbst zu kontrollieren.

Krieger: Wesen mit diesem Lebensthema nehmen ohne Angst Risiken auf sich und stellen sich zum Teil großen körperlichen Herausforderungen. Viele gehen zum Militär oder zur Polizei. Wer als zweites Thema den Menschenfreund hat, kann besonders effektiv sein. Obwohl es wichtig ist, Aggressionen im Griff zu haben, würden wir ohne die Krieger Opfer von Tyrannen sein.

Manipulator: Dies ist eins der mächtigsten Themen, denn Manipulatoren fällt es leicht, Menschen und Situationen zu kontrollieren. Wenn man es mit einem Schachspiel vergleicht, so können diejenigen mit einem Manipulator-Thema Menschen und Situationen nach Belieben hin und her bewegen, so als ob sie Schachfiguren wären. Der US-Präsident Franklin Roosevelt ist ein herausragendes Beispiel für einen Manipulator in Aktion. Wenn so eine Person sich für das Wohl anderer einsetzt, erfüllt das Thema seinen höchsten Zweck. Wenn das Thema missbraucht wird, braucht das Wesen sehr lange, um sich selbst zu vervollkommnen.

Mäßigung: Wer sich dieses Thema wählt, hat wahrscheinlich mit der einen oder anderen Sucht zu tun. Von daher ist es wichtig, Extremsituationen zu vermeiden. Vielleicht hat der Betreffende die tatsächliche Sucht schon besiegt, kämpft aber immer noch mit »Gefühlsrückständen«. Der Schlüssel, um mit dem Fanatismus klarzukommen, der oftmals jene charakterisiert, die als Thema Mäßigung haben, ist Maßhalten – die wahre Bedeutung von Mäßigung.

Menschenfreunde: Während die Ursachen-Bekämpfer und die Bannerträger sich gegen das Unrecht auflehnen und laut schreien, handeln Menschenfreunde, ohne viel Aufhebens davon zu machen. Menschenfreunde sind zu sehr damit beschäftigt, konkrete Dinge zu tun, als dass sie Zeit zum Protestieren hätten. Wer dieses Lebensthema hat, ist nicht an großen Konzepten interessiert und neigt dazu, anderen ihre Fehler zu verzeihen. Da Menschenfreunde mit ihren guten Werken nicht bei der Familie oder den Freunden Halt machen, sondern jeden miteinbeziehen, der sie berührt, laufen sie ständig Gefahr, sich zu sehr zu verausgaben. Der Lernprozess besteht für einen Menschenfreund – und daher auch für Sylvia Browne – darin, körperliches Ausbrennen zu vermeiden, indem er auch an sich selbst denkt und dafür sorgt, dass er selbst Unterstützung bekommt und genährt wird.

Mitläufer: Ursprünglich wären die Wesen dieser Kategorie lieber Führer gewesen, aber irgendwie waren sie nicht entschlossen genug dazu. Die Aufgabe der Mitläufer liegt darin zu erkennen, dass Führung ohne sie nicht möglich ist und dass sie selbst eine wichtige Funktion haben. Sie vervollkommnen sich dadurch, dass sie ihr selbst gewähltes Thema akzeptieren und den Führer so gut sie können unterstützen. Eine gesunde Entscheidungsfähigkeit ist hierbei enorm wichtig, um herauszufinden, welcher Person und welcher Sache man folgt.

Opfer: Diese Wesen haben sich dazu entschlossen, das Opferlamm zu sein. Durch ihr Beispiel – noch dramatisch in den Medien ausgebreitet – werden wir uns der Ungerechtigkeit bewusst. Jack Kennedy ist ein Beispiel für jemanden, der ein Opfer-Thema lebt – seine Rückenschmerzen, der berühmte Name seiner Familie und der Druck, der durch seine Eltern auf ihn ausgeübt wurde. Nachdem sie ihre Rolle gespielt haben, entschließen sich viele Opfer dazu, ihre masochistischen Tendenzen aufzugeben und sich eine andere Zukunft vorzustellen.

Passivität: Überraschenderweise sind Wesen mit dem Lebensthema Passivität in Wirklichkeit aktiv, aber sie handeln nicht gezielt. Manchmal beziehen sie zu bestimmten Dingen Stellung, aber immer auf gewaltfreie Art. Obgleich jedes Extrem dem Individuum schadet, ist ein gewisses Maß von Anspannung notwendig, damit sich diese Seele vervollkommnen kann.

Recht- und Gesetzmäßigkeit: Wesen mit diesem Lebensthema sind oft Richter oder Anwalt oder lehren Recht. Sie sind oftmals geradezu besessen davon, dass alles seine rechtliche Ordnung hat. Einige dieser Wesen arbeiten auch für Ämter und Regierungsstellen. Wenn sie mit ihren Tugenden in Verbindung stehen, sorgen diese Seelen dafür, dass die Welt ein sicherer und ausgeglichener Ort ist. Aber sie müssen immer aufpassen, dass sie ihre Macht nicht für egoistische Zwecke missbrauchen.

Retter: Retter arbeiten oftmals Hand in Hand mit Ursachen-Bekämpfern, aber wenn ein Ursachen-Bekämpfer sich einer anderen Sache zuwendet, bleibt der Retter zurück, um sich um die Opfer zu kümmern. Selbst wenn die Opfer für ihre Situation offensichtlich selbst verantwortlich sind, ist der Retter entschlossen, sie zu »retten«. Oftmals wird der Retter dadurch selbst zum Opfer. Ein Wesen mit diesem Lebensthema hat großes Mitgefühl und setzt sich mit Nachdruck für Menschen ein, die in Not sind. Dieses Thema führt auf eine steinige Straße, aber der spirituelle Lohn ist in der Tat einzigartig.

Schachfiguren: Der biblische Judas war ein klassisches Beispiel für einen Menschen mit diesem Lebensthema. Ob es auf positive oder negative Weise geschieht, Schachfiguren dienen oft dazu, Dinge von großer Tragweite zu initiieren. Wir können ohne Schachfiguren keine universelle Vollkommenheit erreichen. Die Wesen, die dieses Thema für sich wählen, sollten ihre Würde dadurch bewahren, dass sie sich nur für Dinge hergeben, die sich auch lohnen.

Selbstdarsteller: Wesen mit diesem Lebensthema sind oft sehr beglückt, aber auch häufig erschöpft. Es handelt sich um die wahren »Partylöwen«. Einige gehen tatsächlich in die Unterhaltungsindustrie, während andere damit zufrieden sind, die Menschen zu Hause oder am Arbeitsplatz zu unterhalten. Wesen mit diesem Thema müssen lernen nicht auszubrennen, indem sie nach innen schauen und sich so die Fähigkeit erwerben, sich selbst zu nähren und zu »unterhalten«.

Spiritualität: Die Suche nach einem spirituellen Zentrum ist oft das Wichtigste für Wesen, die sich für das Thema Spiritualität entschieden haben. Wenn sie das volle Potenzial ihres Themas verkörpern, sind diese Wesen weitsichtig, mitfühlend und großmütig, aber wenn sie noch auf der Suche sind, müssen sie aufpassen, nicht zu engstirnig und beurteilend zu werden.

Toleranz: Wesen mit diesem Lebensthema sind allem gegenüber tolerant, seien es Weltereignisse, Verwandte, Kinder, Politiker und so weiter. Die Last ist so schwer, dass sie sich oft dafür entscheiden, sich auf ein bestimmtes Gebiet zu konzentrieren, wodurch sie dem Rest gegenüber oft sehr engstirnig eingestellt sind. Indem sie ihr Thema erkennen, können sie sich der Herausforderung stellen und immer großmütiger werden.

Überleben: Aus einer Vielzahl von Gründen, seien sie real oder eingebildet, ist das Leben für die, die das Thema Überleben gewählt haben, ein ständiger Kampf. In einer Krisensituation blicken diese Wesen mit düsterer Miene auf die alltägliche Existenz. Der offensichtliche Lernprozess besteht darin, das Leben leichter zu nehmen.

Unfehlbarkeit: Wesen mit diesem Lebensthema werden in ein wohlhabendes Elternhaus geboren, sind attraktiv und geistreich und so weiter. Da alle Menschen inkarnieren, um an ihrer Vervollkommnung zu arbeiten, ist dieses Thema eine große Herausforderung. Oft gibt es eine Tendenz zu Exzessen aller Art. Es scheint fast so, als würde das Wesen das Schicksal herausfordern. Seltsamerweise haben Wesen mit diesem Lebensthema oft ein geringes Selbstwertgefühl und fürchten, nicht als Person liebenswert zu sein und geliebt zu werden. Die Aufgabe besteht darin, das Thema wirklich zu akzeptieren und zu lernen, mit ihm zu leben.

Ursachen-Bekämpfer: Die Anzahl von Gründen ist unbegrenzt – Frieden, Wale, Hunger und so weiter –, und der Ursachen-Bekämpfer fühlt sich entweder von ihnen angezogen, oder er kreiert neue Gründe. Diese Wesen erfüllen eine wichtige Funktion, indem sie für andere sprechen, die vielleicht zu sehr mit ihren eigenen Themen beschäftigt sind, um sich für soziale Belange einzusetzen.

Ursachen-Bekämpfer sind in der Regel sehr impulsiv, wodurch sie *und andere* in Gefahr geraten können. Ursachen-Bekämpfer sollten immer bedenken, ob es ihnen wirklich um die Sache geht oder ob sie sich nur selbst produzieren wollen.

Verantwortung: Wesen, die dieses Thema gewählt haben, sind mit Eifer bei der Sache, anstatt sich verpflichtet und schuldig zu fühlen, wenn sie nicht jedem eine herzerwärmende »Hühnersuppe« geben können, der in ihren Umkreis kommt. Die Herausforderung besteht darin zu entscheiden, was sofort getan werden muss, und dann zurückzutreten und anderen die Möglichkeit zu geben, an der Verantwortung teilzuhaben.

Verfolger: Wesen mit diesem Thema reichen von Männern, die ihre Frauen schlagen oder Kinder missbrauchen, bis hin zu Massenmördern. Es ist schwer, den Sinn dieses Themas zu verstehen, wenn man nur eine Lebensspanne betrachtet, aber diese »schwarzen Schafe« spielen eine selbst gewählte Rolle, die es der Menschheit ermöglicht, sich in Richtung Vollkommenheit zu bewegen. Und auch hier ist es wieder unerlässlich, dass wir den Einzelnen nicht verurteilen.

Verfolgte: Dieses anstrengende Thema wird gewählt, um anderen die Möglichkeit zu geben, spirituell zu wachsen. Wesen mit diesem Lebensthema befürchten immer das Schlimmste und sind sich sicher, dass sie auserwählt sind, verfolgt zu werden. Sie haben Angst vor Spaß und Freude, weil sie überzeugt sind, dass sie irgendwie dafür bezahlen müssen.

Verlierer: Wesen mit einem Verlierer-Thema sind extrem negativ, aber im Gegensatz zu den Wesen mit Fehlbarkeit als Thema sind sie nicht mit einer Behinderung geboren. Oftmals haben sie zahlreiche positive Seiten, die sie jedoch nicht zur Kenntnis nehmen. Obwohl ihr Thema in Bezug auf den ständigen Hang zum Kritisieren an das des Annullierers erinnert, unterscheiden sie sich von ihm dadurch, dass sie zum Schluss immer sich selbst die Schuld geben. Diese Wesen sind in erster Linie Märtyrer, die von einer dramatischen Seifenoper in die nächste stolpern. Wenn wir Wesen mit diesem Thema in Aktion erleben, entschließen wir uns sofort, positiver zu sein. Es ist wichtig, dass wir Menschen mit diesem Thema nicht verurteilen, denn sie haben ihr Thema gewählt, um uns dabei zu helfen, uns selbst zu vervollkommnen.

Wohlstand: Dieses Thema scheint auf den ersten Blick eine großartige Entscheidung zu sein, aber ausnahmslos ist es eher eine Last und führt zu destruktivem Verhalten, wenn man nicht aufpasst. Wie immer, so ist auch bei diesem Thema das Ziel, negative Aspekte zu überwinden, und Wohlstand ist ein verführerischer Versucher, der einen süchtig machen kann – es ist sehr schwierig, Kontrolle über dieses Thema zu erlangen, und meistens ist es genau umgekehrt, und das Thema hat einen voll im Griff. Die Menschen sind besessen davon, Reichtümer zu erwerben und zu mehren und zu horten. Sie scheren sich dabei nicht, wie und womit sie reich werden und welche Konsequenzen ihr unermüdliches Bestreben hat. Moralische Werte haben für Wesen mit diesem Thema keine Bedeutung. Normalerweise braucht es viele Leben, um von den negativen Einflüssen dieses Themas loszukommen, denn so mächtig ist seine Wirkung auf eine Person. Wenn jemand schließlich den Wohlstand meistert, wird er ihn freiheraus mit anderen teilen, ohne etwas im Gegenzug zu erwarten

Zurückweisung: Dieses herausfordernde Thema zeigt sich schon früh, wenn Zurückweisung und Entfremdung bereits in der Kindheit erfahren werden. Das Syndrom verstärkt sich beim Eintritt in die Schule und den sich daraus ergebenden zusätzlichen Beziehungen. Oft werden diese Wesen von den Menschen zurückgewiesen, die sie lieben – selbst ihre eigenen Kinder schaffen sich Ersatzmütter und Vaterfiguren. Das Muster kann dadurch gebrochen werden, dass das Wesen erkennt, was geschieht, und sein Handeln und seine Ego-Bezogenheit an Gott hingibt.

Im Gegensatz zu östlichen Vorstellungen glaubt Sylvia nicht, dass Reinkarnation kein zeitliches Ende hat. Sie ist sicher, dass das Rad der Wiedergeburt sich zu drehen aufhört, wenn ein Wesen all das gelernt hat, was es auf diesem Planeten lernen konnte. Sylvia glaubt, dass ihr gegenwärtiges Leben ihr letztes auf der Erde ist, aber sie betont, dass der Grund dafür nicht darin liegt, dass sie in diesem Leben schon die Vollendung erreicht hätte. Durch die vielen Leben, die sie hier geführt hat, hat sie ihre irdischen Lektionen gelernt und wird in Zukunft an ihrer Vervollkommnung im Jenseits arbeiten, von wo aus sie einem anderen Wesen als Geistführerin dienen wird.

11

Medizin und Hellsehen: Das Labor

Der Arzt ist irritiert, denn sein Patient reagiert nicht mehr auf die Behandlung. Was soll er tun?

Für den Internisten wäre die Antwort vielleicht: »Lasst uns eine weitere Testreihe machen.«

Für den Psychotherapeuten: »Legen Sie sich noch mal auf die Couch.«

In beiden Fällen muss der Patient mehr Zeit und Geld investieren, bevor es ihm besser geht.

Aber zum Glück gibt es inzwischen eine Alternative – das hellsichtige Medium!

Sylvias Verbindung zur Medizin kam völlig unerwartet zustande. Unmittelbar vor einem kleineren operativen Eingriff am El-Camino-Krankenhaus im kalifornischen Mountain View schaute Sylvia ihren Anästhesisten an und teilte ihm mit: »Ihre Frau wird einen Autounfall haben. Ich sehe, wie sie in irgendetwas hineinfährt. Ich glaube, es ist eine Telefonzelle. Sie bleibt unverletzt, aber die eine Seite des Autos wird ziemlich eingedrückt sein.«

Den Arzt schienen ihre Worte nicht zu beeindrucken.

»Okay, vielen Dank für die Information«, antwortete er, »und nun entspannen Sie sich einfach…« Das Letzte, woran sich Sylvia vor dem Einschlafen erinnerte, war sein herablassendes Lächeln.

Aber wie sich herausstellte, war der Arzt der Angeschmierte.

Als Sylvia Stunden später wieder zu Bewusstsein kam, saß er neben ihr. »Wie konnten Sie das wissen?«, fragte er erstaunt. Nach der Operation hatte er einen Anruf seiner bestürzten Frau bekommen. Sie hatte ihm mitgeteilt, dass sie gerade in eine Telefonzelle gefahren war.

Seit diesem Tag musste Sylvia dem halben Krankenhauspersonal die Zukunft lesen.

Es dauerte nicht lange, und die Ärzte schickten ihre Patienten zu ihr. Jerrod Normanly, ein Neurologe aus Sunnyvale, überwies seine Patienten an Sylvia. »Eine Patientin hat mich angerufen, die ich vor einer Weile zu Ihnen geschickt habe«, schrieb er Sylvia. »Sie dankt Ihnen vielmals für die Hilfe, die Sie ihr gegeben haben. Sie hatte Probleme mit chronischen Verspannungen, und verschiedene Medikamente und Heilverfahren zeigten keine Wirkung bei ihr.

Ich möchte Ihnen sagen, dass ich Ihre Arbeit sehr schätze, weil bestimmte Patienten viel besser auf die Art reagieren, wie Sie mit ihnen umgehen, als auf herkömmliche Behandlungsweisen.

Vielen Dank auch für die Patienten, die Sie zu mir geschickt haben. Es waren teilweise schwierige Fälle, und ich hoffe, Sie können etwas mit den Ergebnissen meiner Untersuchungen anfangen.«

Sylvia tauscht inzwischen mit ungefähr 75 Ärzten die Patienten aus. Wenn sie bei einem ihrer Klienten auf bestimmte Gesundheitsprobleme stößt, kann sie ihn gleich an den geeigneten Spezialisten weiterempfehlen. Und die Ärzte konsultieren Sylvia in Bezug auf ihre Diagnosen und verschreiben ihren Patienten manchmal eine Sitzung mit Sylvia.

Immer wieder konnte Sylvia durch ihre intuitive Gabe Menschen inspirieren, die die Hoffnung verloren hatten. Sie bestärkte sie darin, sich nicht mit herkömmlichen medizinischen Behandlungsweisen zufrieden zu geben, sondern nach neuen Pfaden und Möglichkeiten Ausschau zu halten.

Fast jeden Tag sieht sich Sylvia mit irgendeinem gesundheitlichen Problem ihrer Klienten konfrontiert. Zu Jahresbeginn 1988 betrat eine Frau, die so um die 40 war, Sylvias Praxis. Bevor sie den Mund aufmachen konnte, wurde sie von Sylvia gestoppt. »Setzen Sie sich bitte nicht hin, Sie müssen sofort zum Urologen. Kennen Sie einen?«

Als die Frau verwirrt den Kopf schüttelte, schlug ihr Sylvia einen Arzt vor, mit dem sie zusammenarbeitete, und bot ihr an, ihn für sie anzurufen.

Alvin Rutner aus Mountain View war damit einverstanden, sich Sylvias Klientin sofort anzuschauen. Zwei Stunden später rief der Arzt Sylvia zurück. »Diese Frau ist ernsthaft krank. Wenn sie keinen Arzt aufgesucht hätte, wäre sie jetzt in großen Schwierigkeiten. Wie wussten Sie um ihren Gesundheitszustand? Was haben Sie wahrgenommen, das Ihnen sagte, dass etwas nicht stimmte?«

»Ich kann es Ihnen nicht sagen, Al«, antwortete Sylvia.

»Es hatte nichts damit zu tun, wie sie *aussah.*« Sie suchte nach einer Erklärung, fand aber nicht die richtigen Worte. »Ich wusste es einfach – wie kommt es überhaupt, dass ich etwas weiß?«

Sylvias Archiv quillt über von Empfehlungsschreiben. Karen Guy aus San Rafael ist ein Beispiel. Sie schrieb: »Meine Haut hat sich verbessert, seitdem Sie gesagt haben, ich solle Milchprodukte weglassen und zusätzlich L-Phenylalanine nehmen. Ein Bluttest hat ergeben, dass ich tatsächlich zu viel Eisen im Blut habe, wie Sie behauptet hatten. Und erst als ich nach dem Reading wieder zu Hause war, sah ich, dass Sie Recht hatten – ich *habe* Zwischenblutungen.«

Eine Mutter schrieb: »Meine Tochter wünschte sich unbedingt ein Baby, schien aber nicht schwanger werden zu können. Sie suchte einen Arzt nach dem anderen auf, aber keiner konnte die Ursache feststellen. Schließlich kam sie zu Ihnen. Sie meinten, der Grund sei eine Zyste am Eierstock, und empfahlen ihr, zu Dr. Nola zu gehen. Und tatsächlich, dieser Arzt entdeckte die Zyste am Eierstock und hat angefangen, sie zu behandeln.«

Von Pat Silva aus Sunnyvale stammt eine weitere Empfehlung. »Sylvia hat sehr genau meinen Bedarf an Niacin und Eisensulfaten erkannt«, schrieb sie. »Meine Kopfschmerzen sind fast vollständig verschwunden. Außerdem hat sich mein Erinnerungsvermögen stark verbessert, seit ich das Eisenpräparat zu mir nehme, das sie mir empfohlen hat.«

Und Jean Turner aus Fremont schrieb: »Sie hatten Recht, ich bin allergisch auf Milchprodukte. Seit ich sie abgesetzt habe, sehe ich besser aus und fühle mich besser.«

Der Fall von Sue Lange war ein wenig komplizierter. Sie hatte an einem Seminar teilgenommen, das Sylvia in Santa Rosa gegeben hatte, und sie bei dieser Gelegenheit nach ihrem Gesundheitszustand gefragt. Sylvia überraschte Sue, weil sie ihr riet, die Schilddrüse untersuchen zu lassen. Sues aufgedunsener Körper und ihre Unfähigkeit, sich zu konzentrieren, wurden bislang dem Sjögren-Syndrom zugeschrieben, einer seltenen Blutkrankheit, unter der sie angeblich litt. Auf Sylvias Rat hin ließ sie ihre Schilddrüse untersuchen, und es stellte sich heraus, dass diese kaum noch arbeitete. Da die Schilddrüse leicht behandelt werden konnte, verringerte sich eine Reihe von Problemen, die zuvor als »nicht behandlungsfähig« diagnostiziert worden waren.

Als Sylvia im kalifornischen Marin County einen Vortrag über den Einsatz von Hypnose zu Therapiezwecken hielt, erhob sich Sue D., eine frühere Klientin, aus den Reihen der Zuhörer und erzählte, wie eine Geschwulst unter ihrem Arm verschwunden war, während Sylvia mit ihr unter Hypnose an einem Alkoholproblem gearbeitet hatte.

Nur selten ist Sylvia in der Lage, auch den Mitgliedern ihrer eigenen Familie zu helfen, aber eine dramatische Ausnahme geschah am 29. November 1980. Ihr Neffe Crisjon war in das Kaiser-Krankenhaus in Santa Clara eingeliefert worden, wo man bei ihm eine bakterielle Knochenhautentzündung (Osteomyelitis) feststellte. Die Behandlung im Krankenhaus würde drei Wochen dauern und aus kontinuierlichen intravenösen Injektionen bestehen. Anschließend waren noch einmal drei Wochen Bettruhe zu Hause erforderlich.

Aber bei Sylvia verstärkten sich die Gefühle, dass irgendetwas nicht in Ordnung war. »Das stimmt alles nicht«, erzählte sie Sharon. »Crisjon hat keine Osteomyelitis. Er hat eine Lunatumnekrose (Absterben des Mondbeinknochens in der Handwurzel), und ihre Behandlung ist bei weitem nicht so aufwendig. Holt ihn aus dem Krankenhaus dort raus. Ihr werdet euch besser fühlen, wenn ihr ihn zu einem Arzt namens Marvin Small bringt, und ich verspreche euch, nach zehn Tagen ist Crisjon wieder gesund. Er wird nur zwei Wochen nicht zur Schule gehen können.«

Sharon und ihr Mann Richard schafften es tatsächlich, das Kaiser-Krankenhaus mit ihrem Sohn auf eigene Verantwortung zu verlassen, auch wenn die Ärzte ernsthafte Bedenken dagegen erhoben. Crisjon wurde zu Small gebracht, und ein Röntgenbild bestätigte Sylvias übersinnliche »Diagnose«. Der Junge hatte tatsächlich Lunatumnekrose. Nach zehn Tagen war er wieder völlig gesund und vier Tage später wieder in der Schule.

Der Heilungsprozess kann viele unvorhergesehene Kehrtwendungen nehmen. Eines Morgens schaute Sylvia eine Frau an, die gerade vor ihr Platz genommen hatte, und »sah«, dass ihre Klientin an einer tödlichen Krankheit litt. »Sie wissen, dass Sie Krebs haben, nicht wahr?«, sagte Sylvia mehr als Feststellung denn als Frage.

»Ja« – die Frau nickte –, »aber ich würde gern wissen, wie viel Zeit mir noch bleibt. Der Arzt möchte mich noch einer radikalen Behandlung unterziehen, die sehr unangenehme Nebenwirkungen haben soll. Wenn keine Hoffnung mehr besteht, würde ich meine letzten Tage lieber in Frieden so gut es geht genießen.«

»Mit der Behandlung leben Sie noch sechs Monate«, sagte Sylvia ohne zu zögern. »Ohne Behandlung noch drei.«

Die Klientin seufzte. Eine schwierige Entscheidung war auf einmal ganz leicht geworden. Sie würde sich nicht der Behandlung unterziehen.

Sie starb einen leichten Tod, und ihre letzten Monate wurden nicht durch eine schwierige, teure Behandlung verkompliziert, die ihr nichts als Schmerzen gebracht hätte. Sie sprach oft mit Sylvia über ihren Übergang ins Jenseits. Als es soweit war, war die Frau bereit, ins Licht zu gehen.

Winifred Woods empfing einen Trost ganz anderer Art.

Im Jahre 1978 wurde Woods, die an Muskeldystrophie litt, eröffnet, dass sie jederzeit sterben konnte. Sie hatte eine Serie von Erkältungen hinter sich und sich erst neulich eine Grippe eingefangen, die sich zu einer schweren Lungenentzündung verschlimmerte. Kaum hatte sie diese Krankheit überstanden, wurde ihr erzählt, dass die nächste sehr wahrscheinlich tödlich für sie enden würde.

Eines Morgens lag Woods im Bett und sah ihre Lieblingssendung *People Are Talking*. Das Gesicht, das sie vom Bildschirm her anstrahlte, war das von Sylvia Browne. Eine Zeit lang vergaß sie ihre zahlreichen Probleme und schaute zu, wie Sylvia Menschen aus dem Publikum die Zukunft las.

Ein Mann hatte sich erhoben und Sylvia angegriffen. »Sie haben meiner Frau bestimmte Dinge erzählt, die zwar im Großen und Ganzen stimmen, aber ich glaube dieses ganze Zeugs immer noch nicht. Ich habe seit Jahren nicht mehr mit meinem Vater gesprochen.«

»Und daran wird sich auch in Zukunft nichts ändern«, unterbrach ihn Sylvia. »Er gehört zu den Menschen, die immer Recht haben müssen, sodass die anderen automatisch im Unrecht sind. Außerdem ist noch eine dritte Person in den Konflikt involviert, ein männliches Familienmitglied. Es handelt sich um einen Dreieckskonflikt zwischen Egos.«

Der Mann war überrascht. »Ja, das stimmt«, gab er zu.

»Natürlich stimmt es, und genauso ist das, was ich über Ihre Frau und über Sie gesagt habe, die Wahrheit. Also halten Sie den Mund und setzen Sie sich wieder hin«, sagte Sylvia und grinste ihn spitzbübisch an, woraufhin der Mann zurücklachte.

Winifreds Depression lüftete sich ein wenig, während sie mitlachend die Sendung verfolgte. Bevor sie es bemerkte, war sie vom Geschehen auf dem Bildschirm gefesselt, und als die Sendung vorbei war, hielt sie schnell die Anschrift der Nirvana Foundation, die im Nachspann bekannt gegeben wurde, auf einem Zettel fest. Der Arzt hatte gesagt, dass sie jederzeit sterben könnte – und wäre es daher nicht gut zu wissen, wie viel Zeit ihr wirklich noch bleiben würde? Der Zaun müsste unbedingt gestrichen werden, und es gab noch viele Sachen zu regeln. Ohne groß nachzudenken, griff sie zu Papier und Bleistift, die neben dem Bett lagen.

Ein paar Tage später kam die Antwort. Zu ihrer Überraschung enthielt der Brief nicht das Todesurteil, das sie erwartet hatte.

»Ihr Tod liegt noch weit, weit in der Zukunft«, hatte Sylvia geschrieben. »Über ihn brauchen Sie sich noch keine Gedanken zu machen. Sie haben in diesem Leben noch etwas zu erledigen.«

Woods schaute vom Brief hoch und betrachtete ihr Spiegelbild. Die Frau, die sie sah, hatte von all den Medikamenten schon glasige Augen bekommen, ihr Körper war schlimm aufgedunsen. Sie fühlte sich wie ein hilfloser Ballon, aber wie sollte sie sich auch anders fühlen können? Von Anfang an hatte ihr Arzt gesagt, dass sich ihre Krankheit immer mehr verschlechtern würde, bis sie schließlich vollkommen hilflos war. Sie war inzwischen an einem Punkt angelangt, an dem sie mit der rechten Hand Schwierigkeiten hatte, eine Gabel zu halten. Ihre linke Hand war oft zu schwach, um ein halbes Sandwich halten zu können. Und ihre jüngsten Probleme mit der Atmung hatten sie körperlich und emotional erschöpft.

Winifred Woods sah sich ihr Spiegelbild genau an. Sie suchte nach der Frau, die sie einst gewesen war. *Wenn ich nicht sterben werde, werde ich leben – und zwar richtig,* überlegte sie sich. *Ich muss endlich mein Leben selbst in die Hand nehmen.*

Ihre Augen wanderten nach unten zu dem Überwurf, der über ihren Knien lag. Der Saum war ganz locker geworden, und sie hatte schon länger darauf gewartet, dass jemand kam und ihn wieder festnähte. Das Nächste, woran sich Woods erinnerte, war, dass sie im Rollstuhl zur Kommode fuhr, wo sie ihren alten Nähkorb aufbewahrte. Sie fand dort Nadel und Garn und nähte den Saum selbst wieder an. Dieser kleine Vorfall war der Wendepunkt.

Woods erkannte, dass die vielen Medikamente sie so träge gemacht hatten. *Es ist mein Leben*, entschied sie sich, *zum Teufel mit den Ärzten!* Sie verringerte die Dosis, und schon in den nächsten Tagen hatte sie einen klaren Kopf und fühlte sich optimistisch. Ein paar Wochen später war sie von Kleidergröße 48 runter auf Größe 40 und fühlte sich so gut und sah so gut aus, wie schon seit Jahren nicht mehr. Die Finger, die Schwierigkeiten hatten, einen Gegenstand zu halten, häkelten wieder emsig. Sie fühlte sich überhaupt nicht mehr krank!

So wundervoll diese Veränderungen auch waren, es war noch nicht genug. Sylvia hatte gesagt, dass Winifred Woods noch etwas zu erledigen habe. Die Frau fragte sich die ganze Zeit, was damit gemeint sein könnte. Obwohl sie noch weitgehend an den Rollstuhl gefesselt war, machte sie immer mehr Fortschritte. Sie erledigte wieder einen Teil der Hausarbeit und übernahm in einem Maß die Verantwortung für ihr Leben, wie es niemand für möglich gehalten hätte. Woods fing an zu meditieren. Es dauerte nicht lange, und eine alte Sehnsucht trat wieder in ihr Bewusstsein. Vor Jahren hatte sie eine Zeitungskolumne geschrieben und vorgehabt, eines Tages fantastische Romane zu schreiben. Aber stattdessen hatte sie geheiratet, und die Familie hatte ihre ganze Aufmerksamkeit in Anspruch genommen. Nun hatte sie genug Zeit, aber konnte sie auch schreiben?

Sie meditierte weiter, bis ihr eine Idee kam und sie anfing zu schreiben. Der fantastische Roman war halb fertig, als Sylvia einen Vortrag in der Gegend hielt. Mit Hilfe ihrer Tochter war Woods in der Lage, dem Vortrag beizuwohnen. Als Sylvia hinterher Fragen beantwortete, konnte auch die angehende Autorin eine Frage stellen. Woods war so aufgeregt, dass sie ganz vergaß, davon zu erzählen, dass Sylvias Gesundheitsprognose eingetroffen war. Stattdessen fragte sie: »Wird mein Projekt ein Erfolg werden?«

»Ja, ihr *Buch* wird ein Erfolg«, antwortete Sylvia.

Zu dem Zeitpunkt, da diese Zeilen geschrieben werden, hat Winifred ihr Buch fertig gestellt, und es wird gerade auf die Veröffentlichung vorbereitet.

Sylvia kann bei vielen mentalen und emotionalen, aber auch körperlichen Problemen ihre übersinnlichen Erkenntnisse einbringen. Thomas Peters, ein Psychiater aus Campbell, arbeitet mit Sylvia schon seit 1975 zusammen. »Wir haben uns frei ausgetauscht über Familien, Erwachsene und Kinder, die psychologisch und emotional in Not waren«, sagt er heute. »Ihre Zusammenarbeit mit den Heilberufen ist einzigartig. Im psychiatrischen und psychologischen Bereich ist Sylvias Intuition besonders wertvoll für mich. Ihre Informationen helfen mir, familiäre Wirkungsmuster besser zu verstehen und eine genauere Diagnose erstellen zu können.«

Vor ein paar Jahren fiel Sylvia auf, dass ihre Augen sich

rapide verschlechterten. »Was ist mit mir los?«, fragte sie Francine.

Die Antwort war einfach. »Es gibt zu viele Dinge, die du nicht sehen willst«, erzählte ihr Francine. Nach vielen Jahren übersinnlicher Diagnose ist Sylvia davon überzeugt, dass viele Krankheiten durch emotionale Faktoren ausgelöst werden. Sobald diese erkannt sind, können Maßnahmen ergriffen werden, um den Zustand zu verändern und zu heilen oder das medizinische Problem wenigstens zu lindern. *Was ist es, was ich nicht sehen will?*, fragte sie sich, als ihre Augen immer schlechter wurden.

Die Antwort schien ziemlich einfach zu sein – die Probleme ihrer Klienten, mit denen Sylvia täglich konfrontiert wurde.

Vielleicht war sie es auf einer bestimmten Ebene leid, immer nur anderen die Richtung zu weisen, und wünschte sich selbst, dass jemand oder etwas in *ihrem* Leben eine Veränderung herbeiführte. Aber da sie das, was sie tat, frei gewählt hatte, konnte sie nur die Anspannung bemerken und sich bewusst bemühen, innerlich nicht negativ von ihr beeinflusst zu werden. Ihre Augen haben sich seitdem nicht weiter verschlimmert.

Sylvia ist auch überzeugt davon, dass die Gewichtsprobleme, die sie viele Jahre lang hatte, daher kamen, dass sie in ihrem Bemühen, andere Menschen zu beschützen, zu viel von ihnen »aufgenommen« hat. Rauchen, etwas, was sie sich abgewöhnt hat, spiegelt für sie das unterbewusste Bedürfnis, das Böse fern zu halten – eine moderne Variante der alten Freudenfeuer.

Die provokante Theorie, dass Gefühle an der Entstehung von Krankheiten beteiligt sind, lässt sich auf viele Bereiche anwenden. Für Sylvia sind Probleme mit den Bronchien eine unmittelbare Antwort auf ein Trauma. Du »weinst« und schniefst während einer Erkältung, und wenn du das Problem nicht »aus deiner Brust« kriegst, kannst du noch ernstere Symptome entwickeln, zum Beispiel Lungenentzündung oder gar Brustkrebs.

Zu wenig »Zucker« oder Liebe kann zu einem niedrigen Blutzuckergehalt führen. Zu viel Zucker – ein blinder Optimismus gegenüber dem Leben – kann zum Gegenteil führen, nämlich Diabetes.

Rückenprobleme? Wen oder was schleppst du mit dir herum?

Arthritis? Könnte es sein, dass sich deine Energie in den Gelenken staut?

Ist dein Herz »gebrochen«? Pass auf, dass du keinen Herzinfarkt bekommst.

Mundprobleme? Du plapperst zu viel. »Kocht« dein Blut manchmal? Beruhige dich besser, sonst bekommst du einen hohen Blutdruck. Und so geht es beliebig weiter.

Als Sylvia einmal am nationalen Kongress der Rückführungstherapeuten teilnahm, sprach sie mit James Fadiman, dem Präsidenten der Vereinigung für Transpersonale Psychologie, über die eigenen Gesundheitsprobleme. »Ich habe seit vier Jahren immer wieder eine Blaseninfektion«, beklagte sich Sylvia. »Was verursacht sie deiner Meinung nach?«

»Du bist klug genug, um selbst darauf zu kommen«, erinnerte sie der Psychologe. »Was glaubst *du,* ist der Grund?«

»Ich weiß es nicht. Ich habe alles versucht, einen Spezialisten nach dem anderen, aber ich habe eine Blasenentzündung nach der anderen.«

»Okay, wenn du die Antwort nicht bekommst, dann lass es gut sein. Erzähl mir stattdessen von deiner Familie. Wie geht es ihr?«

»Schlecht!«, kam es aus Sylvia herausgeschossen. »Meine Mutter geht mir echt auf den Geist!«

Die beiden Freunde schauten einander an und fingen an zu lachen. In dem Moment, in dem Sylvia die Worte gesagt hatte, wusste sie, dass ihre Blasenprobleme vorüber waren. Sobald die geistige Verbindung hergestellt ist, kann die Heilung stattfinden.

Sylvia hat diese Erkenntnis seit damals immer wieder anwenden können, um ihren Klienten zu helfen. »Wer hockt Ihnen im Nacken? Ihr Mann? Ihre Kinder? Ihre Eltern?«, fragt sie mit manchmal erstaunlichem Resultat.

Die Liste ist endlos. Schwindelanfälle? Was wirft Sie aus der Bahn?

Rückenprobleme? Wer sitzt auf Ihrem Rücken?

Darmgeschwüre? Wen können Sie nicht verdauen? Die Möglichkeiten für Heilung sind unerschöpflich.

Sylvia ist sich sicher, dass die Angst, die zu diesen Reaktionen führt, von dem Bedürfnis der Seele herrührt, sich auszuweiten. Die instinktive Reaktion des Bewusstseins auf eine spirituelle Herausforderung lautet: *Nein, musst du nicht.* Das Bewusstsein antwortet ihrer Meinung nach aus der Angst vor dem Unbekannten.

Eine Lösung kommt für Sylvia dann zustande, wenn wir der Seele bewusst erlauben, ein neues Selbst zu erschaffen. Wenn der Teufel beim Namen genannt, das Leiden anerkannt und die Verbindung hergestellt ist, kann die Heilung beginnen. Sylvia ist sich sicher, dass letztlich alles darauf hinausläuft, seine eigene Kraft zu entwickeln. Wie schnell wir diese Kraft aus der Hand geben, zeigt die Geschichte einer Patientin, die sich sofort besser fühlte, als der Arzt ihr eine Penicillinspritze gegeben hatte. Danach informierte er sie, dass die Spritze erst nach Ablauf von 24 Stunden anfangen würde zu wirken.

Laut Aussage von Francine »kerben« sich chronische Schmerzen »ein« und senden ihre Signale auch dann noch, wenn die Entzündung selbst schon wieder abgeklungen ist. Sie empfiehlt, bei einem traumatisierten Nervensystem die folgenden Worte zu sprechen: »Ich habe das Signal empfangen und produziere nun mein eigenes Schmerzmittel.« Es ist, als spräche man zu Gott und sagte: »Jetzt ist es genug. Die Kerbe ist zu tief, ich kann es nicht länger ertragen.«

Sylvias Geistführerin rät uns auch dringend, Schmerzen im Vorfeld zu vermeiden, indem wir mehr auf uns achten und für uns sorgen. »Versuch eine Woche lang alles zu tun, was du für dich tun willst – nur für dich«, empfiehlt Francine. »Probier es eine Woche lang aus. Ich garantiere dir, dass du am Ende der Woche nicht nur viel für dich selbst tust, sondern auch mehr für andere Menschen als jemals zuvor. Dich selbst zu belohnen, kostet dich nicht viel Anstrengung, bringt aber einen Überfluss an Liebe hervor, der sich in alle Richtungen ausbreitet.«

In Reaktion auf Sylvias Frage, ob dies vielleicht »selbstsüchtig« wäre, antwortete Francine, dass es so etwas wie

Selbstsucht nicht gebe. Es gibt nur die Angst, die eine Person dazu veranlasst, sich nach innen zu kehren und sich vor anderen abzuschotten.

Damit wir die notwendige Verbindung zur Ursache unserer Krankheit herstellen und ihre Heilung bewirken können, hat uns Francine die »Labortechnik« übermittelt

»Das Labor«, sagt sie, »ist ein spezieller Ort, den du aufsuchen kannst, um für jedes Problem Hilfe, Beratung und Heilung zu empfangen. Wie du weißt, sind Gedanken auf meiner Seite Dinge. Wenn du dir geistig dein eigenes Labor baust, können wir auf unserer Seite es sehen und mit dir dort hingehen, um dir bei der Lösung des Problems zu helfen. *Aber du musst diesen Umstand für uns erschaffen.*«

Das Labor

Stell dir in Gedanken einen rechteckigen Raum in einer Größe vor, mit der du dich wohlfühlst. Lass die hintere Wand offen. Aus den Fenstern hast du einen wunderbaren Blick aufs Wasser – sei es auf das Meer oder auf einen See –, wodurch die Heilkraft verstärkt wird. Stell dir die drei Wände in einer beruhigenden grünen Farbe vor. Stell einen Tisch, der groß genug ist, dass du darauf liegen kannst, in die Mitte des Raums. Gib dem Tisch einen »Charakter« durch schöne Verzierungen und Ornamente.

Je mehr Einzelheiten du dem Raum gibst, desto lebendiger wird er für dich. Richte ihn also mit Möbeln, Bildern und anderen Kunstgegenständen ein, die dir gefallen. Stell dir nun in der offenen Wand ein leuchtendes Fenster aus bemaltem Glas vor. Es kann jedes beliebige Design haben, aber die Farben – Blau, Gold, Grün und Violett – sollten großflächig und kräftig sein.

Nachdem du das Labor im Geist konstruiert hast, solltest du es dir anschauen, am besten vor dem Schlafengehen. Vervollständige das Labor auf jeden Fall, *bevor* du einschläfst, denn sonst gibt es kein Labor, um darin zu arbeiten. Wenn du das Labor betrittst, stell dich vor das Glasfenster und lass deinen Körper und deinen Geist von seinen strahlenden Farben durchdringen.

Die blaue Farbe beruhigt Geist und Seele und erhöht das Bewusstsein. Das Gold steht für Erhabenheit und Intellekt, das Grün für Heilung und das Violett für wachsende Spiritualität.

Erlaube es den leuchtenden Farben, dich mit Wärme und Glück zu umhüllen. Nimm wahr, wie sie dich durchdringen und deine Seele reinigen. Bitte nun den Heiligen Geist, dich mit seinem weißen Licht zu umgeben und gesund zu machen. Fühle, wie du jetzt ganz wirst und ein neues Gefühl von Stabilität, Kraft und Selbstbestimmung entwickelst.

Leg dich nun auf den Tisch. Du bist immer noch umhüllt von Gottes Liebe. Bitte die Meisterlehrer und Ärzte im Jenseits, einen bestimmten Bereich deines Körpers zu behandeln. Obwohl du immer darum bitten kannst, vom geistigen und emotionalen Druck befreit zu werden, solltest du pro Sitzung nur an einem körperlichen Problem arbeiten. Gib dich diesen spirituellen Helfern vollständig hin, denn sie kommen direkt von Gott zu dir. Wenn du den Raum erschaffen, dich auf den Tisch gelegt und dein Problem benannt hast, kannst du ruhig einschlafen. Es wird dir sogar schwer fallen, wach zu bleiben, weil das Labor selbst eine schmerzstillende und einschläfernde Qualität besitzt.

Du kannst das Labor für jedes Problem benutzen, das du hast. Du kannst auch einen geliebten Menschen zur Heilung in deinen Raum bringen. Zuerst erschaffst du den Raum geistig. Bring dann deine Person in das weiße Licht des Heiligen Geistes und leg danach deinen »Patienten« auf den Tisch. Bitte die Meisterlehrer, dir bei dem Problem zu helfen.

Die Anwendungsmöglichkeiten des Labors sind unbegrenzt. Die einzige Grenze, auf die du stoßen kannst, besteht darin, dass der Mensch, dem du helfen möchtest, diese Hilfe gar nicht will. Wenn dies der Fall ist, dann lass den ganzen Problembereich los, indem du den freien Willen des anderen anerkennst.

12

Die hellsichtige Detektivin: Der Tempel der Ruhe

Bob Jesson, Untersuchungsrichter aus San Mateo, war wütend. Eine Hellsichtige als Beraterin war das Letzte, was er wollte. »Mein Chef hat gesagt, ich soll Sie anrufen«, erklärte er, und sein Tonfall zeigte deutlich, wie irritiert er war. »Wir haben hier zwei Leichen und können beide nicht identifizieren.«

»Ja, ja, ich sehe sie«, beruhigte ihn Sylvia. »Die eine Frau ist klein und dicklich, die andere eine große Brünette, mit einer Herz-Tätowierung über der linken Brust.«

»Wo sind Sie?«, wollte Jesson wissen. Er schaute ins Telefon, hinunter auf den Fußboden und danach hoch zur Decke. »Soll dies ein Witz sein? Wo verstecken Sie sich?«

»Beruhigen Sie sich und hören Sie mir einen Moment lang zu. Ich versuche Ihnen zu helfen«, versicherte ihm Sylvia.

»Aber ich hatte doch noch nicht einmal erwähnt, dass es sich bei den Leichen um Frauen handelt«, erwiderte Jesson gereizt.

Seine Verwirrung ließ nach, als er Sylvia sagen hörte: »Hören Sie einfach zu, während ich Ihnen jetzt die beiden Frauen beschreibe. Die jüngere ist brünett. Ihr Name lautet Vivian – ja, Vivian. Ich kann gerade nicht sagen, wie sie mit Nachnamen heißt. Schauen Sie in der Liste der vermissten Personen in Petaluma nach. Die kleinere Frau – sie heißt Clover – ist aus Monterey.«

Innerhalb der nächsten 24 Stunden hatte Jesson die Bestätigung der zuständigen Behörden. Zwei Vermisstenfälle waren aufgeklärt.

Gary Boozer, Kriminalkommissar aus Santa Clara, war ebenfalls skeptisch. Nur widerwillig nahm er Sylvias Hilfe in einem Mordfall an. »Vergessen Sie mal für einen Augenblick Ihren Fall«, riet ihm Sylvia. »Ich habe etwas für Sie, das Sie viel eher betrifft – das Sie persönlich etwas angeht. Es handelt sich um Drogen.«

»Es geht hier um einen Mord, nicht um Betäubungsmittel«, erinnerte er sie.

Sylvia zuckte mit den Schultern. »Ich wollte Ihnen ja auch bloß sagen, dass Sie bald einen großen Fischzug in der Drogenszene machen werden. Ich sehe ein braunes, zweistöckiges Gebäude mit einem abgenutzten, gitterartigen Geländer. Es ist ein hässlicher Ort und die Wände sind mit Graffiti beschmiert. Die Straße ist nach irgendeinem Vogel benannt. Sie geht von der Evelynstraße ab. Vor dem Haus gibt es kein einziges Stück Rasen, überall nur Dreck – ein ziemliches Durcheinander.« Sylvia hielt inne und warnte: »Passen Sie gut auf sich auf, Sie könnten an diesem Ort getötet werden.«

Zwei Wochen später war Boozer überraschenderweise

in die Drogenabteilung versetzt worden. Nur ein paar Tage später fuhr er eine Straße hinunter und verlangsamte seine Geschwindigkeit, um die Adresse lesen zu können. Er befand sich in der Lerchenstraße. Vor ihm war die Ecke zur Evelynstraße, zu seiner Rechten ein braunes, zweistöckiges Gebäude mit einem Geländer. Da er sich an Sylvias Worte erinnerte, kam er zu dem Schluss, dass dies nicht ein Ort war, den er allein inspizieren sollte. Er fuhr also wieder weg und wollte sich das Haus später mit seinem Partner anschauen.

Es dauerte keine Stunde und Boozer erhielt einen Telefonanruf. Es hatte eine Schießerei in dem Gebäude gegeben, ein Mann war getötet worden. Er kehrte sofort mit Verstärkung zurück und entdeckte an Ort und Stelle ein geheimes Drogenlager. Die Verhaftungen, die er vornahm, zogen einen ganzen Drogenring aus dem Verkehr.

Aufgrund vieler erfolgreicher Vorhersagen, wurde Sylvia immer wieder eingeladen, um vor Gesetzeshütern zu sprechen, woraus sich viele konkrete Arbeitsbeziehungen zu einzelnen Polizeioffizieren ergaben. Gary Robinson vom Los Altos Police Department ist einer von ihnen. Robinson war so beeindruckt von einer Präsentation, die Sylvia bei einem Treffen der Mordkommissionen in Sunnyvale gab, dass er sie anrief und sie um Hilfe im Fall des berüchtigten »Skimasken-Vergewaltigers« bat, der schon seit drei Jahren das gesamte Gebiet um die Bucht von San Francisco in Angst und Schrecken versetzte.

26 Frauen im Alter von 16 bis 83 Jahren waren brutal misshandelt worden, und die Polizei glaubte, dass die Zahl der Opfer wesentlich höher lag aus Angst vieler Betrof-

fener, eine Anzeige zu erstatten. Bislang war es keiner Sondereinheit im ganzen Gebiet gelungen, den Täter festzunehmen, der niemals Fingerabdrücke hinterließ oder ein Auto benutzte, dessen Spuren bis zu ihm zurückverfolgt werden konnten. Er wechselte mit seinen Opfern nicht viele Worte, und nur zwei von ihnen hatten sein Gesicht gesehen. Ansonsten hatte er immer die für ihn typische blaue Skimaske getragen. Die Angst unter der Bevölkerung wurde dadurch immer größer, dass der Vergewaltiger offenbar immer genau wusste, wann seine Opfer allein waren. Die Angriffe geschahen häufig auf leeren Schulhöfen, aber es gab auch Frauen, die zu Hause angegriffen wurden, in leeren Bürogebäuden und, im Fall des ältesten Opfers, im Beichtstuhl einer Kirche. Der Vergewaltiger bedrohte seine Opfer immer zuerst mit der Waffe und fesselte sie dann. Nachdem er sich sexuell an ihnen vergangen hatte, raubte er ihnen Bargeld, Schmuck oder Karten für den Geldautomaten.

»Was können Sie mir über ihn berichten?«, fragte Robinson Sylvia.

»Ich kann ihn sehen!«, rief sie aus, wie immer begeistert über ihre Vision. »Er ist kräftig, dunkelhaarig, weiße Hautfarbe, aber ein wenig negroid aussehend. Ich kann seinen vollständigen Namen nicht bekommen, aber sein Nachname beginnt mit einem S.« Sylvia hielt einen Moment lang inne und fuhr dann langsamer fort. »Ich weiß, es klingt komisch zu behaupten, dass ein Vergewaltiger an einen Gentleman erinnert, aber er tut es irgendwie.«

Robinson schaute von seinem Notebook auf und sah ihr in die Augen. »Was meinen Sie damit?«

»Ich weiß es auch nicht genau. Es ist, wie ich es gesagt habe, auch wenn es verrückt klingt, er hat fast höfliche Umgangsformen.«

»Das klingt wirklich verrückt«, stimmte ihr Robinson zu, »aber mehrere Opfer haben uns geschildert, dass sich der Kerl – obwohl er gedroht hat, sie zu töten, und keinen Zweifel an seiner Absicht aufkommen ließ – bei ihnen entschuldigt hat, so nach dem Motto: ›Ich habe getötet und ich kann es wieder tun, aber es tut mir wirklich Leid.‹ In den Zeitungen hat nie etwas über diesen Charakterzug gestanden, aber er taucht immer wieder in den Beschreibungen der Opfer auf.« Robinson war neugierig und lehnte sich wissbegierig vor. »Was können Sie noch über ihn in Erfahrung bringen? Denken Sie nach… jede Einzelheit könnte wichtig sein, so verrückt sie auch klingen mag.«

Sylvia nickte. »Ja, da gibt es noch etwas. Er arbeitet für die Stadt.«

»Das ist sehr allgemein, ich selbst arbeite auch für die Stadt. Können Sie seine Arbeit nicht näher beschreiben?«

»Ich weiß nicht genau, was er tut. Es scheint, als ob er Linien auf der Straße zieht – oder dass er *unter* der Straße arbeitet. Ja, er arbeitet unter der Straße, aber irgendwie hat er mit Linien zu tun. Er macht etwas mit Linien, aber ich weiß nicht was.«

»Ich habe auch keine Ahnung«, sagte Robinson und schüttelte den Kopf. »Gibt es sonst noch etwas?«

»Die nächste Vergewaltigung wird in Redwood City geschehen«, erzählte sie ihm. »Sie sollten Ihre Fahndung in Redwood City verstärken, denn dort werden Sie ihn schließlich schnappen. Er denkt an Redwood City und hat vor, dort eine Frau zu vergewaltigen. Aber dazu wird es nicht kommen, denn vorher nehmen Sie ihn fest.«

Am 30. November 1987, an einem kalten Montagabend, ergriff die Polizei George Anthony Sanchez – den Mann mit der Initiale S, die Sylvia »gesehen« hatte. Der 26-jährige Mann aus San Jose reparierte Abwasserkanäle. Er war in Redwood City in ein Haus eingebrochen, in dem eine Frau allein lebte. Bei der Durchsuchung von Sanchez' Wagen und seiner Wohnung fand die Polizei viele Dinge, die der Skimasken-Vergewaltiger seinen Opfern abgenommen hatte, sowie eine zweite Skimaske, die genauso aussah wie die, die er trug.

Der Mann wurde in 101 Fällen überführt und verbüßt gegenwärtig eine lebenslange Haftstrafe.

Obgleich sich Sylvia verpflichtet fühlt, ihre übersinnlichen Fähigkeiten einzusetzen und der Polizei zu helfen, und sie auch niemals Geld dafür genommen hat, ist sie sich doch der Risiken der ganzen Sache bewusst. Aus diesem Grund versucht sie auch, so viel wie möglich im Hintergrund zu bleiben.

Francine, die oft ihren beschützenden Umhang über ihren Schützling hält, hat Sylvia empfohlen, jeden Tag mit einem Gebet zu beginnen:

Vater/Mutter Gott, ich bitte, dass mich das weiße Licht des Heiligen Geistes umgibt und heute und jeden Tag beschützt. Ich bitte darum, dass es meine Seele reinigt und läutert. Ich lasse jede Art von Negativität los, die als dunkler Rauch vom weißen Licht absorbiert wird und niemandem schadet. Nur Liebe und positive Energie strömen in diese schützende Umhüllung und aus ihr heraus.

Sylvia hatte anfangs Schwierigkeiten damit, die Worte dieses Gebets wirklich zu fühlen, aber dann erinnerte sie sich an Glinda, die gute Hexe aus *Der Zauberer von Oz*, die immer in einer durchsichtigen Blase erscheint. Mit diesem Bild vor Augen fiel es ihr leicht, sich einen ähnlichen Schutzschild um sich selbst vorzustellen und das weiße Licht anzurufen. Inzwischen schließt Sylvia auch ihre Familie in diese schützende Blase mit ein.

Obgleich Sylvia viel Zeit damit verbringt, Gesetzeshütern dabei zu helfen, Kriminelle festzunehmen – sie betrachtet sich in diesem Fall als hellsichtige Detektivin –, macht sie viel lieber vermisste Personen ausfindig. Häufig hat sie hierbei die Funktion, verzweifelten Familienangehörigen »einfach« den notwendigen Trost zu spenden.

Eines Tages nahm Mary Ellen Stewart aus San Jose Kontakt mit dem Medium auf. Aufgeregt beschrieb sie in allen Einzelheiten, wie ihre Tochter Marion verschwunden war. »Geht es ihr gut? Wo ist sie? Wird sie jemals wieder nach Hause kommen?«

»Ja«, versicherte ihr Sylvia, »ich sehe sie – ich sehe sie klar und deutlich. Es war ihre eigene Entscheidung zu gehen, und sie wird wiederkommen, wenn sie so weit ist. Sie wird im März wieder zu Hause sein.«

Am 29. März 1983 erhielt Sylvia erneut einen Anruf von Mary Ellen Stewart, deren Stimme vor Emotionen stockte. »Sie hatten Recht«, informierte sie Sylvia, »Marion ist heute Morgen nach Hause gekommen.«

Manchmal ist Sylvia in der Lage, handfeste Informationen zu liefern, die eine Suchaktion rechtfertigen. Im Jahr 1987 rief Mary Elena Ulery wegen ihrer vermissten Tochter an. »Sie ist 15, hat rotblonde Haare und eine Zahnspange …«

»Ja, das stimmt, ich sehe sie«, unterbrach Sylvia sie. »Sie ist mit zwei befreundeten Personen zusammen – ein blondes Mädchen, ich glaube, ihr Name ist Kathy, und mit Kathys Freund. Der Junge hat dunkle Haare und blaue Augen. Kathys Eltern wollen nicht, dass sie sich mit ihm trifft. Wissen Sie, wen ich mit Kathy meine – dieses kleine blonde Mädchen?«

»Ja! Ja, ich kenne sie«, platzte es aus Ulery heraus.

»Sprechen Sie mit ihren Eltern, denn die wissen etwas, das Ihnen weiterhilft«, empfahl Sylvia.

Kurze Zeit später erhielt die Hellsichtige eine Mitteilung der erleichterten Mutter: »Vielen Dank für ihre Hilfe in einem Moment, wo ich sie dringend brauchte. Was Sie mir gesagt haben, war richtig. Sie halfen mir, die schrecklichsten Tage meines Lebens zu überstehen. Meine Tochter ist wieder da, und ich hoffe, ich finde den richtigen Weg, ihr zu helfen und sie zu unterstützen.«

Manchmal greift die Polizei auf Informationen von Sylvia zurück, um ein vermisstes Kind zu finden. Einer von solchen Fällen war Sarah Jane Dalitz, die schon seit zwei Jahren vermisst wurde, obwohl die Polizei immer wieder versucht hatte, sie zu finden. Die verzweifelte Mutter fürchtete schon, ihr Kind nie wiederzusehen, bis

Sylvia zu ihr sagte: »Sarah Jane wurde von einem Mann entführt, der sehr von ihr angetan zu sein scheint.«

»Können Sie ihn sehen?«, fragte der Polizeibeamte. Nur unwillig hatte er die Mutter zu Sylvias Praxis begleitet, aber jetzt war er plötzlich neugierig geworden. »Beschreiben Sie ihn – wie sieht er aus?«

»Ja… er ist klein und untersetzt und hat strohblondes Haar«, antwortete Sylvia.

»O mein Gott, das ist mein Exmann!«, rief Dalitz fast schreiend aus.

»Haben Sie nie daran gedacht, dass er hinter dem Verschwinden Ihrer Tochter stecken könnte?«, fragte der Polizist.

»Nein, ich hatte nicht gedacht, dass er sich so viel aus seiner Tochter macht… Ich bin erleichtert, dass Sarah in Sicherheit ist, aber ich möchte, dass sie zu mir zurückkommt. Stellen Sie sich vor, was mein Exmann mir die ganze Zeit über angetan hat!«

»Wissen Sie, wo er lebt?«

»Nein«, sagte Dalitz und schüttelte den Kopf. »Ich habe keine Ahnung. Es ist so lange her, seit ich etwas von ihm gehört habe.«

Vor Sylvias innerem Auge erschien eine Landkarte. »Ihre Tochter ist im Nordwesten.« Ein Bundesstaat zeichnete sich für Sylvia ab und schließlich eine Stadt. »Es ist Seattle«, verkündete sie. »Seattle, Washington.«

Dalitz war baff. »Soweit ich weiß, gibt es keinerlei Verbindungen zwischen dieser Stadt und meinem Mann. Er hat dort weder gearbeitet, noch hat er dort Familie oder Freunde.«

»Aber warum sollten wir nicht versuchen, Ihre Tochter dort oben zu finden?« Der Polizist zuckte mit den Schultern. »Wir haben alles andere versucht, vielleicht ist das unsere letzte Chance.«

Zwei Tage später flogen die zwei nach Seattle. Kaum waren ein paar Tage vergangen, erhielt Sylvia einen Anruf. »Sie hatten absolut Recht«, berichtete die glückliche Mutter. »Sie war in Seattle und lebte bei ihrem Vater, aber nun ist sie wieder bei mir zu Hause.«

Nicht alle hellsichtigen Suchaktionen hatten einen glücklichen Ausgang. Es ist immer schwer für ein Medium, den hoffenden Familienangehörigen schlechte Neuigkeiten zu bringen, aber zumindest ist die Zeit des ungewissen Wartens vorbei. Einer von diesen tragischen Fällen erhielt bundesweite Aufmerksamkeit.

Im späten Frühjahr 1982 ging Milton Tromanhauser in die Wildnis, um zu meditieren. Der 53-Jährige aus Martinez in Kalifornien war Bauunternehmer und ein zutiefst religiöser Mann. Er war viel in Indien und dem Nahen Osten umhergereist und konnte selbst lange Stellen aus der Bibel zitieren. Tromanhauser hatte schon oft in abgeschiedenen Gegenden gefastet. Er glaubte, dass dadurch seine Meditationen an Tiefe gewannen und ihm Einsichten in die Probleme bescherten, mit denen sich die Menschheit herumschlug. Jedes Jahr machte der Mystiker eine Pilgerreise. In jenem Sommer hatte Tromanhauser sich vorgenommen, 40 Tage und 40 Nächte lang zu fasten. Niemand wusste, wo er sich aufhielt.

Die Pilgerreise hatte am 10. Mai 1982 angefangen. Als die 40 Tage vorbei waren, begann Terri Ball, eine enge

Freundin Tromanhausers, sich Sorgen zu machen. Sie rief die Wildhüter des East-Bay-Regionalparks an, die sie zum Contra Costa County Sheriff's Department schickten. Diese nannten die Sicherheitsabteilung des East Bay Regional Parks, und die wiederum gaben ihrer Frustration dann den Rest, indem sie sie erneut an das Contra Costa County Sheriff's Department verwiesen. Aber dieses Mal schickte das Sheriff's Department sie zur Polizei von Martinez.

»Vielleicht würden sie mir ihre Aufmerksamkeit schenken, wenn ich ihnen sagen könnte, wo sie suchen sollen«, meinte Terri Ball zu Sylvia. »Das Problem ist nur, dass er mir niemals mitteilt, wohin er geht. Im letzten Jahr hat er den Mount Tamalpais im Marin County bestiegen. Haben Sie eine Ahnung ...«

»Nein«, unterbrach sie Sylvia. »Er ist nicht in Marin, sondern weiter im Osten – Contra Costa County. Der Ort, an dem er sich aufhält, hat irgendetwas mit Teufel zu tun – Teufel – Teufelsberg?«

»Sie meinen den Mount Diablo?«

»Ja, das ist der Berg«, rief Sylvia aus und zögerte dann einen Moment. »Es tut mir Leid, es Ihnen mitteilen zu müssen, aber er ist tot. Er ist schon vor längerer Zeit gestorben. Man wird seine Leiche im Wasser finden.«

Als das Contra Costa County Sheriff's Department sich über die Idee lustig machte, mit einer Hellseherin loszuziehen, und sich weigerte, diese Spur weiterzuverfolgen, sicherte sich Terri Ball die Mithilfe von zwei Wildhütern, die mit Pferden in die Wildnis ritten. Es dauerte keine drei Stunden und sie hatten Tromanhausers

Leiche gefunden. Sie lag in einer kleinen Quelle an den Hängen des Mount Diablo.

Terris verzweifelte Ungewissheit war vorbei.

Obwohl Sylvia für ihre Readings und ihre Rückführungen unter Hypnose Geld nimmt, hat sie sich stets geweigert, sich ihre polizeiliche Arbeit oder ihre Mithilfe am Aufspüren vermisster Personen bezahlen zu lassen. Sie glaubt vielmehr, dass es ihre Pflicht als Hellseherin ist, Menschen in Not zu helfen. »Wie könnte ich Geld aus dem Kummer anderer Menschen machen?«, fragt sie.

An einem weiteren Projekt nahm Sylvia freiwillig und unentgeltlich teil. Wieder lieferte Francine die Informationen für einen von Sylvias außergewöhnlichsten Aufträgen. William Yabroff, Psychologe und außerordentlicher Professor an der Universität von Santa Clara, hatte Sylvia für ein interessantes Forschungsprojekt gewonnen. Eine seiner Studentinnen arbeitete an einer Studie über Selbstmordopfer.

Die Studentin wusste über die zehn Personen, um die es ging, nur das, was sie in der Zeitung gelesen hatte, und die Details waren sehr bruchstückhaft. Ein Mann hatte sich vielleicht erschossen, aber wohin? In den Kopf, in die Brust? Eine Frau war möglicherweise an einer Überdosis gestorben, aber um welche Droge handelte es sich? Das Ziel der Studie war, genauere Einzelheiten herauszufinden. Welche Motive führten zu der Tat und was waren genau die Todesursachen?

Yabroff kam also mit seiner Studentin in Sylvias Büro bei der Nirvana Foundation. Dal versetzte seine Frau in eine tiefe Trance. Langsam, Schritt für Schritt fühlten die

Anwesenden eine andere Präsenz, und es war – natürlich – Francine.

Als die Geistführerin signalisierte, dass sie bereit war, wurden ihr der Reihe nach nur die zehn Namen genannt. Sylvia, Yabroff und die Studentin kannten lediglich die Namen der Selbstmordopfer und verfügten über keine weiteren Informationen. Dieser Mangel an Informationen war wichtig und beabsichtigt, um die Möglichkeit auszuschließen, dass Francine die Gedanken der Anwesenden las.

Wenn ein Name vorgelesen wurde, beschrieb Francine den Fall sofort in allen Einzelheiten. Sie war nicht nur in der Lage, genau zu sagen, wann und wo der Tod im Einzelfall eingetreten war, sondern konnte auch Hinweise auf die zugrunde liegende Motivation des Selbstmörders geben. Sie wusste, was bei jeder Person zu dem Entschluss, aus dem Leben zu scheiden, geführt hatte, und konnte genau sagen, welche Methode zu sterben gewählt worden war – in einem Fall handelte es sich um eine sehr komplexe Drogenmischung.

Kurz bevor die Trance-Sitzung zu Ende war, sprach Francine die junge Studentin direkt an. »George ist hier im Jenseits bei mir. Ihm ist sehr daran gelegen, dir mitzuteilen, dass sein Tod ein Unfall war. Seine Waffe ging versehentlich los. Es gab nichts, das du für ihn hättest tun können.«

Die junge Studentin hielt verwundert den Atem an. Sie hatte Tränen in den Augen, als sie sich verabschiedete und zusammen mit ihrem Professor ging. Yabroff informierte Sylvia hinterher über das, was vorgefallen war.

»Was hatte das Ganze zu bedeuten?«, hatte er die Studentin auf dem Rückweg zur Universität gefragt.

»Ich glaube, dies ist der Grund, warum ich überhaupt diese Selbstmord-Studie machen wollte«, erzählte ihm die Studentin. »Ich habe ehrenamtlich in einem Krisenzentrum mitgearbeitet. Eines Abends rief ein Mann namens George an und erzählte mir, dass er vorhabe, sich umzubringen. Er sagte, er hielte eine Waffe in der Hand. Ich sprach lange Zeit mit ihm und hoffte, ich hätte ihn von seinem Vorhaben abgebracht. Aber dann gab es plötzlich diesen Schuss – es war schrecklich. Ich wusste, dass er sich erschossen hatte. Ich habe immer wieder geglaubt, es sei meine Schuld gewesen. Hätte ich nur besser oder anders mit ihm gesprochen, dann hätte er es vielleicht nicht getan. Ich fühlte mich so schuldig.«

Eine sehr erleichterte junge Frau konnte Francines Beschreibungen im Gemeindebüro von San Jose bestätigen. Zu allen Todesfällen hatte Francine korrekte Angaben über Zeit, Ort und Motivation gemacht. Neun Fälle stimmten bis ins letzte Detail. Im zehnten Fall hatte Francine behauptet, dass der Mann sich selbst in den Kopf geschossen hatte. In Wirklichkeit aber hatte er auf seine Brust gezielt.

In Stresssituationen, wenn unvorhergesehene Anforderungen an sie gestellt werden, zieht sich Sylvia oft in ihren »Tempel der Ruhe« zurück. Es handelt sich dabei um eine spezielle Meditationstechnik, um wirklich Zuflucht zu suchen. Sie meint, der Tempel der Ruhe sei ein besonders wertvolles Werkzeug, wenn es um vermisste Personen geht.

Der Tempel der Ruhe

Ruf deinen Geistführer an und bitte ihn, dich in den Tempel zu bringen. Während du näher kommst, siehst du vor dir einen kurzen Treppenaufgang. Geh die Treppen hinauf und betrete die Erhabenheit des Tempels.

Der Boden erinnert zuerst an Marmorplatten, aber je mehr du zur Mitte hin gehst, desto mehr nimmst du wahr, dass aus jeder Platte ein Lichtstrahl kommt, der durch dich hindurchgeht. Jeder ist auf seine Weise schön. Der eine ist rosafarben, andere sind lila, blau und grün.

Wenn du die Mitte des Raums erreicht hast, bitte darum, dass dein Dilemma sich auflöst. Während du deine Bitte vorträgst, geht von einem achteckigen Kristall in der Wand ein Lichtstrahl aus, der durch dein drittes Auge führt. Wenn dies geschieht, werden die Umstände, die zu deinem Dilemma geführt haben, vor deinen Augen erneut entstehen. Alle Möglichkeiten, die du hast, werden dir nun offenbart.

Du kannst den Tempel mit jedem Problem aufsuchen – wenn ein geliebter Mensch gestorben oder in Gefahr ist, du Konflikte am Arbeitsplatz hast, Prüfungen bevorstehen, du Probleme mit dem Geld oder mit persönlichen Beziehungen hast. Du kannst dich für die Problemlösung entscheiden, die dir gefällt, aber schau dir zuerst alle Optionen an, die du hast.

Lass uns zum Beispiel annehmen, du verlierst deinen Job. Wie sieht die nächste Option aus? Wie wäre es mit einer besseren Arbeit oder der Gelegenheit, beruflich etwas ganz anderes zu machen? Bitte darum, dass dir eine Reihe von Möglichkeiten wie ein Film vor dein drittes Auge gespielt werden. Entscheide dich dann für die Lösung, die dir am besten gefällt.

Wenn du dich in einer schwierigen Situation befindest, könntest du zum Beispiel fragen: »Was ist die schlimmste Situation, die eintreten kann?« Vielleicht bist du dann überrascht, dass die »schlimmste« Situation dann doch nicht so schlimm ist und darüber hinaus in etwas Besseres umgewandelt werden kann.

Denk daran, dass du Personen und Umstände rekonstruierst, die dir für deine weitere Entwicklung dienen. Achte also darauf, dass du immer auch nach deinem Entwicklungspotenzial schaust. Wir sind alle miteinander verbunden, und jeder hat das Recht, aus seinem freien Willen heraus zu entscheiden. Jede Person ist ihr eigener Chef!

13

Novus Spiritus: Die Lehre von Novus Spiritus

Am 12. April 1986 blickte Sylvia von der Bühne aus in die voll besetzten Ränge des Flint Center in Cupertino. Es war Zeit, Fragen aus dem Publikum zu beantworten.

Eine untersetzte, grauhaarige Frau rief Sylvia zu: »Wird meine Ehe halten?«

»Hängen Sie sich rein und beißen Sie in den sauren Apfel«, gab ihr Sylvia als Ratschlag. »Ab September wird alles besser, haben Sie noch so lange Geduld. Letztendlich wird es sich lohnen.«

Eine jüngere blonde Frau erhob sich von den Rängen. »Mein Mann will sich beruflich selbständig machen...«, fing sie an, aber Sylvia unterbrach sie. »Sind noch zwei weitere Personen an der Geschäftsgründung beteiligt – ein Mann und seine Frau?« Als die Frau begeistert nickte, sagte Sylvia mit Nachdruck: »Nein, er sollte es nicht tun. Lassen Sie nicht zu, dass er es tut!«

Eine kleine dunkelhaarige Frau Ende 20 schwenkte ihren erhobenen Arm aufgeregt hin und her. Als Sylvia ihr zunickte, war sie plötzlich zurückhaltend. »Ja, Sie sind dran«, ermunterte Sylvia die Frau, »Sie können mir eine Frage stellen.«

Die Frau wurde ganz blass im Gesicht, als sie zögernd hervorbrachte: »Mein… mein Freund und ich… wir haben zusammen einen Sohn. Glauben Sie, dass wir jemals…«

»Heiraten werden?«

Die Frau nickte lebhaft. Ein zufriedenes Lächeln erschien auf ihrem Gesicht, als Sylvia fortfuhr: »Ja, das werden Sie, und Sie sollten sich besser beeilen, weil eine Tochter im Anmarsch ist.«

»Sie meinen, ich bin jetzt schwanger?«

»Wenn noch nicht jetzt, dann bestimmt in den nächsten zehn Minuten«, sagte Sylvia, und das Publikum lachte. »*Wirklich*, dies ist nicht nur ein Scherz. Sie sollten so schnell wie möglich heiraten. Es ist schöner so, besser für die Kinder und später leichter für sie.«

»Was ist mit Ihnen, Sylvia?«, rief ein Mann aus den letzten Reihen. »Was steht Ihnen noch bevor?«

Sylvias Antwort kam wie immer wie aus der Pistole geschossen, und so verkündete sie den über 2000 Anwesenden: »Auf dem Weg hierher habe ich mich dazu entschlossen, eine neue Religion zu gründen.«

Was sie dann auch tat.

An jenem Abend in Cupertino schlug Sylvia das bis dahin wichtigste Kapitel in ihrem Leben auf. Die Synthese aus ihrer Hingabe an Gott und ihrer prophetischen Gabe ist Novus Spiritus oder der »neue Geist«. Die religiöse Organisation wurde gegründet, um Menschen zu helfen, die keine sinnvolle Erklärung für ihr

Leben haben, die eine andere Dimension ihres Glaubens suchen oder die mit der herkömmlichen Religion nichts mehr anfangen können.

Dal war wütend. »Was tust du mir da an? Wir können keine Kirche gründen. Die Dinge laufen zur Zeit fantastisch. Warum tust du das? Ich habe nicht die Zeit, mich um eine Kirche und um Nirvana gleichzeitig zu kümmern.«

»Wie wagst du es, mit mir zu sprechen!«, antwortete Sylvia. »Du verbringst den ganzen Tag im Büro doch nur mit Videospielen und hast sogar Leute angestellt, die die Arbeit tun, die du eigentlich tun solltest. Und da ich alle Rechnungen bezahle, geht dich gar nicht an, was ich vorhabe.«

»Ich verstehe. Es tut mir Leid, dass ich nicht hellsehen und auf diese Weise Geld verdienen kann.«

»Hör auf, dich selbst zu bemitleiden. Du hast freiwillig deinen Job gekündigt, um mir zu helfen, aber wann wirst du mir wirklich eine Hilfe sein? Mein Vater arbeitet mit seinen 75 Jahren noch härter als du.«

Sylvia war empört.

»Und außerdem, Dal«, fuhr sie fort. »Es war sehr nachlässig von mir, so lange mit der Kirchengründung zu warten. Schon vor 15 Jahren hatte ich die grundlegende Struktur festgelegt, dann kümmerte sich Larry um all die rechtlichen Grundlagen, und alles war vorbereitet. Aber schon damals warst du gegen die Gründung, und ich ärgere mich sehr, dass ich auf dich gehört habe. Diesmal jedoch wirst du es nicht wieder verhindern!«

Novus Spiritus unterscheidet sich in drei wesentlichen Bereichen von der westlichen Theologie. Zuallererst basiert die neue Religion auf der Rückkehr zum Glauben an die Reinkarnation, der am Anfang auch integraler Bestandteil des Christentums war, bis die christliche Lehre im vierten Jahrhundert auf dem Konzil von Nicäa unter dem römischen Kaiser Konstantin tief greifend verändert wurde.

Der zweite Unterschied besteht darin, dass Sylvias Kirche die erste Religion seit 2500 Jahren ist, die sowohl den weiblichen als auch den männlichen Aspekt Gottes umfasst. Die Mutter-Gottheit lebt und gedeiht in Novus Spiritus. Sie ist der männlichen Gottheit gleichgestellt – das heißt, sie ist die emotionale Dimension im Gegensatz zum reinen Intellekt des männlichen Prinzips. Nur beide zusammen umfassen die Gottheit.

Der dritte und vielleicht wichtigste Unterschied besteht darin, dass die neue Religion ein Forum dafür bietet, die Liebe und Freude auszudrücken, die Gott ist – und zwar ohne Angst, Schuld oder Bestrafung. Sylvias Kirche soll der Menschheit verstehen helfen, dass Gott dem Leben und dem menschlichen Dasein immer wohlwollend gegenübersteht.

»Um es ein für alle Mal klarzustellen: Gott ist schuldlos«, erinnert sie ihre Gemeinde. »Er/Sie ist nicht rachsüchtig oder hasserfüllt, ja noch nicht einmal reizbar und wankelmütig, wie wir Menschen es sind. Er/Sie ist ständiges, reines, liebendes Bewusstsein. Gott sitzt nicht den ganzen Tag da und verdammt dann plötzlich aus lauter Langeweile eine hilflose Person. *Niemals.*

In Seinem/Ihrem vollkommenen Sein ist kein Raum für solch einen Unsinn. Der göttlichen Vollkommenheit wohnt eine dauerhafte Liebe für Seine/Ihre Geschöpfe inne, ein unerschütterliches Mitgefühl. Er/Sie ist ein ständiger Begleiter auf dem Weg. Was auch immer du fühlst, Gott fühlt es auch, denn Er/Sie ist immer an deiner Seite. In dir liegt der Funke des Göttlichen. Gott ist einfach, nur die Menschen sind kompliziert.«

Innerhalb dieser Kompliziertheit tritt das Böse in Erscheinung. »Das Böse«, betont Sylvia, »ist *keine* Erfindung Gottes. Aus der einfachen Erfahrung von Negativität hat sich das Böse bis hin zur Vorstellung eines Teufels mit Schwanz und Hörnern entwickelt – ein mythologisches Wesen in direkter Konkurrenz mit Gott. In Wirklichkeit ist das Böse nur der logische Gegensatz des Guten.

Da jeder Mensch von Natur aus weiß, was gut ist, hat er zwangsläufig auch eine Vorstellung von dem direkten Gegenteil. In jedem Moment entscheiden wir uns zwischen diesen beiden Ausdrucksmöglichkeiten. Die Parabel von Satan, der Eva in Versuchung führt, am Wissen teilzuhaben – und Eva bedeutet auf hebräisch ›Leben‹ –, kommt der Interpretation von Novus Spiritus sehr nahe. Nur indem man sich den Bedingungen der Existenz stellt, kann man seine Seele vervollkommnen – und das heißt, den Unterschied zwischen Gut und Böse wissen.«

»Warum eine Kirche, Sylvia? Hast du nicht schon genug zu tun?«, fragten viele in den Anfangstagen von Novus Spiritus. Die Antwort lautete ja, natürlich, sie hatte und hat genug zu tun. Sylvia gibt 15 bis 20 Readings pro Tag und erhält manchmal pro Woche mehr als 1000

Briefe und Telefonanrufe. Zusätzlich nimmt sie an zahlreichen Forschungsprojekten teil. Sie hilft, vermisste Personen zu finden, und unterstützt die Polizei bei der Aufklärung von Verbrechen. Außerdem gibt sie ständig Kurse über Hypnose, Beratung und Entwicklung des Übersinnlichen.

Die Nirvana Foundation hat inzwischen (1998) mehr als 25000 Mitglieder und 14 fest angestellte Mitarbeiter, die Sylvia in ihrer Arbeit helfen. Ein wichtiges Mitglied des Teams ist Sylvias jüngerer Sohn Christopher, der die hellseherischen Gaben von seiner Mutter geerbt hat und seit 1983 im Gebäude der Stiftung auf Vollzeit-Basis Readings gibt.

Novus Spiritus entwickelte sich aus einem wirklichen Bedarf heraus. »Keine Kirche kann mir das bieten, wonach ich suche«, beklagten sich Klienten immer wieder bei Sylvia. »Ich bin mit Sylvia Brownes Philosophie groß geworden. Es ist das, woran ich glaube«, sagte eine junge Frau eines Abends bei einem Treffen der Stiftung. Dann stellte sie die Frage, die alle Anwesenden nachdenklich werden ließ: »Sollte Sylvias Philosophie nicht mehr Menschen zugänglich sein?«

»Es ist nicht *meine* Philosophie – zumindest ursprünglich nicht«, stellte Sylvia sofort klar. »Ich bin nur der Kanal. Was ich mit euch die ganzen Jahre geteilt habe, ist Francines Weisheit, das Wissen des Jenseits.« An jenem Abend konnte Sylvia lange nicht einschlafen. Seit 1974 hat sie aus vielen hypnotischen Trance-Sitzungen Tausende von Seiten an Information empfangen. Die Abschriften dieser Sitzungen, von Mitarbeitern der Nirvana

Foundation katalogisiert und mit Kreuz- und Querverweisen versehen, sind ein enormer Wissensschatz, der in dieser Art absolut einzigartig ist. War sie nicht verpflichtet, diese einzigartigen spirituellen Einsichten all denen zur Verfügung zu stellen, die daran interessiert waren?

Die Verantwortung schien überwältigend. Allein schon ein Medium zu sein, war oftmals nicht so einfach. Die Menschen glaubten, Sylvia wüsste alles. Als Gründer einer neuen Religion würden ihre Anhänger eine Heilige erwarten.

»Du bist immer du selbst, Sylvia«, erinnerte sie Francine. »Niemand lernt dadurch, dass er eine andere Person imitiert, und dennoch scheint jeder einen Guru zu suchen, dem er folgen kann. Du verheimlichst deine Schwächen nicht, wenn jemand wirklich bereit ist, dir zuzuhören – sei es im Radio, im Fernsehen oder am Vortragspult. Warum sollte irgendjemand versuchen, dich bloßzustellen? Du stellst dich doch selbst schon die ganze Zeit über bloß!«

Eigentlich hatte Francine Recht, erkannte Sylvia. Sie hatte niemals zu verbergen versucht, dass sie – genauso wie jeder andere – Bedürfnisse und Emotionen hatte, mit denen sie klarkommen musste. Sie war einfach nur menschlich. Ihr ganzes Leben lang war sie Tag für Tag ihrem Lebensplan gefolgt, genauso wie jeder andere auch. Die Einsichten, die sie von Francine erhielt, waren nicht nur für sie bestimmt, sondern dienten immer auch der Erleuchtung anderer.

Schließlich hatte Sylvia erkannt, dass die neue Religion die Erfüllung eines Traums war, den sie schon lange für die

Menschheit hegte. Die Gründung einer neuen Religion war ihr karmisches Thema, daran hatte sie keinen Zweifel. Nachdem sie durch Francine eine Sichtweise geschenkt bekommen hatte, die weit über die vielen begrenzten Blickwinkel dieser Welt hinausging, war es für sie offensichtlich, dass die herkömmlichen Traditionen nicht länger den Bedürfnissen der heutigen Welt gerecht wurden. Diese Tatsache schien ihr auf einmal so klar zu sein, dass sie sich wunderte, warum sie diesen Sachverhalt nicht eher erkannt hatte. Es war ihre Aufgabe, die Weisheit zu verfeinern und zu verkünden, die sie von Francine erhalten hatte. Vielleicht diente es ihrer eigenen Vollendung und Verfeinerung, wenn sie sich mit der Kritik auseinander setzte, die zweifellos auf sie wartete, wenn sie einen derartig kontroversen Weg einschlug.

Die grundlegenden Lehren des neuen Glaubens wurden durch Francine offenbart. Zuerst stand Sylvia vor der praktischen Aufgabe, das Glaubensbekenntnis selbst zu formulieren. Schnell wurde deutlich, dass Sylvia dies parallel zur Aufnahme ihres geistlichen Amts tun konnte. »Unsere Kultur kann nicht nach Regeln leben, die vor 2000 Jahren festgelegt wurden«, erklärte sie bei ihrem ersten Gottesdienst, ihrer ersten »Gottesfeier«. Sylvias Botschaft spiegelte ihr Vertrauen und ihre Zuversicht.

»Es ist eine Tatsache, dass das menschliche Bewusstsein wächst, und die Fähigkeit zu lernen nimmt dadurch ebenfalls zu. Wir brauchen eine verstandesmäßige Grundlage für Gott. Novus Spiritus bietet diese Grundlage. Spielt es wirklich eine Rolle, ob du Schmuck trägst? Spielt es wirklich eine Rolle, ob du verhütest? Macht es wirklich einen Unterschied, ob du jeden Sonntag zur Kirche gehst? Ist Tanzen wirklich ein Instrument des Teufels? Komm schon, *denk nach*! Haben solche Restriktionen irgendetwas mit dem großen Entwurf des Lebens zu tun, mit der Entfaltung und Höherentwicklung deiner Seele? Novus Spiritus glaubt, dass dies nicht der Fall ist. Vor 2000 Jahren sagte Jesus Christus: ›Liebe deinen Nächsten wie dich selbst.‹ Jeder von uns ist für alle anderen der Nächste. Wir lieben unseren Nächsten nicht immer, aber wir sind alle der Ansicht, dass wir dies tun *sollten*. Wir ignorieren unseren eigenen Anteil, weil wir unser *Selbst* mit *Selbstsucht* gleichsetzen. Dabei hat es eine ganz andere Bedeutung. Uns selbst zu lieben bedeutet, dass wir uns grundlegend darüber bewusst sind, dass Gott in uns wohnt und wir innerlich mit Gott und allen anderen Menschen verbunden sind.«

Was Sylvias Kirche wirklich einzigartig macht, ist die vollkommene Abwesenheit von Angst oder Schuld, denn für Sylvia – und für Francine – hat Schuld nichts mit dem Leben zu tun und daher ebenso wenig mit einer lebendigen, atmenden Religion. Novus Spiritus ist eine praktische, auf alle Lebensbereiche anwendbare Philosophie, ein lebens- und entwicklungsfähiges Glaubenssystem, dass allen Herausforderungen des täglichen Lebens gerecht wird. Novus Spiritus ist eine Religion, die jeder Mensch überall auf der Welt leben kann. Obwohl es gut tut, den gemeinschaftlichen Gottesdienst zu genießen und sich von den Predigten inspirieren zu lassen, muss man – entsprechend der Lehre von Novus Spiritus – nicht zur Kirche gehen, um Erlösung zu finden. Erlösung geschieht dann, wenn die Erfüllung im eigenen Herzen stattfindet.

Der Weg des Friedens besteht darin, den Berg des Selbst zu erklimmen. Andere zu lieben, macht den Abstieg leichter. Wir sehen alle Dinge nur schattenhaft, bis die Flamme unserer Seele durch Liebe entzündet wird.

Diese Worte bilden den ersten Lehrsatz von Novus Spiritus. In ihnen liegt die grundlegende Philosophie der Kirche begründet. Leben ist Entdeckung – eine lange, lange Entdeckungsreise, auf der man sich selbst annehmen und lieben lernt, auf der man individuelle Ängste überwindet und die große Wahrheit über Liebe lernt. Das Leben ist ein Prozess der Vervollkommnung der angeborenen, von Gott gegebenen Schönheit der Seele.

Bis sie am Ziel ihrer Reise sind, müssen die meisten immer wieder geboren werden. Deshalb ist die Wiedergeburt ein Pfeiler der Lehre von Novus Spiritus. »Wie könnte es anders sein?«, fragt Sylvia. »Die Vervollkommnung der eigenen Seele ist die wichtigste Aufgabe, die jeder von uns erfüllen muss. Und es ist mehr als eine Aufgabe, es ist ein kontinuierlicher Lebensprozess. Schau dir an, wie die meisten von uns lernen. Geschieht es nicht fast immer durch Versuch und Irrtum? Wir tun etwas Neues so lange immer wieder, bis wir es beherrschen – selbst die einfachsten Aufgaben erfordern ständige Wiederholung. Hat es irgendjemand jemals geschafft, seine Schuhe beim ersten Versuch zu binden?

Und dann sollen wir glauben, dass Gott keine Geduld mit uns hat? Wird Er/Sie erzürnt sein, wenn wir alles nicht gleich nach nur einem Leben perfekt können?

Würde Sein/Ihr Zorn uns zum Braten in der Hölle verdammen, nur weil wir einen ganzen Monat gebraucht haben, um zu lernen, unsere Schnürsenkel richtig zu binden? Keiner von uns glaubt, dass das so ist. Reinkarnation ist das vernünftigste Konzept, um die Ungleichheiten des Lebens im Licht eines allliebenden Gottes zu erklären. Die Alternative – ein hasserfüllter Gott – ist einfach unhaltbar.«

Jede Person, ja jedes fühlende Wesen kann mit einem Zeitungsreporter verglichen werden, der für Gott, den Herausgeber, arbeitet. Das Leben existiert deshalb, um vor Gott all Sein/Ihr Wissen zu bezeugen – dies ist der Grund, warum es überhaupt so etwas wie Leben *gibt*. Auf unserer Lebensreise müssen wir lernen, uns immer für das Gute zu entscheiden. Indem wir das tun, vervollkommnen wir unsere Seelen.

Die Vorstellung der Vollendung ist ein wichtiger Bestandteil der Lehre von Novus Spiritus, genauso wie das Wissen, dass jeder von uns verpflichtet ist, seine Seele zu vervollkommnen. Es wird dabei von niemandem erwartet, dass er die Vollendung Gottes erreicht. Die Idee ist, dass alle Menschen den Grad an Vollendung erreichen, den sie für sich gewählt haben, mit dem sie für alle Ewigkeit zufrieden sind.

Francine benutzt die Analogie von Fingerhut und Eimer, um diesen Punkt zu verdeutlichen:

> Ein Fingerhut und ein Eimer sind beide leer. Sie müssen ihr volles Potenzial verwirklichen. Der Eimer beginnt seine Reise durchs Leben. Während immer mehr

Wasser der Erfahrung in ihn läuft, füllt sich der Eimer langsam. Dann fängt der kleine Fingerhut mit seiner Reise an. Schon nach kurzer Zeit ist er voll und zufrieden. Der Eimer muss noch mehr Erfahrungen machen, um ebenfalls voll zu sein. Wer von den beiden ist am Ende voller?

Die Antwort, an die uns Francine erinnert, lautet: keiner. Beide sind bis an den Rand voll und das reicht. Die Tatsache, dass der Eimer mehr Wasser enthält, ist nicht wichtig. Das Ziel besteht darin, den Grad der Vollendung zu suchen und zu finden, der genau zu *dir* passt. Wenn du den Grad erreicht hast, bist du voll – und damit so vollkommen, wie du nur sein kannst.

Unser natürlicher Impuls besteht darin, den Eimer für seine Leistung zu würdigen. Offensichtlich hat er viel gelernt – was für den Eimer auch sehr wichtig ist. Im Laufe seiner Bemühungen hat der Eimer viele Dinge immer besser verstanden. Er verfügt jetzt über größere Einsicht, mehr Schönheit und mehr Wissen. Dies alles bedeutet jedoch nicht, dass der Fingerhut unzufrieden oder gar unglücklich ist. In Wahrheit kann der Fingerhut die Sachen gar nicht in sich aufnehmen, die der Eimer am meisten schätzt. Der Fingerhut ist total glücklich mit seinem eigenen Grad der Vollendung und könnte nicht glücklicher sein. Es ist alles nur eine Frage des Fassungsvermögens.

Die grundsätzliche Einstellung von Novus Spiritus zeigt sich im folgenden Gebet:

Liebe Göttliche Mutter/lieber Göttlicher Vater:
Wir bitten Dich, diese Kommunion mit uns zu teilen, die ein Symbol dafür ist, dass wir unsere eigene Verbindung mit Gott und dem Christusbewusstsein finden.

Indem wir Brot und Wein zu uns nehmen, prägen wir in unser höheres Bewusstsein ein, dass wir unser Leben dem Willen Gottes unterwerfen.

Das Symbol dieser Kommunion durch Novus Spiritus bedeutet für uns, dass wir wünschen, in den neuen Geist wahrer Spiritualität geboren zu werden und alle Schuld und alles Karma vergangener Leben loszulassen und frisch und unbeschwert von neuem zu beginnen. Von nun an werden wir unsere Lebensthemen erfüllen und in der gesegneten Aura des Göttlichen Lichts wandeln.

Wir tun dies als Ausdruck unseres Willens und als ein Symbol für uns selbst und für die Welt, um zu zeigen, dass unser Leben von Gnade erfüllt und frei von aller Negativität ist.

Wir bitten Dich um dies in Deinem Namen.

Amen.

Die Gottesdienste sind herzlich und finden in einer persönlichen Atmosphäre statt. Es gibt einfache Gebete und Lobgesänge. Die Predigten sind praktische Lebenshilfe und bringen bestimmte Dinge auf den Punkt. Sie befassen sich mit persönlichen und gesellschaftlichen Anliegen, wie zum Beispiel Misshandlung von Ehefrauen, Aids oder Schwangerschaft junger Mädchen. Ein wichtiger Bestandteil des Gottesdienstes ist die Meditation, in welcher die Gemeinde ruhig und mit nach oben geöffneten Handflächen dasitzt, während Sylvia oder einer ihrer Priester den Weg zur Selbstheilung, zum Erreichen des Lebensziels oder zu anderen gewünschten Themen weist.

Ein weiterer wichtiger Bestandteil des Gottesdienstes ist Heilung, die allen gegeben wird, die danach suchen. Wer eine Heilung wünscht, kann auch seinen Namen in die Gebetsliste eintragen lassen. Eine Gruppe trifft sich jeden Mittwochabend in der Kirche, um zu beten und Heil-Energie an jene auszusenden, die sich auf der Liste befinden.

Sylvias Archiv quillt über mit Briefen von Männern, Frauen und Kindern, denen auf diese Weise geholfen worden ist. Ein Beispiel ist Eleanor Moore aus San Jose. Der Frauenarzt hatte bei Moore ein Geschwür in der Harnröhre festgestellt und sie an einen Urologen überwiesen, der ihr unterbreitet hatte, dass eine Operation unerlässlich sei. Der Termin für den Eingriff stand bereits fest. In der Zwischenzeit hatte Moore, trotz großer Schmerzen, an einem Gottesdienst von Novus Spiritus teilgenommen und um Heilung gebeten. Fast augenblicklich fühlte sie sich besser. Kurze Zeit später rief sie bei der Kirche an und bat um eine Fernheilung durch die Gebetsgruppe.

Ein paar Tage später musste sie wieder zum Arzt zu einer festgesetzten Untersuchung. »Ich *wusste*, dass ich geheilt war«, sagte sie später, »aber dennoch wollte ich die Untersuchung nicht absagen. Mein Arzt bestätigte meine Gefühle, aber er bestand darauf, dass ich noch einmal vom Urologen untersucht werden sollte. Ich war dazu bereit, und am Ende waren beide Ärzte der Meinung, dass ich nicht mehr operiert zu werden brauchte. Das Geschwür war vollständig verschwunden.«

Zusätzlich zu den wöchentlichen Gottesdiensten und Gebets-Zusammenkünften unterhalten Priester von Novus Spiritus eine 24-Stunden-Krisen-Hotline und bieten spirituelle Beratung, Hypnose-Therapie und Meditationskurse an. Außerdem machen sie Hausbesuche bei Genesenden und organisieren Fahrdienste für ältere und behinderte Menschen. Gegenwärtig gibt es Pläne für ein Aids-Hospiz, das von Novus Spiritus finanziert werden soll.

Sylvias sehr spezielle Zusammenarbeit mit Francine entwickelt sich weiterhin von Tag zu Tag. Novus Spiritus ist in jeder Hinsicht eine lebendige Religion, in der Gottes Wort oft auf einer täglichen Grundlage offenbart wird. Wenn die Fähigkeit zum Verstehen zunimmt, manifestieren sich neue und tiefere Wahrheiten. Seit Jahren schon betont Francine immer wieder: »Wer eine Frage hat, bekommt auch eine Antwort.«

Sylvias Aufgabe besteht darin, diese Antworten anderen zur Verfügung zu stellen.

Die Lehre von Novus Spiritus

1. Der Weg des Friedens besteht darin, den Berg des Selbst zu erklimmen. Andere zu lieben, macht den Abstieg leichter. Wir sehen alle Dinge nur schattenhaft, bis die Flamme unserer Seele durch Liebe entzündet wird.

2. Wen oder was du liebst, der oder das liebt dich.

3. Projiziere nicht die ganze menschliche Engherzigkeit auf Gott, wie zum Beispiel Wut, Hass und Rache. Negativität ist nur eine Eigenschaft des Menschen.

4. Erschaffe dir den Himmel, nicht eine Hölle. Du bist ein Schöpfer, den Gott gemacht hat.

5. Richte deine Kraft nach außen und nicht nach innen, dann scheint das Licht und der Weg.

6. Sei in deinem Glauben beständig wie das Windspiel, bis der Glauben – wie der Wind – dich mit Freude erfüllt.

7. Jedes Leben ist ein verschlungener Pfad, der zur Vollendung führt. Der jeweils nächste Schritt ist schwer, nicht aber die ganze Reise.

8. Sei einfach du selbst. Erlaube niemanden, dich zu verurteilen, noch nicht einmal dir selbst, denn man kann Gott nicht verurteilen.

9. Du bist ein Licht in einer einsamen, dunklen Wüste, das viele andere erleuchtet.

10. Lass dir nicht einreden, dass du weniger bist als Gott. Lass nicht die Angst dein spirituelles Wachstum verhindern.

11. Lass es nicht zu, dass der unbegründete Glaube an Dämonen deine Kommunion mit Gott zunichte macht.

12. Der Körper ist ein lebendiger Tempel Gottes, in dem wir den Funken des Göttlichen verehren.

13. Gott ist nicht verantwortlich für die Widrigkeiten des Lebens. Du hast dich selbst für sie entschieden, damit sie dir bei deiner Vollendung helfen.

14. Karma ist nur das Rad der Entwicklung. Es ist weder Strafe noch Vergeltung, sondern bloß ein Ausbalancieren der Erfahrung.

15. Gott gewährt jedem Menschen die Möglichkeit zur Vollendung – egal, ob du ein Leben oder hundert Leben brauchst, um deinen Grad der Vollkommenheit zu erreichen.

16. Diene Gott mit deinem Leben, deiner Seele, deinem bloßen Dasein. Nur in diesem Dienen findest du Sinn im Leben.

17. Krieg ist gottlos, Verteidigung zwingend erforderlich.

18. Der Tod ist die Rückkehr nach Hause, daher sollte man gesegnet und in Würde sterben. Vielleicht bewahrst du dir diese Würde dadurch, dass du auf künstliche Lebensverlängerung verzichtest. Lass Gottes Willen geschehen.

Nähere Erläuterung der Lehrsätze

1. Der Weg des allumfassenden Friedens

... besteht darin, den Berg des Selbst zu erklimmen. Deine Reise durchs Leben ist im Wesentlichen eine Selbstentdeckung. Das Leben dient dazu, jede natürliche Veranlagung deiner Seele zu testen. Das größte Hindernis ist das Selbst mit all seinen Zweifeln, Sorgen und Hemmungen. Um wahrhaft dein *Selbst* zu sein, ist es notwendig, die Begrenzungen zu durchbrechen, die wir uns selbst gesetzt haben. Dies geschieht am besten dadurch, dass wir unsere Energie nach außen richten. Indem du aus dir selbst herauskommst, wirst du dich selbst finden.

2. Liebe

Liebe ist eine Kraft; sie ist die vollkommene Emanation des Guten, das von Gott genau bestimmt ist. Keine Liebe ist jemals verloren. Wenn du Liebe in die Welt setzt, wird sie von irgendeiner Person oder irgendeinem Ding aufgenommen und benutzt. Liebe kommt immer zu dir zurück, auch wenn du es nicht immer bemerkst. Liebe trifft immer ins Schwarze. Auch wenn Menschen sich dafür entscheiden, Liebe zu ignorieren, so hinterlässt sie doch immer einen Eindruck. Du kannst das an dir selbst beobachten. Sende bewusst einer anderen Person Liebe. Reagiert sie darauf? Verändert sich etwas? Früher oder später wird sich tatsächlich etwas verändern. Sende deine Liebe fremden Menschen und achte darauf, was geschieht. Du kannst immer den göttlichen Funken in einem Menschen lieben, selbst wenn du ihn sonst nicht sonderlich magst.

3. Reinheit

Gottes Liebe ist rein und beständig, während die Menschen sprunghaft sind und kleinliches Verhalten an den Tag legen. Schreibe niemals Gott eine solche Kleinlichkeit zu, denn es ist nicht Seine/Ihre Natur. In der Welt wimmelt es nur so von *Negativität*. Hat Gott sie erschaffen? Nein. Die Menschen allein sind dafür verantwortlich. Durch freie Entscheidung drehen manche das Gute um und erzeugen Negativität. Die Entscheidung zwischen Licht und Dunkelheit ist ein Aspekt auf deinem Weg zur Vollendung.

4. Schöpfer

Du bist tatsächlich ein Teil Gottes und trägst in deiner Seele den Funken des Göttlichen. Dieser Funken birgt in sich großartige, zum Großteil noch vor sich hin schlummernde Möglichkeiten, um Wunder zu vollbringen. Das dringendste Bedürfnis in dieser Welt besteht darin, sie in deinen Himmel zu verwandeln. Vertrau auf deine innere Stärke und lass deine angeborene Güte und Schönheit die Welt um dich herum gestalten. Betrachte das Leben aus deinem göttlichen Kern heraus als Himmel und lass dich nicht von Negativität hinreißen. Lass nicht zu, dass sie dich kontrolliert.

5. Macht

Ruf den Funken des Göttlichen an und betrachte ihn als eine wahrhafte Kraft, die dir zur Verfügung steht. Die meisten von uns haben schon mal die Erfahrung gemacht, wie diese Kraft von ihnen ausging, vielleicht wenn ihr »Herz zu jemandem flog«, der in Not war, oder wenn sie einfach einen anderen Menschen – oder oft auch ein Haustier – liebten. Du kannst es wirklich fühlen, dass eine Ausstrahlung von dir ausgeht. Es ist das Herz Gottes, das dadurch spürbar wird. Kultiviere diese Kraft, richte sie nach außen und hilf anderen mit ihr.

6. Glaube

Glaube ist ein Werkzeug. Wenn die Welt sich verdunkelt hat und du ums Überleben kämpfst, kann der Glaube dir über das Schlimmste hinweghelfen. Am besten setzt du deinen Glauben ein, wenn du deiner eigenen Stärke und Gott, deinem ständigen Begleiter, vertraust. Sei so stark im Glauben, dass du dich an Gott um Hilfe wendest. Und mach dir immer bewusst: Du musst niemals mehr erleiden, als deine Seele ertragen kann. Jedes Gebet wird erhört.

7. Leben

Leben ist ein zeitweiliger Aufenthalt, in dem du allein bist und deine Seele für Gott vervollkommnest. All dein Leiden führt dich dahin, dass du zufrieden mit dir selbst bist und die wahre Bedeutung der Gutherzigkeit kennst. Du wirst freiwillig nicht eher ruhen, bis du dieses Ziel erreicht hast. In der Zwischenzeit solltest du einfach die Lektionen lernen, die dir jeder Tag bietet, und du wirst letztlich dein Ziel erreichen. Lerne aus jedem Schritt, verbessere dich beim nächsten Schritt, und du wirst deine verlorene Vollkommenheit wiederfinden.

8. Urteilen

Die Seele kann nur von Gott beurteilt werden. Gib keiner Person die Macht, deinen Geist zu beherrschen. Wir können ein Urteil fällen über das, was ein Mensch getan hat, und müssen uns an gesellschaftliche Rechte halten, aber niemand von uns ist berechtigt, über die Seele eines anderen zu urteilen.

9. Licht

Lass die angeborene Schönheit deiner Seele in dieser dunklen Welt ein Leuchtfeuer für andere Menschen sein. Zeig anderen, wie man lebt, und sei ihnen ein Beispiel. Entscheide dich für die Freude, hab Spaß am Leben, liebe andere Menschen und erschaff dir deinen eigenen Himmel. Zünde deine Lampe an, damit alle sie sehen können. Du wirst sehen, es kann deinen Weg verändern und deine Vervollkommnung beschleunigen.

10. Wachstum

Wende dich nach außen und erfass das Göttliche; finde dann Gott in dir selbst und verbinde dich mit ihm. Schmiede das eiserne Band zwischen dir und deinem Schöpfer. Lebe dieses Band jeden Tag neu. Wenn du das tust, wird dein Geist sich erheben, die Angst wird verschwinden, und das Leben wird ein vergnüglicher Weg, der nach Hause führt. Lass Gottes Liebe in deinen Geist und verstärke Seine/Ihre Gegenwart.

11. Kommunion
Lass ab von der Vorstellung, es gäbe Dämonen, Sünde, Teufel oder böse Männer. Die einzigen Dämonen in dieser Welt sind Selbstzweifel, Unsicherheit und die Angst, der Gegenwart Gottes nicht würdig zu sein. Gott ist vollkommene Liebe und wir sind seine Kinder. Daher ist es jeder von uns wert, von Ihm/Ihr geliebt zu werden und sich selbst zu lieben. Sicherlich sind wir nicht vollkommen, aber deswegen sind wir ja hier. Gott entzieht dir nicht Seine/Ihre Liebe, bis du vollkommen bist – Er/Sie wäre sehr einsam, wenn dies der Fall sein würde.

Die Vorstellung von »Sünde« hat eine äußerst tragische Geschichte. Novus Spiritus glaubt nicht an Sünde (oder Karma), wie es die meisten Religionen verkünden. Die Angst vor der Sünde hat den Menschen jahrhundertelang Kummer und Probleme bereitet. Es ist an der Zeit, hier zu einer neuen Definition zu kommen.

Wir glauben, dass wir eine »Sünde« nur gegen *uns selbst* begehen können. Sie geschieht dann, wenn ein Mensch willentlich und bösartig etwas tut, das andere verletzt. Zweifellos wird das Opfer durch solche Taten verletzt, aber die Seele des Opfers wird nicht beschädigt. Nur die Seele des Täters trägt eine Narbe, und nur Gott und die betreffende Person können festlegen, was getan werden muss, um diese Narbe wieder zu beseitigen. Es gibt keine Verdammnis und kein ewiges Höllenfeuer. Die Seele selbst ist daran interessiert, unter der Führung eines liebenden Gottes begangene Ungerechtigkeiten auszugleichen.

Unglücklicherweise behaupten manche Kirchen, dass

die willentliche Abkehr von Gott, in welchem Ausmaß auch immer, eine »Sünde« sei und die Seele in Gefahr bringe. Diese Vorstellung ist absurd, denn sie setzt voraus, dass Gott so rachsüchtig ist, dass er normale menschliche Emotionen wie Wut, Verzweiflung und Schmerz nicht gestattet. Die grundlegende Natur Gottes ist Liebe, und dies schließt schon in sich Vergebung ein. Kann ein Moment leidenschaftlicher Emotion für den eine Sünde sein, der uns erschaffen hat? Niemals, und daher glauben wir an einen Gott, der alle Wesen liebt.

12. Das Göttliche
Gott erschuf uns mit einem Körper. Er ist unser Gefährt, mit dem wir in dieser Welt leben. Das Wunderbare daran ist, dass sich in unserem Körper ein Teil von Ihm/Ihr befindet – nämlich unsere Seele. Dieser Funke des Göttlichen verdient den gleichen Respekt wie Gott selbst.

13. Vollkommenheit
Bestraft dich Gott mit Verdammnis oder Schmerzen? Niemals. Bestrafst du dich mit diesen Dingen selbst? Ja, um die Hindernisse aufzubauen, die dir dabei helfen, deine Seele zu vervollkommnen. Wer sich dafür entschieden hat, sich im Leben mit schwierigen Situationen auseinander setzen zu müssen, entwickelt sich schneller. Andere entscheiden sich vielleicht dafür, sich mehr Zeit zu lassen, aber das Ziel ist und bleibt das gleiche. Wir alle werden an einen Punkt kommen, an dem wir mit uns selbst zufrieden sind, und dann für immer bei Gott in unserem wahren Zuhause im Jenseits sein.

14. Karma

Karma ist einfach ein Ausgleich von Erfahrungen. Wenn du in einem Leben arm warst, möchtest du in einem anderen Leben reich sein. Wenn du die Erfahrung gemacht hast, hässlich zu sein, möchtest du beim nächsten Mal gut aussehen. Ein ehemaliger Krüppel möchte als Athlet wiedergeboren werden. Jede Person sucht sich die Erfahrung, die das erforderliche Gleichgewicht bringt. Es gibt kein »schlechtes Karma«, das einem auferlegt wird. Die einzige Beurteilung kommt von dir selbst und von Gott – und nur ihr beide könnt Ungleichgewichte beseitigen.

15. Reinkarnation

Das wichtigste Lebensziel besteht darin, seine Seele zu vervollkommnen. Dies ist die einzige Aufgabe, die wir uns gestellt haben. Macht es Sinn, uns dafür in aller Ewigkeit nur einen Versuch zu geben – getroffen oder vorbei? Nein, nicht wenn man von einem liebenden Gott ausgeht. Und so lösen sich auch die meisten »Mysterien« der Religion auf, wenn man davon ausgeht, dass Reinkarnation existiert. Genau aus diesem Grund haben auch die frühen Kirchenväter auf dem Konzil in Nicäa im Jahre 325 alle offenkundigen Hinweise auf Reinkarnation beseitigt, weil sie Angst um ihre Macht hatten.

Novus Spiritus glaubt, dass Gott alle Wesen liebt und uns alle Möglichkeiten gibt, damit wir unsere Fehler korrigieren können, denn der Weg zu Ihm/Ihr ist steinig und verschlungen, und wir werden auf unserer Reise oft ins Stolpern geraten. Ein liebender Gott weiß um unsere Schwächen und hilft uns dabei, vollkommen zu werden.

Gott verdammt keine Babys und keine Nichtchristen zu Höllenqualen, weil sie vor ihrem Tod nicht »gerettet« worden sind. Jeder Mensch hat viele Möglichkeiten, in dieser Welt zu leben. Jedes Leben bringt uns der Vollendung näher, bis schließlich keine weiteren Leben mehr notwendig sind. Der eigentliche Sinn der Vorstellung, gerettet zu werden, besteht darin, den Grad der Vollkommenheit zu erreichen, den du mit Gott für dich festgelegt hast.

16. Sinn des Lebens

Brauchst du einen Sinn im Leben? Die meisten Menschen haben eine vage Vorstellung davon, dass der Sinn des Lebens darin liegen könnte, einem größeren Ganzen oder einem höheren Ziel zu dienen. Manche folgen diesem Drang, indem sie geschäftlichen Erfolg suchen, der sie jedoch nicht grundlegend befriedigt. Andere suchen nach Erfüllung in politischer Macht oder Wohlstand. Aber all diese vermeintlichen Errungenschaften sind zweitrangig. Das einfache Erfolgsrezept lautet vielmehr: Lebe für Gott, liebe deine Mitgeschöpfe und sei ein Leuchtfeuer der Hoffnung in der Welt. Hierin liegt wirkliche Erfüllung.

17. Krieg

Krieg führen ist falsch, denn mutwilliges Töten schändet den Tempel Gottes. Dennoch ist es notwendig, sich zu verteidigen, wenn der Tempel angegriffen wird. Hab keine Angst davor, dich zu wehren, wenn dein Leben, deine Lebensweise oder deine Angehörigen bedroht sind.

18. Tod

Der Tod ist die Belohnung dafür, dass du gelebt hast. Du hast deine Zeit in der physischen Welt mit ihrer Negativität, ihrer Schwere und ihrer Einsamkeit verbracht. Nun kommt der gute Teil, wenn du nach Hause zu deiner wahren Existenz zurückkehren kannst und willkommen geheißen wirst in der direkten und immer gegenwärtigen Gnade Gottes.

Hab niemals Angst vor dem Sterben. Selbst wenn du das Gefühl haben solltest, dass auf dich die Verdammnis wartet, *sie wartet nicht auf dich*. Gottes Gnade wird dir Rat erteilen und dich heilen. Wenn der Zeitpunkt gekommen ist, wirst du in ein anderes Leben eintreten, um deine Seele ins Gleichgewicht zu bringen.

Vermeide künstliche Lebensverlängerung. Erlaube deinem Geist, den Körper zu verlassen, wenn dieser aufgebraucht ist. Der Tod kommt niemals zufällig.

Über Sylvia Browne

Millionen von Menschen haben Sylvia Brownes unglaubliche hellseherische Kräfte in US-Fernsehsendungen wie *Montel Williams* und *Unsolved Mysteries* erlebt. In unzähligen Magazinsendungen ist ausführlich über sie berichtet worden, und ihre spontanen hellsichtigen Auskünfte erstaunen das Publikum immer wieder aufs Neue. Sylvia ist Präsidentin der Sylvia Browne Corporation und die Gründerin der Kirche mit dem Namen »Society of Novus Spiritus« mit Sitz in Campbell, Kalifornien.

Sylvia Browne Corporation
35 Dillon Ave.
USA – Campbell, CA 95008-3001

Tel.: 001-408-379-7070
Fax: 001-408-379-8129
Website: www.sylvia.org
E-Mail: office@sylvia.org

Auf der Website gibt es Informationen über Sylvias Fernsehauftritte, private Readings und öffentliche Vorträge

Society of Novus Spiritus
35 Dillon Ave.
USA – Campbell, CA 95008-3001

Tel.: 001-408-379-7070
Fax: 001-408-379-8129
Website: www.novus.org
E-Mail: office@novus.org

Kostenlose spirituelle Beratung über E-Mail:
counseling@novus.org.
Informationen über Novus-Studiengruppen:
studygroup@novus.org